Internet and Manufactu

ENTERPRISE
INNOVATION
Development

互联网与制造企业
创新发展

杨德林　王贵东　马倩　◎著

中国财经出版传媒集团
经济科学出版社
Economic Science Press
·北京·

图书在版编目（CIP）数据

互联网与制造企业创新发展/杨德林，王贵东，马倩著．--北京：经济科学出版社，2023.6

ISBN 978-7-5218-4835-9

Ⅰ.①互⋯ Ⅱ.①杨⋯ ②王⋯ ③马⋯ Ⅲ.①互联网络-应用-制造工业-企业创新-研究-中国 Ⅳ.①F426.4

中国国家版本馆 CIP 数据核字（2023）第 107191 号

责任编辑：杨　洋　杨金月
责任校对：蒋子明
责任印制：范　艳

互联网与制造企业创新发展

杨德林　王贵东　马　倩　著

经济科学出版社出版、发行　新华书店经销

社址：北京市海淀区阜成路甲 28 号　邮编：100142

总编部电话：010-88191217　发行部电话：010-88191522

网址：www.esp.com.cn

电子邮箱：esp@esp.com.cn

天猫网店：经济科学出版社旗舰店

网址：http://jjkxcbs.tmall.com

北京季蜂印刷有限公司印装

710×1000　16 开　16 印张　240000 字

2023 年 6 月第 1 版　2023 年 6 月第 1 次印刷

ISBN 978-7-5218-4835-9　定价：56.00 元

（图书出现印装问题，本社负责调换。电话：010-88191545）

（版权所有　侵权必究　打击盗版　举报热线：010-88191661

QQ：2242791300　营销中心电话：010-88191537

电子邮箱：dbts@esp.com.cn）

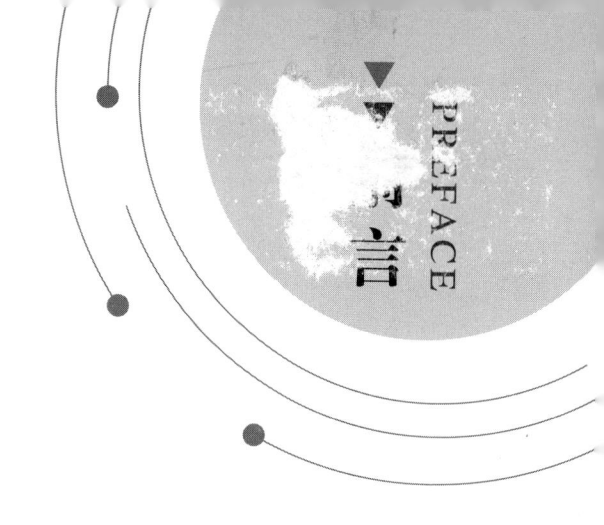

这本著作是笔者作为首席专家的国家社会科学基金重大项目"'互联网+'促进制造业创新驱动发展及其政策研究"（项目批准号：17ZDA051）的部分研究成果。

互联网是指在多种协议下通过不同传输介质将大量局域网络相互连接的巨大网络，是信息时代的一项革命性技术变革。互联网不仅打造了平行于现实世界的虚拟世界，也衍生出区块链、大数据、物联网、数字孪生、人工智能等一系列颠覆性技术。具有共享性、去中心化、交互式、数字化、开放性等属性的互联网，对实体经济的运行产生了巨大影响。然而，这种影响的正负性以及在不同领域的差异性等重要问题，都是需要我们做进一步研究判断的。

本书聚焦于探究互联网对中国制造企业的差异化影响。基于中国特殊国情，我们将中国制造企业划分为国有与非国有制造企业、园区与非园区制造企业、高外销与低外销制造企业、装备与非装备制造企业、消费品与非消费品制造企业、多元化与专业化制造企业，这种多维划分可以使我们从不同视角审视中国的制造业问题。在研究方法上，我们主要利用中国工业企业微观数据，采用面板工具变量法，对中国不同类型制造企业在创新发展中存在的一般性规律进行挖掘分析，同时也结合与之相关的一些实例做辅助分析。

我们的研究发现:(1) 互联网不仅有助于国有制造企业提升创新效率,而且可以扭转国有制造企业创新效率低于民营制造企业的困局。(2) 在广义园区概念下,相比中国非园区制造企业,互联网更有助于中国园区制造企业提高全要素生产率。但仅就集聚而言,在互联网对企业全要素生产率影响方面,中国集聚制造企业与中国非集聚制造企业之间并无显著差异。(3) 随着出口密度的增加,即"由内销变为低外销,再由低外销变为高外销",其利用互联网提升全要素生产率的能力先升后降。(4) 在互联网对企业全要素生产率影响方面,中国装备制造企业与非装备制造企业并无显著差异;在利用互联网推陈出新方面,相比中国非装备制造企业,中国装备制造企业拥有更大的优势。(5) 在互联网对企业全要素生产率影响方面,相比于中国消费品制造企业,互联网更有助于中国非消费品制造企业提高全要素生产率;在利用互联网推陈出新方面,相比中国消费制造企业,中国非消费品制造企业拥有更大的优势。(6) 在互联网对企业全要素生产率影响方面,相比中国专业化制造企业,互联网更有助于中国多元化制造企业提升全要素生产率;在利用互联网推陈出新方面,中国多元化制造企业与中国专业化制造企业并无显著差异。(7) 中国整体上不存在信息技术生产率悖论现象。

依据本书的研究成果,可以得到互联网与中国制造业融合发展的主要启示和对策:(1) 互联网的应用是改变国有制造企业效率低下的一条重要有效途径。(2) 在互联网时代,依然要充分发挥好园区对制造企业的促进作用,同时要逐渐淡化园区的"集聚效应"。(3) 为了出口创汇而制定的出口退税等传统政策可能需要重新审视,适当调整。(4) 中国在保持制造门类布局基本齐全的基础上,还应更加注重在关键制造领域(尤其是高端装备)强化核心技术。(5) 中国应当充分重视并提高制造业科研人员的报酬至市场应有水平,营造公平自由的科研环境及制度,充分发挥人才作用、促进制造业创新发展。

本书成果是集体智慧的结晶。王贵东博士、马倩博士生是主要合作者。贵东自 2019 年进入清华大学经济管理学院工商管理博士后流动站，开始与笔者合作开展本项研究工作，他在数据分析、行业调研和书稿撰写等方面做了大量工作；马倩是笔者指导的博士生，她在企业实例调研和分析工作中作出了重要贡献。李梦雅于 2020 年进入清华大学经济管理学院工商管理博士后流动站，她在流动站期间参与了该项目的有关工作；朱效梧同学是清华大学经济管理学院本科生，他参与了企业实例调研和文字整理工作。清华大学经济管理学院创新创业与战略系王毅教授和谢真臻教授参与了本书研究内容的讨论，贡献了许多智慧。清华大学经济管理学院领导力与组织管理系陈国权教授、创新创业与战略系雷家骕教授、中国科学院大学经济与管理学院官建成教授对本书初稿提出了诸多建设性意见，对书稿质量提升有很大帮助。在此，我们对给予本书研究工作以帮助的所有朋友致以衷心的感谢！

本书作为探索性研究，自然存在许多不足。我们诚挚地希望学术界同仁能够提出意见和批评！并愿意与大家一起努力为中国制造业的高质量发展探讨真正问题、发现客观规律、寻找有效对策！

杨德林
2022 年秋于北京清华园

目录 CONTENTS

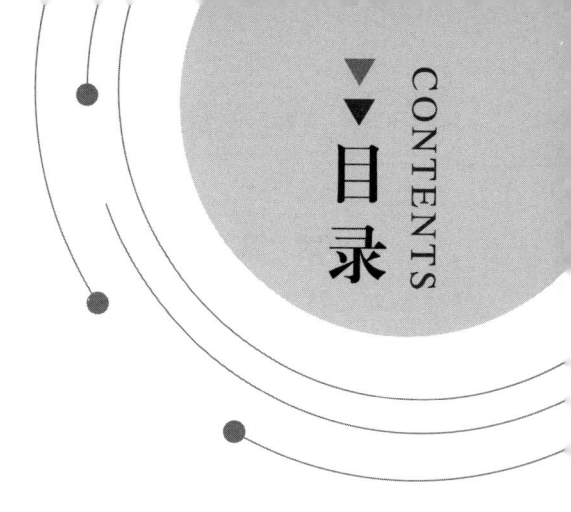

第1章 引言 // 001

    1.1 互联网及其特征 // 004

    1.2 中国制造企业及其特征 // 010

    1.3 互联网与企业创新发展 // 016

第2章 国有与非国有制造企业 // 020

    2.1 国有企业改革 // 020

    2.2 研究设计 // 022

    2.3 实证分析 // 026

    2.4 技术交流还是寻求市场 // 031

    2.5 企业实例 // 036

    2.6 小结 // 049

第3章 园区与非园区制造企业 // 050

    3.1 园区发展历程及特点 // 050

    3.2 研究设计 // 053

    3.3 实证分析 // 055

    3.4 集聚与互联网之矛与盾 // 061

    3.5 企业实例 // 062

    3.6 小结 // 074

第 4 章　高外销与低外销制造企业 ∥ 076

4.1　出口生产率悖论 ∥ 076
4.2　研究设计 ∥ 078
4.3　实证分析 ∥ 080
4.4　全球价值链与技术俘获 ∥ 085
4.5　企业实例 ∥ 087
4.6　小结 ∥ 098

第 5 章　装备与非装备制造企业 ∥ 099

5.1　中美贸易之争与中美基建之争 ∥ 099
5.2　研究设计 ∥ 102
5.3　实证分析 ∥ 105
5.4　装备制造与马太效应 ∥ 111
5.5　企业实例 ∥ 113
5.6　小结 ∥ 126

第 6 章　消费品与非消费品制造企业 ∥ 128

6.1　消费者与制造企业的天平倾斜 ∥ 128
6.2　研究设计 ∥ 129
6.3　实证分析 ∥ 132
6.4　消费品制造与长尾需求 ∥ 138
6.5　企业实例 ∥ 141
6.6　小结 ∥ 152

第 7 章　多元化与专业化制造企业 ∥ 153

7.1　多元化与专业化企业的基本特征 ∥ 153
7.2　研究设计 ∥ 154
7.3　实证分析 ∥ 157

7.4 跨界、去中心及特殊中国国情 // 160

7.5 企业实例 // 161

7.6 小结 // 173

第8章 互联网提高了制造企业的全要素生产率吗 // 174

8.1 信息技术生产率悖论 // 175

8.2 研究设计 // 179

8.3 计量结果 // 182

8.4 稳健性检验 // 184

8.5 小结 // 189

第9章 结论与启示 // 190

9.1 结论 // 190

9.2 启示 // 195

参考文献 // 198

附录 // 212

第1章

引　言

互联网是外来词汇 Internet 或 internet 的中文意译，主要是指在多种协议下通过不同传输介质将多个网络相互连接的巨大网络。互联网涵盖了线路、协议等，以及与之关联的硬件、软件，其主要提供的服务内容包括万维网（world wide web）、远程登录（telnet）、文件传输（FTP）、电子邮件（E-mail）、新闻组（usenet），等等。通常情况下，首字母大写的专用名词 Internet 代指全球最大的互联网——国际互联网（或称因特网），而首字母小写的通用名词 internet 泛指由多个局域网络互联形成的网络。

互联网最初的设计与搭建是由美国主导的，其雏形为 1969 年美国军方运行的 ARPAnet，在经历 ARPAnet、NSFnet、ANSnet 三个阶段之后，逐步成形为当今我们所熟知的现代互联网。不得不承认的是，国际互联网在中国起步较晚。直到 1994 年，中国才以第 77 个成员身份接入国际互联网。中国虽然起步较晚，但后续发展迅猛。1997～2000 年，搜狐、网易、新浪、阿里巴巴、腾讯、百度等互联网公司相继成立，形成了中国互联网发展初期的格局。进入 21 世纪，中国互联网逐渐实现由专用技术向通用技术的转变，渗透至中国各行各业，并衍生出数字经济、电子商务、物联网、人工智能、大数据、区块链等新概念、新技术，同时也扩展了传统的平台经济、共享经济、网络经济、粉丝经济等。根据中国互联网络信息中心（China internet network information center，CNNIC）公布的历次中国互联网络发展状况统计报告，2000 年底中国网民仅有 2250 万人，2010 年底迅速达到 4.57 亿人，2020 年底又进一步上升到 9.89 亿人[①]。

目前，在社会科学方面针对互联网的学术研究并不存在统一的系统性分析框架。国内学者通常围绕不同阶段的互联网热点话题，从不同方面分析解读中国的现实问题[②]。这些热点研究或多或少会涉及企业的创新发展，但互联网与创新发展相关的定量及定性分析仍相对缺乏。在涉及企业创新发展的文献中，多数只强调互联网经济不同于传统经济的特性，利用互联网的独特属性进行分析。这类研究的主要切入点包括：开放式创新（Baldwin & Hippel，2009；董洁林和陈娟，2014；王金杰等，2018）、平台模式创新（Rochet & Tirole，2003；冯华和陈亚琦，2016；江积海和李琴，2016）、数据驱动创新（Gobble，2013；李文莲和夏健明，2013；朱东华等，2013）、社群驱动创新（王晓川等，2014；赵建彬和景奉杰，2016）、跨界驱动创新（Rosenkopf & Nerkar，2001；张文红和赵亚普，2013；张骁等，2019）等。

本书希望将互联网与中国制造企业结合起来，从不同视角定量分析二者融合创新发展的状况，尝试回答一些重要的研究问题。本书选择此研究对象的原因如下所示。

第一，互联网与制造企业的结合是互联网与传统经济结合的重要领域之一。互联网与制造企业的结合，是"两化"融合[③]的朴素表现形式。在人类文明所经历的农业经济、工业经济、信息经济三个阶段中，制造企业

[①] 资料来源：中国互联网络信息中心。

[②] 比如，电子商务（蓝伯雄，2000；黎志成和刘枚莲，2002；王旭坪和陈傲，2004；李维安等，2007）、网络舆情（许鑫等，2009；曾润喜，2009；谢科范，2010）、互联网金融或数字金融（谢平和邹传伟，2012；郑联盛，2014；吴晓求，2015；黄益平和黄卓，2018；钱海章等，2020）、大数据（孟小峰和慈祥，2013；李文莲和夏健明，2013；朱建平等，2014）、在线教育（康叶钦，2014；王竹立，2015；张岩，2016；曹培杰，2016；刘复兴，2019）、互联网商业模式（罗珉和李亮宇，2015；冯华和陈亚琦，2016）、互联网跨界（赵振，2015；张骁等，2019）、数字鸿沟（邱泽奇等，2016）、共享经济（刘奕和夏杰长，2016；刘根荣，2017；郭鹏等，2017；蒋大兴和王首杰，2017）、出口贸易（李兵和李柔，2017；鞠雪楠等，2020）、直播营销（谢莹等，2019；孟陆等，2020）等热点。

[③] "两化"主要指信息化、工业化。从党的十六大提出"坚持以信息化带动工业化，以工业化促进信息化"，到党的十七大提出"大力推进信息化与工业化融合，促进工业由大变强"、党的十八大提出"推动信息化和工业化深度融合"，再到党的十九大提出"推动新型工业化、信息化、城镇化、农业现代化同步发展"，中国共产党中央决策层对信息化、工业化融合愈发重视。

是工业经济中的核心部分，而互联网是加速信息经济演化的重要工具。这意味着互联网与制造企业的结合是新经济与传统经济结合的重点之一，是需要认真研究的领域。

第二，互联网在制造业领域的研究不充分，是一个重要但研究欠缺的领域。目前，关于互联网与制造业相结合的重要性已经被人们充分认识，但深入的研究还远远不够。根据1956~2021年中共12次党代会及76次中央全会报告的文字统计，"工业"关键词出现了326次，而"服务业"关键词仅出现了22次。尽管中央决策层对工业（制造业）的重视程度远远高于服务业，但互联网与制造业结合领域的研究却未引起学者的足够重视[1]。这表明互联网与制造业结合的学术研究在数量上远远落后于其他领域，相关研究需要强化。

第三，互联网与中国制造企业结合的许多重要问题没有得到有效回答。例如，哪种股权结构的中国制造企业能够更好地利用互联网实现创新发展？区域集聚能否正向赋能中国制造企业实现创新发展？全球价值链的不同嵌入程度对中国制造企业创新发展产生了何种差异性效果？在装备制造与非装备制造之间，以及消费品制造与非消费品制造之间，中国制造企业利用互联网促进企业创新发展是否存在显著差异，到底孰高孰低？在中国实践中，对于多元化经营与专业化经营，这两种战略选择与互联网的结合效果有何差异等。在中国制造业发展进程中，这些重要研究问题需要得到确定的答案，但现在看来，我们的认识并不清楚。

第四，互联网与制造企业的结合是互联网发展的进阶，代表着互联网未来的研究方向。在某种程度上，互联网可分为桌面互联网、移动互联网、工业互联网三个发展阶段。其中，桌面互联网更依赖相对固定的计算机终端，强调计算机的运算能力；移动互联网主要依赖可移动的智能手机终端，将个人消费者牢牢抓住，刺激并延伸了互联网在服务业、商业领域

---

[1] 根据中国知网检索数据，截至2020年12月底，以"互联网—制造"为主题的学术期刊论文数与以"互联网—商业"为主题的学术期刊论文数相比为23.8%，与以"互联网—金融"为主题的学术期刊论文数相比为19.8%、与以"互联网—教育"为主题的学术期刊论文数相比为15.0%、与以"互联网—营销"为主题的学术期刊论文数相比为23.0%。

的应用；而工业互联网既是互联网向前演进的高阶，也是制造业不断创新发展的高阶，工业互联网将互联网渗透到工业领域，基于传感器、云计算等，实现人机互联、机器互联。因此，针对互联网与制造企业结合的现实问题的严谨分析结果，在某种程度上也可为工业互联网的发展提供一定的参考。

1.1 互联网及其特征

互联网的本质是相互连接，基于连接来实现信息的有条件安全共享。在互联网的发展中，最初是关于人的相互连接，无论是美国军方的 ARPAnet、学界的 NSFnet，还是近 30 年来迅速扩张的网络社群，互联网终端的最末节多为"人"（比如，军方人员、科研学者、普通网民、企业人员等）。基于以上原因，早期的互联网可称作"人联网"。由于人在社会经济领域中更偏消费端，所以早期的互联网主要活跃在与消费者紧密相关的商业、服务业等产业下游领域（比如，网络社交、电子商务、电子票务、网约出行、网络招聘求职、网络婚介、网络游戏等）。伴随着互联网在更可靠信息安全、更精密多功能传感、更强云计算等多方面实现技术突破，产业上游领域的物联网也应势而生并逐渐壮大。物联网将连接延伸至制造端的物理设备，促使连接从桌面互联网（以桌面电脑为代表）、移动互联网（以智能手机为代表）向工业互联网渗透。当人人互联、物物互联、人物互联实现完全融合统一时，互联网将成为一种彻彻底底的通用技术，构造人类社会发展的全方位、全渗透数字化全景。有人甚至猜想，在人类不存在之后，互联网也可能构造出一个平行于现实世界的"赛博空间"，在数字孪生技术之下实现对人类后续活动及现实世界镜像的智能算法演进[1]。

围绕相互连接的本质属性，互联网主要表现出共享性、去中心化、交

---

① 互联网在未来的若干重要技术如附录 A 所示。

互式、数字化、开放性等特征。

1.1.1 共享性

互联网的诞生并不是为了纯粹的信息通信。如果仅是为了满足信息通信诉求，那么早期的电报、电话足以应付。互联网的诞生主要是为了信息的有条件安全共享。事实上，互联网技术是由军用转民用的技术。第一阶段互联网 ARPAnet 主要解决美国军方去中心化的安全性问题。由于涉及过多军事敏感信息，所以 ARPAnet 的共享性是在有限范围内谨慎展开的。出乎意料的是，美军这种有条件的信息共享在解决去中心化的同时，也极大地促进了美国军事科技的快速发展，在诸多军工领域甩开了当时的苏联。于是，美国国家科学基金会（National Science Foundation，NSF）在军事 ARPAnet 之外，耗费巨资搭建具有主干网、地区网、校园网三级结构的第二阶段互联网 NSFnet，这个举措盘活了整个美国科学教育界。随后，美国各大高校和科研机构不断接入，迫使 NSFnet 两次大规模升级传输速度。1990 年 9 月，美国 NSF 的合作伙伴 Merit、IBM、MCI 成立非营利性的先进网络科学公司（Advanced Network and Services Inc.，ANS），为 NSFnet 提供 T3 升级服务。1991 年 11 月，ANS 完成 NSFnet 的升级，升级后的骨干网为第三阶段互联网 ANSnet，从此商业互联网正式拉开序幕。互联网的商业化应用意味着其全面向国际市场打开具有合理性，使信息共享在全球范围内掀起高潮。

当然，为了实现信息共享，仅仅把各个终端通过传输介质连接起来是远远不够的。互联网还需要构建一套标准化协议以适应不同规格的计算机。1979 年，国际标准化组织（ISO）制定开放式系统互联（open system interconnection，OSI）协议集，将网络通信分为应用层（application layer）、表示层（presentation layer）、会话层（session layer）、传输层（transport layer）、网络层（network layer）、数据链路层（datalink layer）、物理层（physical layer）7 个层次。随后，又升级为 TCP/IP 协议。其中，原 OSI 的应用层、表示层、会话层合并为 TCP/IP 的表示层，原 OSI 的数据链路层、物理层合并为 TCP/IP 的链路层。在标准化协议的赋能下，互联网可以在更为复杂的场景中安全有效地传输数据，更好地实现信息共享。

信息共享可以有效解决信息不对称问题，从而改变各方的策略选择。比如，在没有信息共享的情况下，企业 A 与企业 B 的科研人员可能都采取封闭的方式进行研发；而通过互联网进行技术交流之后，双方可能就研发的实际情况做相应调整，要么从各自不同优势出发进行互补式研发，要么势均力敌的双方就同一领域竞争合作，要么技术劣势方被技术强势方技术俘获并获得一定补偿。再比如，在没有互联网的情况下，消费者 A 与企业 B 可能彼此缺乏了解，所以双方交易更像是拆盲盒，消费者 A 可能买到假货，企业 B 可能钱货两空；而在互联网普及之后，企业 B 可以在互联网平台上将之前的商品评价信息向消费者 A 展示，进而消费者 A 可以基于评价信息来选择是否下单购买；同样，企业 B 也会基于消费者之前的差评习惯、退货习惯来选择是否取消订单。

此外，中美互联网共享性之间的差异分析如附录 B 所示。

1.1.2 去中心化

互联网的设计初衷是去中心化。20 世纪 60 年代，美国在一些国际军事冲突中并不占优，这使得美国国防部认识到：如果美国军方只有一个控制中心，那么该控制中心一旦遭到苏联的核摧毁，将导致全美的军事指挥完全瘫痪。出于核恐慌，美国军方开始设计去中心化的网络指挥系统。该网络指挥系统由多个相距较远的节点连接，即使某些节点被苏联摧毁，其他节点仍能相互维系联络，进而诞生了世界首个互联网。在互联网构筑的众多节点中，每个节点都具有高度自治的特征。任何一个节点都有成为临时中心的可能，但任何一个节点又不会成为永久的中心。

时至今日，互联网的去中心化属性一直影响着社会各方面的变革与发展。在某种程度上，去中心化使得互联网经济相比传统经济更具平等性。基于去中心化，互联网衍生出了区块链和云计算等技术。区块链是指去中心化的分布式账本数据库，在信息共享、版权保护、物流链、代币（如比特币）等领域被广泛应用。云计算是指通过云端将复杂运算分解成多个小程序分别运算，再将这些运算结果汇总返回的一种分布式运算方式，云计算可以充分调用无数个中小型计算单元实现超大规模的复杂运算，从而达到替代传统超级计算机的目的。

此外，中国特色的互联网去中心化分析如附录 C 所示。

1.1.3 交互式

与书信、电报、广播等传统信息通信工具相比，互联网具有图文并茂的交互式特点。自人类大规模使用电以来，数据交换技术经历了电路交换、报文交换、分组交换三个重要阶段。第一阶段，摆脱书信交换，电路交换（又称线路交换）技术横空出世。相比书信交换，电路交换将信息通信带入了以秒计算的全新时代。但由于电路交换的通信双方通常要独占物理信道，因而电路交换的信道利用率明显偏低。第二阶段，为了提升信道利用率，报文交换（又称存储转发交换）技术随之产生。报文交换的通信双方不再独占信道，通过采用存储转发技术，不仅可以实现通信双方不同时在线，还可以实现不同类型、不同规格、不同速率的终端相互通信。但是，报文交换却具有时延较长的缺点：一方面，多次存储转发导致了传输时延的累计增加；另一方面，报文的长度并不统一，使得长报文在节点存储转发时占用更大缓存，而如果将等待转发的报文存在外存储器上，将会进一步增加传输时延。第三阶段，为了缩短信息通信时延，分组交换（又称报文分组交换）技术随之产生。分组交换将报文数据分割成多个更短等长的数据段，在每一个数据段的首部再添加控制信息组成一个分组，从而使得多个通信同时共享同一个信道，进而实现交互式通信。更为重要的是，分组交换技术直接促成了互联网的诞生。

互联网的交互式更容易激发人类的社交兴趣，毕竟人类是社会关系中的人，而不是孤岛生存的人。因此，现代意义的国际互联网最先在社交领域取得成功，而不是后来的经济领域。比如，在中国互联网发展中，最先活跃的是 QQ、BBS、博客、校内网等社交领域，随后才是淘宝、京东、美

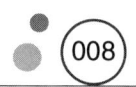

团、滴滴、拼多多等商业领域。即使在当前,仍有一些互联网企业采取社交先于商业的经营模式。比如,快手先利用社交属性的短视频积攒粉丝,再对粉丝群体进行直播营销。

值得一提的是,现代意义的互联网主要指1991年之后由互联网服务提供商(ISP)运营的、面向全球开放的国际互联网。在这之前的互联网主要集中在美国各大高校、各大科研机构之间,属于公益性质且不对外开放,所以此时的交互式主要体现为科研人员之间的技术交流。但由于技术交流中的信息流具有极高的经济价值,所以在1991年之后的互联网,其面临的主要问题是如何确保技术交流过程中的信息流不被全球范围内的黑客破坏、截取、破解,其中不乏采用VPN的形式传输多重加密信息。

此外,中国互联网交互式的两面性分析如附录D所示。

1.1.4 数字化

数字化与模拟化是一组相对概念,两者之间的差异需要从数字信号与模拟信号谈起。众所周知,符号、文字、语音、图像等信息是以信号形式表示。信号主要分为数字信号和模拟信号两种:数字信号,又称为离散信号,是指用离散变化的物理量去表示的信息。模拟信号,又称为连续信号,是指用连续变化的物理量去表示的信息。与模拟信号相比,数字信号具有以下优点:(1)抗干扰能力强。数字信号若受到噪声干扰,只要噪声小于设定的阈值,则完全可以将有损信号复原为无损信号。(2)保密性强。由于数字信号具有信息记载少、算法复杂的特性,所以离散信号即使被截取,也不容易被破解。(3)记载更多事物。由于数字信号只记录离散物理量,而模拟信号记录连续物理量,所以在同容量存储空间下,数字信号可记载的事物更多。

由于互联网需要对信号进行长距离传输,所以抗干扰能力及保密性更强的数字信号成为互联网的传输首选。因此,在互联网终端需要将模拟信号转化为数字信号再进行信号传输。这里,架起模拟信号和数字信号之间桥梁的是抽样定理(sampling theorem):假设连续信号$f(t)$的最小周期为

$cycle_{min}$，如果每间隔 $T \leq \frac{1}{2} cycle_{min}$ 对 f(t) 进行一次抽样，则 f(t) 可以被样值信号（即数字信号）唯一表示。

抽样定理为计算机和互联网的发展奠定了理论基础。通常情况下，自然界采集的原始信号大多为模拟信号，通过抽样定理可以转化为计算机与互联网更容易处理的数字信号，从而保证数据的无损、安全、大量存储及传输。以物联网为例，一台大型计算机与光敏、声敏、热敏、湿敏、力敏、磁敏等模拟传感器远程连接。由于这些传感器记录的是光照强度、声音大小、温度高低、湿度高低、压力大小、磁性强度的连续变化值，所以需要将这些连续的模拟信号转化为离散的数字信号之后才能被计算机识别。

事实上，围绕互联网的数字化技术，社会上逐渐出现了广义的数字经济概念，并且数字经济概念还一度超出了数字化的原本定义（即离散）。更有甚者，一部分人还将原本不属于离散但又与数据相关的经济活动归在数字经济之下。

此外，中国特色的互联网数字化分析如附录 E 所示。

1.1.5　开放性

从最初的美国军方，到后来的美国科学界，再到如今的世界各国，最后到未来的太空全域[①]，互联网的开放范围越来越广。在互联网保持开放的同时，还需要保证内部信息的足够安全，所以在互联网的子网中通常会有各式各样的防火墙，以确保子网信息的有限安全。

在某种程度上，互联网开放性与经济全球化具有一定共性。前者是信息开放，后者是商贸开放，而防火墙的作用相当于海关。当信息与商贸融合在一起时，基于互联网的轻型全球化诞生。企业员工即使足不出户，也

---

① 2015 年，太空探索技术公司 SpaceX 开启"星链计划"，计划在 2019~2024 年发射 1.2 万颗环绕地球的低轨卫星，提供太空互联网服务。更为重要的是，太空互联网可以让沙漠、森林、海洋、冰川等极端地域不再是互联网的覆盖盲区。

可以与远在大洋彼岸的合作伙伴完成日常商贸往来，节省了大量签证费用、机票费用、旅行时间等。

此外，中美互联网开放性差异分析如附录F所示。

1.2 中国制造企业及其特征

本书所指的制造企业是指利用物料、资金、劳力、能源、设备、工具、技术、信息等，按照市场要求进行生产的企业。关于制造企业，有以下两点需要注意：第一，本书所指的制造企业主要指实物制造，不包括软件制造等虚拟制造[①]。第二，制造业与采矿业、建筑业共同组成工业，由于制造业是工业中最大、最重要的组成部分，所以本书在有些情况下会将制造业和工业放在一起讨论。

对于制造企业，其相对完备的价值链主要包括进货、制造、发货、销售、服务等环节。其中，是否拥有制造环节是对制造企业的最基本判断，而进货、发货、销售、服务等环节往往可从制造企业中剥离或外包出去。

在传统大工业生产时代，受信息孤岛、标准化量产、静态比较优势等因素影响，制造企业往往更专注于专用性较强的制造环节，而将通用性较强的整套销售环节及部分服务环节外包出去，相对被动地接受市场对进货及发货的供需安排。当制造企业越来越专注制造环节的极限分工时，标准化量产下的生产效率大大提升，使得制成品的数量增速在整体宏观层面超过消费者的需求量增速，逐渐形成商品供过于求的买方市场。在这种背景

---

① 根据国家标准GB/T 4754-2017，中国制造业包括"农副食品加工业""食品制造业""酒、饮料和精制茶制造业""烟草制品业""纺织业""纺织服装、服饰业""皮革、毛皮、羽毛及其制品和制鞋业""木材加工和木、竹、藤、棕、草制品业""家具制造业""造纸和纸制品业""印刷和记录媒介复制业""文教、工美、体育和娱乐用品制造业""石油、煤炭及其他燃料加工业""化学原料和化学制品制造业""医药制造业""化学纤维制造业""橡胶和塑料制品业""非金属矿物制品业""黑色金属冶炼和压延加工业""有色金属冶炼和压延加工业""金属制品业""通用设备制造业""专用设备制造业""汽车制造业""铁路、船舶、航空航天和其他运输设备制造业""电气机械和器材制造业""计算机、通信和其他电子设备制造业""仪器仪表制造业""其他制造业""废弃资源综合利用业""金属制品、机械和设备修理业"。

下，通用性较强且轻资产的销售企业通常会反客为主，对专用性较强且重资产的制造企业进行销售渠道上的"挟持"，最终导致没有暴露在市场中的制造环节处于价值链低端，而暴露在市场中的其他环节（主要指制造环节的前端和后端）则处于价值链高端。

在以互联网为代表的信息时代，互联网打破了时空障碍，使得传统批发、经销、分销、零售等销售环节被压缩，甚至一部分制造企业完全脱离销售中介而建立直销模式（如特斯拉汽车、小米手机）。通过互联网平台，制造企业可以将制造环节全部或部分暴露在市场之中，在网络上与终端消费者集思广益，从而达到共同参与制造的有效互动。由于互联网已经把制造环节与终端消费者直接打通，所以制造企业可以在市场中获得原来被销售中介所"截取"的部分价值，从而在制造环节中获取更高的溢价。以小米手机网络直销为例，在小米公司推出新款手机之前，米粉们会参与手机各大模块的讨论与建议，如采用高通哪个版本的芯片、采用三星或京东方哪种类型的屏幕、摄像头的像素及变焦倍率等问题。而小米也会基于米粉的不同诉求，在一定成本控制及技术约束下，组合设计出最能覆盖米粉需求的单品爆款手机。由于在新款手机出货之前，小米就已初步掌握米粉的需求，所以能够较大限度地减少非必要库存[1]。更为重要的是，随着制造环节与市场完全接轨，制造环节也进一步细分为设计和加工两个部分。其中，设计是对产品的虚拟初造，而加工是对产品的实物再造。由于实物再造属于相对成熟的复制过程，而虚拟初造属于相对复杂的开创性构思，所以制造企业内部出现了分化：一部分转化为专注于设计的制造企业（如耐克、苹果等），另一部分转化为专注于加工的代加工企业（如台积电、富士康等）。通常而言，设计的附加值相对较高，而加工的附加值相对较低[2]。此外，互

---

[1] 与此同时，小米还擅长饥饿营销，在单时间节点上构造需求大于供给的局面，按照消费者剩余排序，分批次获取较为可观的利润。

[2] 1992年，宏碁集团创始人施振荣先生提出了著名的微笑曲线（smiling curve）：在产业链的曲线中，附加值最高的是靠左边的设计与靠右边的营销，而附加值最低的，则是中间的制造环节。当商品在全球供过于求的时候，制造将出现低利润，而设计和营销的附加值将越来越高，从而使产业链在未来向着微笑曲线的两端发展。具体表现为：在左边强化研发投入创造更多知识产权，在右端加强客户导向的营销和服务。

联网在某种程度上还改变了制造企业的创新模式：由封闭式创新转向开放式创新，通过引入外部创新，促进研发合作，实现技术的快速迭代。

与主流发达国家的制造企业相比，中国的制造企业有其特点。

1.2.1 所有制属性方面，中国特色的国有企业

1949 年新中国成立之后，中国对农业、手工业、资本主义工商业进行了社会主义改造，将企业改造成清一色的国营企业，这个阶段的国营企业缺乏经营自主权，更像是政府的附属机构。1978 年改革开放，特别是 1984 年的城市经济体制改革之后，国营企业被重新定位，经济中所有制形式破冰，民营企业开始登上历史舞台。1992 年确立社会主义市场经济体制之后，国营企业易名为"国有企业"，更强调国有产权的属性。国有企业的经营权和所有权逐渐分离，国家和政府逐渐减少对国有企业日常经营的干预。此外，所有权的分离也有利于国家推行股份制改革。2003 年设立国务院国有资产监督管理委员会（以下简称"国资委"）之后，国家不再直接管理国有企业，国有企业交由更为专业的国资委监督管理。因此，中国特色的国有企业是一个值得研究的重要课题。

1.2.2 企业集聚方面，中国特色的园区经济

园区经济是中国经济发展的一大特色。改革开放之初，中国并没有大量改革经验可借鉴，只能摸着石头过河。试点先行成为中国改革探索的重要工具，基于聚集的园区试点成为多数地方政府谋经济发展的首选。随着党和国家的工作重心转移到经济建设上（即"一个中心"），1984 年起，中央先后批准 12 个沿海城市建立 14 个经济技术开发区。随着科教兴国战略的推进，中央政府在 1988 年启动"火炬计划"，批准北京建立首家高新技术产业开发区（中关村）。最初的园区试点建设几乎都是借用国际发达国家的做法，探索过程中既有成功也有失败。当一种园区在试点中取得成功并且具有可复制性时，其发展模式在全国范围内就被迅速推广。但是，

盲目的跟风效仿也导致了中国园区重复性建设的现象出现。此外，当不止一种园区试点取得成功并且都具有可复制性时，也容易导致中国园区建设的混乱格局。随着1992年中国确定要建立社会主义市场经济体制，中国园区数量开始出现井喷式增长。在井喷式增长的背后，对应着中国园区在审批、命名及管理等方面的混乱。于是，2003年起中央政府针对园区尤其是开发区进行了长期清理整顿工作。但不管怎样，园区对中国经济的促进作用是毋庸置疑的。2020年全国217家国家级经济技术开发区GDP为11.6万亿元，占全国GDP的比重为11.5%[①]。因此，中国特色的园区企业是一个值得研究的重要话题。

1.2.3 出口外销方面，特殊历史背景下的中国出口

绝大多数国家，包括主流发达国家以及第三世界国家，出口企业的全要素生产率往往要高于内销企业。但是，中国的情况却有些不一样。不少学者的研究发现，中国内销企业的全要素生产率反而高于出口企业，这与世界上绝大多数国家相反，所以中国这种现象又被称作出口生产率悖论。此外，在加入世界贸易组织（WTO）之后的一段时间内，中国出口企业的产品质量也在不断下降。为了进一步研究特殊历史背景下的出口制造企业，本书将出口制造企业划分为高外销制造企业与低外销制造企业，分析两种出口制造企业的差异性。

1.2.4 关键技术方面，发展坎坷的中国装备制造

新中国成立之初，苏联曾对中国进行以装备制造为主的156个项目援助，奠定了中国工业建设的基础。但1959~1960年苏联又撤回了这些项目，使中国工业遭受巨大打击，国内生产总值从1960年的1457.5亿

---

① 资料来源：中国商务部官网。

元迅速跌落到1961年的1220.9亿元[①]。受中苏交恶、美苏冷战等外部因素影响，出于备战考量，中国将装备制造的重心转移到国防建设领域，耗费巨大物力、人力、财力在西南、西北等三线地区部署重要研发基地及生产基地。1971年中国恢复联合国合法席位，各国陆续与中国建交，尤其是1972年尼克松访华促使中美关系破冰缓和，这使得中国装备制造企业得以从主流发达国家引进先进技术、设备，并在此基础上不断消化与吸收，进一步完善中国工业制造体系。改革开放以后，中国在信贷、税负等方面给予外商优惠政策，通过中外合资、外商独资、"三来一补"、代工生产等方式吸引外商进入中国市场，以此吸收国外先进技术。然而，在某种程度上，中国装备制造并没有完全按照预期方向发展。外商出于核心技术保护和担心中国技术追赶等考量，更倾向于向中国制造企业卖装备、收专利使用费，而不是转让、出售核心技术。这一度使得中国在全球价值链分工中发展成"进口装备、出口消费品"的纯粹加工模式。于是，大量企业从"技工贸"模式转为"贸工技"模式，使得装备制造在很多关键领域丧失核心技术。比如，中科院计算所出身的联想企业，在20世纪90年代放弃倪光南的芯片研发项目，将更多物力、财力、人力转移到纯商品贸易之中。纵然2012年之后联想电脑多次问鼎全球销量第一，但也无法掩盖中国芯片行业相对倒退的客观事实。因此，中国装备制造是一个值得研究的重要话题。

此外，就与互联网结合方面，中国制造企业与主流发达国家制造企业之间的共性也是值得研究的。

1.2.5　标准化与个性化的消费品制造

（1）在农业、手工业生产时代，由于产品生产是由异质性的人工完成，所以几乎每一个产品都是个性化的。（2）在机器大工业生产时代，标准化成为生产主流。1798年，美国伊莱·惠特尼（Eli Whitney）在步枪生

[①] 资料来源：《新中国60年统计资料汇编》。

产中提出可互换零件概念，制定批量零件的标准及公差，使得任意零件都能匹配任意一把同型号的步枪，打破了枪支从头到尾全由一位工匠非标准化生产的传统工艺。1914年，美国福特（Ford）汽车公司打破时空，运用标准化原理创造流水化生产模式。1947年，国际标准化组织正式成立，在全球范围内推行标准化。标准化的应用使得企业生产效率大幅提高，极大地促进了全球工业化发展。（3）在互联网引导的信息化时代，散布在全球的消费者通过互联网汇聚长尾需求，当长尾需求规模达到企业可开工的最低要求之后，这些个性化的长尾需求产品便被生产出来。因此，标准化与个性化在人类文明发展史上是交替出现的。此外，即使是在互联网引导的信息化时代的不同时期，标准化与个性化也会周期性地交替出现。以手机制造为例：1G时期的手机款式相对单调，主要由摩托罗拉一家提供；2G时期的手机款式极为丰富，摩托罗拉、诺基亚、爱立信等手机制造商围绕着不同的消费群体，生产具有各式各样功能的手机，如音乐、拍照、游戏、多卡多待、滑盖、翻盖、侧滑、旋转、按键、触屏、老人手机等，同时还伴随出现了五花八门的山寨手机；但3G、4G时期的手机款式大幅减少，而三星、苹果、华为、小米等手机制造商更侧重生产标准化的单品爆款手机。这里，我们对标准化与个性化所持的观点为：标准化与个性化是一组相对概念，技术创新在某种程度上可以将个性化产品升级为更具兼容性的标准化产品。比如，2G时期的个性化手机需求之所以能在3G、4G时期变为标准化手机需求，主要是因为手机各模块的性能创新已大大超出人们的日常生活所需。即现在的手机在音乐、拍照、游戏、即时通信等各方面都存在一定的性能过剩，从而能够满足不同类型的消费者需求，所以现在的单品爆款手机相当于2G时期各种各样手机的综合并进行了升级。因此，中国消费品制造是一个值得研究的重要话题。

1.2.6　多元化与专业化的企业战略选择

当企业发展到一定规模时，将会面临多元化与专业化的战略选择。随着中国制造企业逐渐完成市场化改造，并在国际、国内市场取得一定发展,也会像主流发达国家一样面临相同的战略选择。多元化与专业化的不同发展倾向至少与以下三个因素有关：（1）工业化发展的不同阶段。与美国制造相比，中国制造还没有经历系统性的去工业化过程。事实上，美国的去工业化本身就是一种筛选机制，美国将工业非关键领域和工业非核心技术转移出去。虽然美国的工业门类在去工业化之后有所减少，但经过去工业化的筛选沉淀，美国的工业结构更为精练合理，充分掌握关键领域的核心技术，以及占据全球价值链的中高端。而中国还处在工业化建设过程中，工业门类正朝着大而全的方向发展，由于在很多关键领域缺乏核心技术，所以体现为大而不强、全而不精的特点。在这种背景下，很多中国制造企业更倾向朝着大而全的多元化方向发展，但随着中国供给侧结构性改革和去产能的有效推进，越来越多的企业开始在细分领域精耕细作，朝着专业化方向发展。（2）外部市场的不同成熟度。当外部市场相对不成熟时，企业更倾向凭借自身的内部组织优势去承揽多项业务，以多元化经营为主；而当外部市场较为成熟时，企业更愿意将多项业务外包出去，以专业化经营为主。（3）市场范围的不同大小。当企业的市场范围相对较小时，企业很容易达到市场饱和，企业若想继续扩大规模，通常只能转向其他领域；而当企业的市场范围相对较大时，企业可以长期专攻同一领域，直到市场饱和。因此，中国制造企业的多元化与专业化是一个值得研究的重要话题。

1.3　互联网与企业创新发展

互联网作为通用技术，从产品、生产流程、商业模式等方面深刻影响着中国制造企业创新及创新发展[1]。本书更关注互联网对中国制造企业在创新发展方面的影响。需要说明的是，创新发展与创新是两个不同的概念，前者属于更具前瞻性、高效性、正导向的概念，后者属于中性且外延

---

[1]　详见附录G。

更广的概念①。本书主要采用凸显效率性、带有正导向的前瞻性抽象指标——全要素生产率（total factor productivity）来表示"创新发展"。由于制造企业的投入产出生产过程相对较为清晰，所以学者们通常构建显性生产函数（CD、CES、VES 等）来研究制造企业的创新发展。以 CD 生产函数为例，已知资本 K、劳动 L、产量 Y 及参数 a、b，那么根据生产函数 $Y = AK^aL^b$，可以计算得到全要素生产率 A②。由于全要素生产率 A 是传统要素 K、L 之外可驱动产量增加的因素，所以又被称作索洛剩余（solow residual）（即在全部生产要素投入量不变的情况下仍能驱动产量增加的那一部分）。许多学者将全要素生产率看作广义的创新发展指标，主要是因为全要素生产率涵盖了技术创新、生产流程创新、组织模式创新、产业链创新、商业模式创新、制度创新等方面。

关于互联网对企业创新发展的作用，社会各界多数认为：互联网对制造企业创新发展具有正向作用。但是，一些学者却对此观点持保留意见。总体上，我们对互联网的作用持中立态度。这里，我们对互联网的正向作用不做

---

① 做以下三点解释：其一，创新发展产品 VS 代表创新的高配普通产品。比如，石英表相对于机械表是一种颠覆性技术产品，这是因为石英表的走时误差远远低于机械表，在功能上实现了质的飞跃；而机械表镶嵌高品质 4C 钻石最多算是创新产品（而非创新发展产品），甚至镶钻还微改变原机械表的结构布局，并微破坏原机械表的动力系统，导致走时误差更大。其二，创新发展产品 VS 代表创新的多样化产品。不妨以服装企业为例，一部分服装企业专注于科技面料（GORE-TEX、Thinsulate、HEATTECH、AIRism、Trixior 等）的研发，而另一部分服装企业专注于多样化的剪裁加工（修身版、宽松版、欧版、亚版等）、设计风格（新潮流下的设计理念）、附加属性（明星代言、大牌副线、文化社群等）。很明显，前者更能代表创新发展。其三，创新发展产品 VS 代表创新的长尾需求产品。在互联网时代，零星散布在世界各地的长尾需求者突破物理空间局限，在网络形成长尾需求社群，促使很多制造企业涉足长尾需求领域，生产出各式各样的长尾需求产品（左撇子产品、男士化妆品、成人纸尿裤、房车、手办等）。虽然这些满足长尾需求的创新产品短期内增加了消费者福利，但长远来看并未真正意义上推进创新发展。

② 从历史维度来看，改革开放以来，中国制造企业的壮大主要由资本和劳动两大传统要素驱动。资本要素方面，在投资拉动政策导向和金融机构偏袒性输血之下，作为实体经济的制造企业更容易获得资金支持。劳动要素方面，婴儿潮和城镇化带来了中国人口数量红利，高等教育普及造就了中国人口质量红利。因此，在资本和劳动的双要素驱动下，中国制造企业取得快速发展。然而，随着中国逐渐完成工业化，资本开始从工业向服务业倾斜；婴儿潮带来的人口红利也将随时间推移而消失，城镇化源源不断输送的劳动力正被服务业大量吸收。这些不利因素无疑会对中国制造企业的未来发展有所制约。为此，中国制造企业的发展不能再依靠资本、劳动等传统要素驱动，而应当依靠全要素生产率驱动。对于提高全要素生产率，目前中国制造企业能够寄予厚望的无疑是与互联网相关的各类技术运用，包括物联网、工业互联网、人工智能、区块链、云计算、数字孪生、量子通信等。

过多展开，但互联网可能出现的负向作用更需要我们警惕，具体如下所示。

其一，互联网与制造企业的结合效果可能不佳。由于一些企业员工不会使用互联网相关办公软件，"数字素养"不高，会造成互联网使用低效。比如，一些会计不会使用 ERP 财务管理系统，一些工程师不会使用 Auto CAD 软件，一些员工不会使用线上会议软件，导致"用网"的效率反而低下。

其二，柔性制造与传统刚性制造，个性化制造与传统标准化制造。互联网汇集小众社群的个性化需求，促使企业由刚性制造向柔性制造转变（Eckel & Neary，2010）。由于传统刚性制造侧重"少品种大批量标准化生产"，所以难以适应互联网经济下的个性化定制；而柔性制造更好地迎合了个性化需求，侧重"多品种中小批量个性化生产"。但是，柔性制造、个性化制造会丧失一定的生产效率。

其三，模块化生产与传统纵向分工。由于传统价值链主要以串联方式——衔接上下游企业，意味着单个工序的延迟将会增加整条价值链的响应时间，所以一些企业将具有相似功能的工序模块化，以并联方式将价值链扁平化处理，缩短产品的交货周期（Ernst & Kamrad，2000）。当某一模块成为短板时，不仅会拖累所有横向关联模块的最大性能发挥，还会对纵向下游产业造成木桶效应[①]。如果正处在性能边界的模块龙头企业不顾全大局，放弃模块创新而只专注现有技术下的生产效率提升，那么横向关联模块及纵向下游产业将会对其"自私自利"行为施压阻止，甚至完全抛弃该企业[②]。这种绑架式互补关系，使得模块化企业将响应时间放于首要位置，将生产效率放于次要位置。即模块化是一种允许浪费和重复建设的经济系统（胡晓鹏，2004）。

其四，物联成本与物联产出。互联网将独立寻址的物理对象组成物联网，促使企业生产迈向数字化、智能化。但是，搭建物联网所需的软件和

[①] 在特定行业，大部分模块处在性能边界，但也不排除一些优秀的模块存在性能过剩。如英特尔公司的 CPU 技术遥遥领先，不仅领先 CPU 模块同行，还领先横向关联模块中的绝大多数企业。正是因为 CPU 模块性能过剩，所以英特尔热衷于"挤牙膏"。

[②] 比如，诺基亚过于沉迷 Symbian 系统的提效增利，在 Symbian 系统架构方面消极创新，使得 Symbian 系统成为手机全行业技术进步的包袱，最终被各大硬件商、应用软件商、手机制造商全面抛弃。

硬件成本是相对较高的，可能会出现物联网所带来的新增产出不足以覆盖其成本的情况。

其五，技术交流与市场寻求。互联网作为一种中性的信息通信工具，如果制造企业主要用于技术交流，并在交流中提升了创新研发绩效，那么可以认为互联网对制造企业创新发展具有正向作用。但是，如果制造企业主要利用互联网寻求市场商机，并深陷于互联网所触及的广阔市场而放弃研发投入，那么可以认为互联网对制造企业创新发展具有负向作用。

其六，全球价值链下的低端锁定。互联网在全球市场的开放性，使得国内制造企业嵌入全球价值链分工体系之中。当国内企业与国际前沿技术企业存在巨大技术鸿沟时，国内企业很容易受诱惑而放弃"无近期利润"的自主研发。虽然通过购买国际前沿企业的中高端装备[①]并支付其专利使用费，国内企业可以在短时间内生产出更高质量的产品，但在未来也丧失了自主研发能力。与此同时，国内企业还会被装备及专利费用掏空，很难拿出资金重拾后续研发。最终，国外前沿技术企业通过进阶研发继续守住全球价值链的制高点，而国内企业原地踏步，深陷全球价值链的"低端锁定"。

对以上方面的分析也会穿插在我们的具体研究中。根据中国制造企业的不同维度，本书将中国制造企业划分为国有与非国有制造企业、园区与非园区制造企业、高外销及低外销制造企业、装备与非装备制造企业、消费品与非消费品制造企业、多元化与专业化制造企业，来分析互联网对中国不同类型制造企业创新发展的差异化影响。在研究的操作层面，本书主要以全要素生产率指标衡量企业创新发展，并且还会根据具体情况适当增加新产品指标作补充。

本书剩余部分安排如下：第2～第7章，从不同维度或角度对中国制造企业进行类型划分，研究互联网在创新发展方面的差异化影响；第8章，研究互联网在整体上是否提高了中国制造企业的全要素生产率；第9章，结论与启示。

[①] 最高端装备通常会留作自用而不对外出售，从而保持国际前沿企业的绝对领先地位。

第2章 国有与非国有制造企业

本章为本书主体部分的开篇。需要特别说明的是，本章所指的非国有制造企业主要涵盖民营制造企业、集体制造企业、外资制造企业等。由于民营制造企业占据了非国有企业的最大比例，所以我们一般会将民营制造企业与非国有制造企业等同对待，有时甚至不加以区分。

2.1 国有企业改革

改革开放之前，中国实施大一统的计划经济，国有（国营）企业几乎是中国微观层面的唯一经济主体。改革开放之后，逐步转变为：坚持以公有制为主体、多种（不同）所有制经济共同发展。在这里，公有制经济主要就是指国有企业，而多种所有制经济其实主要指的是非国有企业，并且民营企业在其中占了最大的比例。因此，中国国有企业的改革史，在某种程度上也是国有企业与民营企业的共同发展史。

谈及国有企业和民营企业，就目前来看，两者已经从计划经济时期的几乎纯国有企业，转变为在社会主义市场经济时期的共同发展。自1984年后第一家民营企业诞生起，中国经济体制改革的主基调基本是促进民营经济的发展。在1992年确立社会主义市场经济体制改革目标之后，民营企业不再以挂靠国有企业、集体企业的形式存在，而是通过明确产权重新注册为民营企业；而效率相对低下的国有企业、依附于国有企业的厂办大集体企业，以及地处农村的乡镇企业也被逐步民营化。在2003年国资委成立之后，在国有资产保值增值的权责下，各级国资委以参股、控股的形式投资民营企业，同时也吸收了优质民间资本进入国有企业。恰恰在这个时期，中国的互联网经济风起云涌地发展起来。电商作为互联网经济的排头兵，异军突起，随后互联网经济全面开花。

中国政府对国有企业改革的不断推进，既有成功经验，也有失败教训。在教训与经验不断累积的同时，也在社会上形成了一种"认识"：国有企业效率低下、国有企业体制僵化等，而这种"认识"其实是一种偏见。关于互联网对国有企业与民营企业的不同影响，很容易先入为主地认为民营企业相比国有企业可以更高效地利用互联网。如果政府简单地采纳了这种观点，那么很容易会出台误导性政策，可能致使互联网资源得不到更高效地使用。因此，我们有必要以科学的态度和方式，通过客观数据分析互联网对国有企业与民营企业的差异化影响，到底孰轻孰重？又考虑到中国经济发展模式正在由要素驱动向创新驱动转变，所以本章更侧重研究互联网对国有企业与民营企业的全要素生产率的差异化影响。

在国内，直接研究互联网对国有企业、民营企业差异化影响的文献很难见到。多数文献是在研究其他问题时，顺带讨论互联网对中国国有企业和民营企业的不同影响，并且这类文献出现时间相对较晚，主要集中在近几年。由于互联网对不同所有制企业的影响在经济管理学科尚未成熟，所以这类文献更多是"指出问题"。比如，茹玉骢和李燕（2014）利用2005年世界银行对中国企业的调查数据发现：电子商务的发展对中国民营企业的促进作用大于国有企业。杜传忠等（2018）利用2013~2016年中国省级面板数据发现：国有企业比重的提高会对电子商务产业集聚产生"挤出效应"。高峰等（2020）利用2013~2017年中国A股上市公司数据发现：数据驱动技术对非国有企业的成长速度有显著促进作用，但对国有企业的成长速度无显著影响。余文涛和吴士炜（2020）利用2009~2017年中国省级面板数据发现：平台经济加剧了民营企业之间的竞争，但没有加剧国有企业之间的竞争。施炳展和李建桐（2020）利用 2001~2003 年、2005~2007 年中国工业企业数据发现：互联网可以提升民营企业的分工水平，但不能提升国有企业的分工水平。

对上述文献进行归纳总结，不难发现现有文献多数指出互联网在市场流通领域更有利于民营企业，而对国有企业正向作用不大。事实上，这类文献主要定位在互联网影响之下国有企业和民营企业的市场行为差异，较少涉及国有企业和民营企业的生产领域。而我们的研究希望能对国有企业和民营企业在生产领域的影响进行分析和判断，更关注生产领域中两类企业创新效率的差异性。

2.2 研究设计

我们以全要素生产率衡量制造企业的创新发展，研究互联网对国有和民营制造企业创新发展的差异化影响。为此，我们构造了全要素生产率、国有控股、互联网三个关键变量。互联网与国有控股交叉项的回归系数显著为正，则表示互联网更有利于国有企业创新发展；若交叉项的回归系数显著为负，则表示互联网更加有利于民营企业创新发展；若交叉项的回归系数不显著，则表示互联网为中性。此外，本章的数据来源为：1996~2013 年中国工业企业数据库、《中国统计年鉴》、《中国人口和就业统计年鉴》、《中国工业经济统计年鉴》、第五次全国人口普查、2005 年全国 1% 人口调查等。

2.2.1 基准计量模型

$$\text{lntfp}_{it} = \beta_0 + \beta_1 \text{state}_{it} + \beta_2 \text{internet}_{it} + \beta_3 \text{state}_{it} \times \text{internet}_{it} + \beta_4 \text{Control}_{it}$$
$$+ \lambda_1 i.\text{year}_t + \lambda_2 i.\text{prov}_i + \lambda_3 i.\text{industry}_{it} + \varepsilon_{it} \qquad (2-1)$$

其中，tfp、state、internet、state × internet 分别表示全要素生产率、国有

控股、互联网、国有控股与互联网的交叉项；Control、i. year、i. prov、i. industry 分别表示不含因子变量的控制变量组、年份因子变量、省份因子变量、行业因子变量；ε 表示随机扰动项；下标 i、t 分别表示企业个体、年份。

2.2.2 关键变量

（1）全要素生产率（tfp）。中国制造企业的全要素生产率主要采用 OP 法测算（Olley & Pakes，1996）。更为详细的测算过程如附录 H 所示。

（2）互联网（internet）。如果企业拥有网站（web）或邮箱（mail），则 internet 取值为 1；否则 internet 取值为 0。关于 web 与 mail 的系统性修复整理如附录 I 所示。

（3）国有控股（state）。对于企业的实收资本，按照投资主体来源，可划分为国家资本、集体资本、法人资本、个人资本、港澳台资本和外商资本等。如果国家资本在实收资本的占比最大，则 state 取值为 1；否则 state 取值为 0。

2.2.3 控制变量

（1）股份制改革（reform）。如果当年企业的国家资本较上一年有所变动，则 reform 取值为 1；否则 reform 取值为 0。加入该控制变量，一定程度上可以对股份制改革的成效作出一定判断。需要说明的是，国有企业股份制改革并非只是单向地减少国家资本，各级国资委出于资产保值、增值的目的，也会主动向国有企业、民营企业注入资金，也即国有化和私有化都属于股份制改革。

（2）出口（export）。如果企业的出口交货值大于 0，则 export 取值为 1；否则，export 取值为 0。

（3）垄断势力（markup）。主要指企业对产品价格的控制能力，学者们多采用"销售价格÷边际成本"的形式来计算。由于企业会出于合理避税、美化年报①等目的隐藏真实的边际成本,所以直接采用会计成本计算 markup 是有偏误的。由于无法捕捉企业真实的边际成本,所以直接采用"价格÷边际成本"计算 markup 将会陷入僵局。为此,德·洛克尔和瓦舍斯基(De Loecker & Warzynski,2012)改进了 markup 的计算方法,利用企业最优化等式"要素产出弹性÷要素报酬份额=销售价格÷边际成本",绕过无法捕捉的边际成本,直接计算 markup。由于该种方法只需要素产出弹性、要素报酬份额等可捕捉的信息就可以准确估算 markup,所以短期内被学者们迅速推广(盖庆恩等,2015;黄先海等,2016;王贵东和周京奎,2017)。本书也将采用该种方法,具体为:选取劳动要素作为 markup 的计算标的,采用 LP 法②估算企业的劳动要素产出弹性,利用修复后的中国工业企业数据计算企业的劳动要素报酬份额,两者相除可得 markup。

(4) 市场占有率(market)。其计算公式为:市场占有率=企业主营业务收入÷行业主营业务收入×100%。此处行业为国标四分位行业。加入该控制变量,一定程度上可以挖掘规模效应与企业生产效率的关系。此外,互联网背景下的企业,其市场覆盖范围更为广阔,更容易做大规模(甚至"赢者通吃")实现规模效应。

(5) 园区(park)。如果企业在园区,则 park 取值为1;否则,park 取值为0。

(6) 行业年龄(age_ind)。本书用行业内所有企业的年龄算数平均数表示。考虑到行业具有周期性,所以在计量回归中还将引入其二次项。此处行业为国标四分位行业。加入该控制变量,一定程度上可以验证行业周期理论。此外,不同的行业可能处在不同的周期阶段,朝阳产业可能比夕阳产业更容易融入互联网。

(7) 资产流动性(liquid)。计算公式为:资产流动性=流动资产÷(流动资产+固定资产)×100%。加入该控制变量,可以一定程度上剔除

---

① 尤其是上市公司,为了遮掩利润亏损的事实,会通过一些会计方法减少账面亏损,甚至"扭亏为盈"。

② 为了尽量避免同一测算方法造成的内生性问题,本书采用不同的方法测算不同的指标,具体为:markup 采用 LP 法测算,tfp 采用 OP 法测算。

企业轻资产化的影响。

（8）资产负债率（debt）。计算公式为：资产负债率＝总负债÷总资产×100％。加入该控制变量，一定程度上可以研究企业高杠杆。在互联网背景下，金融衍生品更加丰富，企业可以利用各种杠杆去影响生产经营。

（9）多元化（diversity）。如果企业的产品种类大于1，则diversity取值为1；否则，diversity取值为0。

（10）融资成本（finance）。计算公式为：融资成本＝财务费用÷主营业务收入×100％。

（11）补贴（subsidy）。计算公式为：补贴＝补贴收入÷主营业务成本×100％。

此外，控制变量还包括省份因子变量（i. province）、年份因子变量（i. year）、行业因子变量（i. industry）等。

2.2.4 描述性统计

主要变量及描述性统计结果如表2-1所示。不难发现：绝大多数变量为"相对值"变量。比如，百分比变量、哑变量。由于"绝对值"变量在非平稳时间序列上可能存在伪回归，所以我们采用严谨苛刻的"相对值"变量，这样可以消除关于伪回归的疑虑。

表2-1　　　　　　　　　描述性统计

变量	变量说明	样本量	均值	标准差
tfp	全要素生产率：由OP法测算	2241320	103.2368	336.6382
internet	互联网	2436390	0.1279	0.3340
state	国有控股	3852413	0.0921	0.2892
reform	股份制改革	2826394	0.1095	0.3123
markup	垄断势力：由LP法测算	3234091	1.6561	2.7948
market	市场占有率：百分比变量	4166327	0.2377	1.4404
export	出口	4167354	0.2322	0.4222

续表

变量	变量说明	样本量	均值	标准差
park	园区	3909016	0.1725	0.3778
age_ind	行业年龄：四分位行业	4214236	11.0742	4.5401
liquid	资产流动性：百分比变量	4135730	55.7861	27.1357
debt	资本负债率：百分比变量	4158511	69.9945	125.0355
diversity	多元化	4192934	0.2607	0.4390
finance	融资成本：百分比变量	3303273	6.7814	1293.7490
subsidy	补贴：百分比变量	404335	7.6599	881.1622

注：所有涉及价格的变量均已作不变价调整。

2.3 实证分析

在正式进入基准计量回归分析之前，我们先将总样本切割为四个子样本：国有控股企业子样本、非国有控股企业子样本、含国家资本企业子样本、不含国家资本企业子样本。为了以最直观的方式考察股权结构如何影响 tfp 与 internet 之间的关系，我们先暂不考虑 reform、markup、market、export、park、age_ind、liquid、debt、diversity、finance、subsidy 等控制变量，只控制 i.province、i.year、i.industry 等因子变量，分析在四个不同的子样本下 tfp 与 internet 之间的关系差异，详细结果如表 2-2 所示。

表 2-2   分样本回归结果

解释变量	被解释变量				
	国有控股 lntfp	非国有控股 lntfp	含国家资本 lntfp	不含国家资本 lntfp	全样本 lntfp
internet	0.1918*** (13.70)	0.0310*** (10.13)	0.1650*** (14.26)	0.0307*** (9.93)	0.0303*** (9.96)
i.province	Yes	Yes	Yes	Yes	Yes
i.year	Yes	Yes	Yes	Yes	Yes
i.industry	Yes	Yes	Yes	Yes	Yes
方差	稳健	稳健	稳健	稳健	稳健

续表

解释变量	被解释变量					
	国有控股 lntfp	非国有控股 lntfp	含国家资本 lntfp	不含国家资本 lntfp	全样本 lntfp
观测值	103524	1420029	127071	1387957	1523553
组内 R^2	0.0550	0.1309	0.0597	0.1330	0.1245

注：(1) 中国工业企业数据库为非平衡面板数据。鉴于非平衡面板数据结构的特殊性，暂不考虑绝大多数控制变量的处理方式可以极大地增加有效样本量，进而以最大的样本量捕捉中国最普遍的经济现象。(2) 圆括号内为 t 值，"***"表示 $p<0.01$。

在表 2-2 中，无论是子样本，还是总样本，均表明互联网可以显著促进制造企业提升全要素生产率。直接对比国有企业控股子样本和非国有企业控股子样本，可以发现：国有控股的制造企业比非国有控股的制造企业，更能有效利用互联网去促进制造企业提升全要素生产率。同样，直接对比含国家资本企业子样本和不含国家资本企业子样本，可以发现：含国家资本的制造企业比不含国家资本的制造企业，更能有效利用互联网去促进制造企业提升全要素生产率。即在某种程度上，互联网更有助于提升国有制造企业的全要素生产率。

当然，仅通过表 2-2 就断定互联网更有助于国有企业提升全要素生产率是不严谨的。为此，我们还将加入更多的控制变量以及利用更为严谨的计量方法进行进一步的判断。

2.3.1 计量回归设计及工具变量讨论

研究互联网（internet）如何影响国有控股（state）与全要素生产率（tfp）之间的关系，首先需要解决 internet 的内生性问题。本书构造 internet 工具变量的思路是：首先，找出人口最频繁迁入企业所在省份的 2 个省份，以及找出人口最频繁迁出企业所在省份的 2 个省份；其次，计算这 4 个省份的所有同行企业的 internet 加权平均 internet_super_neighbor；最后，以 internet_super_neighbor 以及滞后项 L1. internet 共同作 internet 的工具变量组。

更为详细的工具变量构造过程如附录J所示。

2.3.2 计量回归结果

在表2-3中，模型（1）为基准计量模型。该模型有两个内生变量：一个是互联网（internet）本身，对应着工具变量L1. internet、internet_super_neighbor；另一个是由互联网（internet）衍生出的交互项state×internet，对应着工具变量L1. state×internet。在第一阶段的回归中，其中3个工具变量的系数均在1%的水平上显著为正，表明这些工具变量全都满足相关性。与此同时，在过度识别检验中，Sargan-Hansen统计量对应的p值为0.5473，表明所有工具变量满足外生性。因为工具变量既可满足相关性又能满足外生性，表明基准计量模型（1）中的工具变量是有效的。

表2-3　　　　　　　　工具变量法计量回归结果

解释变量	被解释变量				
	模型（1）lntfp	模型（2）lntfp	模型（3）lntfp	模型（4）lntfp	模型（5）lntfp
internet	0.0838*** (6.94)	0.1007*** (8.71)	0.0721*** (5.84)	0.0829*** (6.86)	0.0833*** (6.90)
state×internet	0.2495*** (3.28)	—	0.2857*** (4.86)	0.2685*** (3.50)	0.2483*** (3.27)
state	-0.2186*** (-9.40)	-0.1621*** (-10.71)	-0.1774*** (-9.06)	-0.2086*** (-9.08)	-0.2186*** (-9.39)
reform	0.0461*** (3.84)	0.0452*** (3.77)	0.0456*** (3.69)	—	0.0459*** (3.82)
many	—	—	—	—	0.0507*** (4.66)
L1. lnmarkup	0.3831*** (81.50)	0.3836*** (81.58)	0.3846*** (81.61)	0.3827*** (81.40)	0.3829*** (81.51)
market	0.0599*** (9.67)	0.0605*** (9.73)	0.0597*** (9.62)	0.0602*** (9.71)	0.0597*** (9.64)

续表

解释变量	被解释变量				
	模型（1）lntfp	模型（2）lntfp	模型（3）lntfp	模型（4）lntfp	模型（5）lntfp
export	0.1079*** (14.67)	0.1082*** (14.71)	0.1090*** (14.80)	0.1070*** (14.56)	0.1075*** (14.61)
park	0.0545*** (6.41)	0.0537*** (6.32)	0.0550*** (6.47)	0.0554*** (6.50)	0.0543*** (6.39)
lnage_ind	0.9881*** (6.50)	1.0347*** (6.85)	1.0030*** (6.59)	0.9787*** (6.42)	0.9729*** (6.37)
$\ln^2$age_ind	-0.1869*** (-6.14)	-0.1965*** (-6.50)	-0.1909*** (-6.27)	-0.1846*** (-6.05)	-0.1837*** (-6.01)
liquid	0.0099*** (53.93)	0.0100*** (53.96)	0.0100*** (54.03)	0.0100*** (54.09)	0.0099*** (53.89)
debt	-0.0033*** (-9.05)	-0.0033*** (-9.08)	-0.0033*** (-9.12)	-0.0032*** (-9.17)	-0.0033*** (-9.07)
diversity	0.0133* (1.96)	0.0136** (1.99)	0.0128* (1.87)	0.0132* (1.94)	0.0129* (1.90)
finance	-0.0000*** (-2.73)	-0.0000*** (-2.78)	-0.0000*** (-2.75)	-0.0000*** (-2.72)	-0.0000*** (-2.73)
subsidy	-0.0003*** (-3.99)	-0.0003*** (-4.01)	-0.0003*** (-3.96)	-0.0003*** (-3.98)	-0.0003*** (-3.99)
i.province	Yes	Yes	Yes	Yes	Yes
i.year	Yes	Yes	Yes	Yes	Yes
i.industry	Yes	Yes	Yes	Yes	Yes
方差	稳健	稳健	稳健	稳健	稳健
观测值	80140	80140	80140	80484	80114
组内 R^2	0.1283	0.1292	0.1277	0.1287	0.1270

注：圆括号内为 t 值，"*"表示 $p<0.1$，"**"表示 $p<0.05$，"***"表示 $p<0.01$。

在表 2-3 中，模型（2）在模型（1）的基础上，剔除了交叉项 state × internet。模型（2）可以直接研究互联网（internet）对创新效率的平均影响，以及国有控股（state）对创新效率的平均影响。

观察模型（2）的回归结果，internet 的系数显著为正，说明互联网可以显著提升制造企业的创新效率；state 的系数显著为负，其含义是国有控股企业的平均创新效率低于非国有控股企业的效率，这与特殊时期的中国现实情况基本一致。

观察模型（1）的回归结果，互联网与国有控股的交叉项 state × internet 的系数显著为正，表明国有控股制造企业相比非国有控股制造企业，更能有效利用互联网去提升创新效率。更有意思的是，state × internet 的系数绝对值大于 state 的系数绝对值，表明"互联网＋国有控股企业"的创新效率高于"互联网＋非国有控股企业"。在某种程度上，意味着互联网不仅有助于国有控股制造企业提升创新效率，而且还可以扭转国有制造企业创新效率低于民营制造企业的困局。

2.3.3 稳健性检验

其一，放宽国有控股的限制，我们构造了更为广义的国有企业指标——国家资本。在不引起指标混乱的情况下，国家资本也采用 state 来表示。如果企业的实收资本中含有国家资本，则 state 取值为 1；否则 state 取值为 0。然后，采用与基准计量模型完全相同的工具变量法进行计量回归，其回归的结果如表 2-3 模型（3）所示。不难看出，在模型（3）中，state 的系数仍然显著为负，state × internet 的系数仍然显著为正，并且仍然大于 state 的系数。这说明，即使在最为宽泛的"国有企业"情景下，互联网依然更有助于国有制造企业提升创新效率。

其二，出于对内生控制变量的担忧，我们怀疑股份制改革（reform）可能也为内生变量。根据计量理论可知，如果某个控制变量为内生变量，并且该控制变量又与关键解释变量相关，那么内生控制变量将会造成与之相关的关键解释变量的估计有偏。在中国股份制改革的实践过程中，各级政府会优先选择效率低下的国有企业进行股份制改革，而这种行为意味着股份制改革（reform）与全要素生产率（tfp）之间可能存在逆向因果关系。与此同时，股份制改革（reform）的渐进式量变与国有控股（state）的质变，在理论上是存在相关性的。即控制变量 reform 可能会干扰模型（1）中关键解释变量 state、state×internet 的估计系数。为此，我们将 reform 控制变量删除，重新用工具变量法进行计量回归，其回归结果如表 2-3 模型（4）所示。不难发现，模型（4）与模型（1）相比，state 和 state×internet 的回归系数并未发生实质性变动，state 的系数依然显著为负，state×internet 的系数依然显著为正，并且依然大于 state 的系数。这表明模型（1）的回归结果是稳健的，互联网更有助于国有制造企业提升创新效率。

2.4 技术交流还是寻求市场

根据前文的实证研究，我们得出结论：互联网更有助于中国国有制造企业提升创新效率。对于这个实证结论，有四点需要特别说明：（1）企业的最终目标是利润最大化，而创新只不过是企业为实现利润最大化的一个工具。企业既可以通过创新形成技术垄断，在单个产品上赚取高额利润，实现在销量不变的情况下提高总利润；也可以通过市场寻求来扩大产品销量，实现在单个产品利润不变的情况下提高总利润。因此，缺乏创新的企业并不一定就是在经济利益获得上失败的企业，如中国联想。（2）我们研究的是生产领域的工业（制造业）企业，并不包括流通领域的商业企业[①]。很明显，现有绝大多数文献研究的是互联网在商业领域的影响，这与本书的关注点有着本质上的不同。（3）该结论产生于特殊的历史时期——中国加入 WTO 后以及中国卷入全球金融危机前。在这特殊的历史时期，国有企业采取的策略与民营企业有所不同。（4）我们采用全要素生产率来衡量制造企业的创新效率，由于全要素生产率属于"生产概念"，而非"市场概念"，所以与生产相关的技术交流通常可以提升制造企业的全要素生产率，而与生产相关性不大的市场拓展通常不能提升制造企业的全

[①] 不得不承认的是，民营企业在商业领域确实比国有企业更具有活力，如腾讯、阿里巴巴、字节跳动、京东、百度、网易等互联网民营企业。然而关于互联网与工业（制造业）结合的社会学学术文献相对较少，甚至工业互联网概念的提出也未超过 10 年。

要素生产率。

在厘清上述四点后,结合对不同类型企业的调研情况,我们认为:中国国有制造企业更倾向于使用互联网进行技术交流,中国民营制造企业更倾向于使用互联网寻找市场机会。而正是技术交流和寻求市场的不同选择,在某种程度上促使互联网在中国国有制造企业与中国民营制造企业之间产生差异化影响。接下来,我们将分别从中国不同类型制造企业特殊属性下的策略选择,以及其与互联网不同属性的结合性展开详细解释。

2.4.1 不同产权类型制造企业特殊属性下的策略选择

1. 企业行为的差异

(1) 国有企业方面。

由于产权制度等方面的影响,虽然国有企业整体效率比较低下,但国有企业储备了大量的技术人才。早期的毕业分配制度(赵晔琴,2016)为国有企业源源不断地输送人才,即使在20世纪90年代,职工下岗淘汰机制(邢春冰,2007)也能确保国有企业保持较高的人才占比。20世纪末,国有企业"三年脱困";21世纪初,国有企业"精兵简政""人才待用"。2004年国有控股企业的专科及以上员工的占比为19.58%,而非国有控股企业的专科及以上员工的占比为10.71%,大幅低于国有控股企业[①]。加入WTO之后,迫于中外技术差距的压力,国有企业凭借人才储备优势,相比民营企业,可以更好地消化、吸收国外先进技术。该期间,互联网在技术交流方面的作用功不可没。在中国互联网未普及的时代,国有企业学习国外先进技术,主要通过出国形式得以实现;而随着互联网在中国迅速普及,国有企业可以利用互联网,即使足不出境、足不出户,也可以即时有效地实现技术交流。即在中国特殊历史背景下,互联网更有助于国有企业实现技术交流,进而提升创新效率。

---

① 资料来源:中国经济普查数据。

（2）民营企业方面。

在改革开放的早期，民营企业多是在夹缝中成长。渐进式的经济体制改革使得中国的政策法规具有过渡性、短期性、不确定性、非均衡性等特点，民营企业长期游走在政策法规的禁区与非禁区之间的边缘地带，通过政治关联等方式生存及发展（余明桂和潘红波，2008；徐业坤等，2013），这种情况也锻造了民营企业的高机动性。中国加入WTO以及互联网的普及，对于民营企业而言，是一个巨大的市场机会。大量民营企业参与全球化产业分工，一些特殊原因使得民营企业不得不处于全球价值链的低端。一是民营企业的高机动性及生产性补贴政策的碰撞（苏振东等，2012）。由于生产性补贴政策只是一项短期政策，所以民营企业在最大化补贴租金的驱使下，更愿意利用互联网在境外寻找商机，即使处于全球价值链的低端也能获取金额可观的生产性补贴。该期间，中国出口产品的品质一度大幅下滑（李坤望等，2014）。二是民营企业的人才结构处于劣势。由于技术交流需要大量人才储备，而多数民营企业并不具备这方面的优势，甚至20世纪90年代的很多下岗职工也涌入了民营企业，这使得多数民营企业很难利用互联网与掌握先进生产技术的外国企业进行技术交流。三是"抓大放小"政策使得大量原国有企业的老旧设备流入民营企业，并被民营企业在全球化产业分工中重新启用，从而消化过剩的低端产能。与此同时，互联网还有效汇集了社群消费者的长尾需求，在数量上跨越批量生产的最小边界，而高机动性的民营企业为了迎合长尾需求，迅速组织生产。很明显，长尾需求产品的生产效率通常低于标准需求产品。

2. 政策导向的差异

"以市场换技术"政策。1984年，中国政府提出"把对外商品贸易与引进技术结合起来，实行技贸结合，用我们的一部分市场换取国外的先进技术，这是加速我国技术进步的一项重大方针"[1]，这就在国家层面确立了"以市场换技术"的战略定位。后来中国加入WTO，为了能够满足WTO

---

[1] 资料来源：《国务院批转国家经委关于做好技贸结合和旧设备选购工作的报告的通知》。

的相关规则要求，对《中华人民共和国外资企业法》进行了相应修改。将条款"设立外资企业，必须有利于中国国民经济的发展，并且采用先进的技术和设备，或者产品全部出口或者大部分出口"修改为"设立外资企业，必须有利于中国国民经济的发展。国家鼓励举办产品出口或者技术先进的外资企业"。其含义是中国将过去关于"以市场换技术"的强制性要求变成了加入WTO之后的鼓励性意见。在实际操作层面，国家可控的国有企业出于国家意志体现，在某种程度上继续保持着"以市场换技术"的隐性要求，而民营企业则完全卸下技术包袱，将大部分精力放在纯粹的市场寻求上。在这两种相对不同的发展模式下，国有企业在利用互联网方面更偏向于"以市场换技术"导向的技术交流；而民营企业在利用互联网方面更偏向于放任自由的市场寻求，对于先进技术的要求则不再"强制"。最终表现为：国有企业更倾向利用互联网进行技术交流，并导致全要素生产率提升；而民营企业更倾向利用互联网去寻求市场，对全要素生产率的提升效果相对较小。

此外，国资委作为国有企业改革的时代产物，在一定程度上也会加强互联网的促进作用。国资委成立之前，中国的国有资产监管是"九龙治水"格局，致使很多国有企业经营管理混乱，难以适应市场经济。国资委成立之后，中国的国有资产监管逐渐统筹化、专职化，"出资人缺位，所有者分散"的局面得以有效缓解。由于国资委是统筹国有企业改革的专职特设机构，实施分级管理，所以各级国资委在某种程度上已经成为国有企业的实际控制人。各级国资委真正面对的是多个国有企业的总预算约束，而不是单个国有企业的预算约束。即各级国资委通过统筹实际控制的多个企业，可以软化单个企业的预算约束。对于"技工贸"企业，一旦受到外部剧烈冲击，受限于企业自身的预算约束，很可能会陷入生存困境。而各级国资委正好可以软化"技工贸"企业的预算约束，所以"技工贸"企业在国有企业中的占比要高于民营企业。在利用互联网方面，"技工贸"企业更倾向于利用互联网进行技术交流，而"贸工技"企业更倾向于利用互联网寻找市场机会。因此，在国资委软化企业预算约束的视角下，互联网更有助于提升国有企业的创新效率。

关于预算约束软化的一些说明。当实际控制人拥有多家企业时，实际控制人通常不会对名下的每个企业单独设置一个预算约束，而是对名下的所有企业设置一个总预算约束。在这种情况下，总预算约束下的最优目标函数取值，至少不会劣于单独每个预算约束下多个最优目标函数取值的加总。不妨以客观数据佐证：在表2-3中，模型（5）在模型（1）的基础上增加了变量 many。如果某企业的实际控制人拥有多家企业，则 many 取值为1；否则 many 取值为0。回归结果显示，many 的系数在1%的水平上显著为正。

2.4.2 不同产权类型制造企业与互联网不同属性的结合性

在前面的分析中，本书谈到国有企业可能更倾向于利用互联网进行技术交流，而民营企业可能更倾向于利用互联网寻找市场机会。那么，具体是互联网的哪些属性在其中发挥了作用？

对于国有企业，互联网的数字化、交互式属性使得国有企业更容易实现技术交流。这是因为技术交流涉及文字、图纸、音频、视频、模型等"复杂大文件"的高频传输，而互联网的数字化属性不仅使"复杂大文件"传输成为可能，还可以保证"复杂大文件"传输过程中的较低失真率，在技术层面解决"复杂大文件"能否可靠传输的问题；同时，互联网的交互式使得技术交流更具即时性，增强了参与者的交流体验感。因此，互联网数字化、交互式属性与中国国有企业策略选择的结合，可以更好地实现技术交流所带来的全要素生产率的提升。

对于民营企业，由于市场拓展并不涉及"复杂大文件"，更多是在更广阔的范围内进行潜在客户的"漫长寻找"，以及现有客户的"要约应约"。互联网的开放性属性使得企业更容易找到潜在客户，或者企业更容易被潜在客户找到；而现有客户的"要约应约"这种"简单"功能，在没有互联网的情况下也可以通过传统的电话、电报得以实现。因此，互联网的开放性属性与中国民营企业策略选择的结合，可以更好地实现更广阔市场的开拓，但较少涉及企业全要素生产率的提升。

2.5 企业实例*

2.5.1 国有制造企业实例——北汽福田汽车股份有限公司

1. 企业简介

北汽福田汽车股份有限公司(以下简称"福田汽车")是一家从事汽车整车制造、汽车核心零部件、车联网、汽车金融、福田电商等经营业务的企业,于1996年成立,1998年上市。总部位于北京,在河北、湖南、广东、山东等地有20个工厂,并在25个国家(或地区)设有散件组装工厂。

福田汽车不仅在中国商用车市场连续多年销量领先,在商用车出口方面也连续多年位列中国第一。到2020年底,福田汽车销量接近960万辆,累计出口63万辆。2019年,福田汽车营业收入为812.57亿元,企业资产772.28亿元,员工近4万人,产品和服务覆盖全球110个国家和地区。2021年7月20日,2021年《财富》中国500强排行榜发布,北汽福田汽车股份有限公司位列第198名。

2. 互联网化升级过程

(1)制定企业信息化建设总体规划,逐步推进信息化系统建设。

伴随福田汽车销量的大幅增加以及国际化业务的拓展,企业互联网技术(IT)能力无法匹配业务发展的问题凸显出来,因此制定了企业信息化建设总体规划,以"与业务高度融合"为目标,建立以两头带动中间的信息化实施技术路线,分阶段推进全球化企业信息化系统建设,构建并完善集团信息系统框架,推进系统应用及数据准确性,并建立财务统一平台,逐步搭建全球化平台与信息安全平台体系,提高协同效率。

---

* 资料来源:本节的案例由研究团队成员基于各企业官网、新闻稿、行业研报、企业财报、中国工商管理案例库、公司管理人员采访等材料进行整理和撰写。

（2）逐步建立"两化融合"管理体系，提供流程的信息化支持。

2014年，福田汽车提出了两化融合体系"三阶段"建设规划，并制定了"战略指引、需求驱动、相互促进、快速迭代、持续改进"的两化融合方针。2014～2017年，福田汽车逐步建立了两化融合管理体系，同时结合集团总部的定位，将建设聚焦于"围绕用户强化外部服务能力"上，重点打造"围绕客户售后服务需求的配件快速交付能力"。2018年后，建设重点转向为推动"两化融合"升级优化。福田汽车对内重点加强了对产品质量保证体系（FCVDS）与订单到交付（OTD）的信息化支撑，对集团多种管控模式提供流程和信息化支持，对外将重点放在与客户、经销商、服务商、供应商建立连接，从服务于内部向服务于外部转变。作为国家两化融合试点企业，2014年以来，福田汽车陆续承接了"智能制造试点示范""北京市智能制造标杆企业""制造业双创平台""两化融合管理体系贯标示范""智能制造工程""工业互联网创新发展工程""国家级绿色工厂"等一系列"中国制造2025"国家战略重大工程。

（3）数字技术持续升级，为数字化服务能力提升提供基础支撑。

如何更贴近用户需求为用户带来更大的价值，成为福田汽车在"两化融合"建设中持续思考的问题。数字化技术的快速发展为福田汽车解决这些问题提供了可行途径。第一，开展主数据管理：首先，实现来自不同系统的业务的集成，在质量上保证准确性、完整性和一致性；其次，数据要实现在不同业务间的共享，并能够实现集中管理和维护，要以高质量的主数据来驱动业务优化，提升分析决策能力；最后，在此基础上，梳理了核心流程架构，并采取分步骤实施的方式来推进，并针对各类数据分别制定了企业的数据管理办法。第二，建设大数据平台：福田汽车构建了五层架构的大数据平台，其中分别包含了源数据层、采集层、基础层、分析层和服务层，形成了自下而上的结构。基于此，福田汽车实现了在大数据平台之上搭建不同的应用，从而更快速柔性地应对变化。第三，开启标识解析：工业互联网标识解析体系是通过条形码、二维码、无线射频识别标签等方式赋予物品唯一身份，可以成为工业互联网的中枢神经系统。要想实现工业领域真正的互联互享，其重要基础便是建立一个统一的标识解析体系。福田汽车通过直接面向行业和企业提供服务，体系的构建打通了产业链上下游的数据、连接了相关领域的信息、实现了行业层面信息的互通。

3. 互联网赋能企业创新

（1）搭建混合云平台，构建创新业务基础设施保障。

2017年起，福田汽车开始搭建由公有云和私有云共同构建的混合云平台，迁移业务上云。对于传统应用系统，以及对安全和延时要求高的系统（生产线工控），福田汽车采用私有云方式部署；对于车联网、自动驾驶、汽车电商、网页、移动应用等具有鲜明互联网特征的创新型业务，则采用公有云部署。此外，当汽车领域的自动化驾驶等新技术涉及大数据分析、AI等技术，可以充分利用公有云上提供的PaaS（平台即服务）服务能力。福田汽车"公有云+私有云"从2017年的TB级增长到2020年的PB级，公有云和私有云的交互量由2017年的20兆/秒提升到2020年的400兆/秒。

（2）实现创新参与者互联，解决生产实际需求。

第一，工厂内部互联，以解决生产制造过程中的实际需求为驱动力。2019~2020年，福田汽车在部分新工厂进行内部互联的尝试与探索，初步搭建了国内汽车工厂内部人、机、料等互联。基于工厂内部互联的实现，2019年9月，福田汽车引入"5G+3D高速跟随视觉检测系统"，应用在涂胶机器人作业和零部件外检作业方面。针对涂胶机器人作业，通过5G技术与工业互联网融合，实现海量图片的瞬时传输，借助视觉检测技术和AI技术，使用智能相机捕捉零部件外观质量、器具位置、胶线缺陷等信息，实时动态检测车门涂胶质量，完成对胶条宽度、位置的检测，标识不合格区域，为胶枪调整和机器人轨迹调整提供数据支持，能够在不影响生产节拍的情况下，指导机器人更高效地作业。第二，产业链系统互联。福田汽车推出了国际建设管理协会（ICM）平台，这是一个以经销商为基础，福田汽车支持的客户需求到交易转化的系统化管理产品。借助ICM平台，以及已有的后端辅助系统，如汽车经销商管理系统（DMS）、配件服务管理系统（PMS）等，福田汽车一方面通过平台了解客户购车情况，以及客户在后市场中的服务情况及满足度等，另一方面则能够收集更多的客户真实反馈和建议，并结合线下客户数据建立了各品牌统一的客户档案，帮助福田汽车从市场变化、区域变化、车型需求等多维度获取信息，更加精准地开展生产及营销工作。这种方式突破现有销售模式，提升经销商运营水平，同时又能与客户建立更直接的连接，促进企业的精准生产和营销。第三，企业与产品互联。除了打通企业内部从研发、生产到销售的环节外，福田汽车将其推广至上下游全产业链，来解决零部件质量追溯和恶意索赔问题。其具体想法是基于物联网、5G/4G 等技术，从研发端就将每种零部件打上永久性唯一标识，以自动化识别与人工识别共同互补为手段，依托数据中台打通研、产、采、销、服等各环节数据，实现数据的实时更新共享，以此来提升信息的可追溯性和准确性。到 2020 年底，通过"一件一码"的实施，福田汽车实现对超过 22 万辆车和超过 230 万个核心零部件的质量追溯。第四，企业与客户互联。依托于车联网平台、会员体系、福田 e 家等线上线下系统，福田汽车逐步建立了与客户的联通体系（对已有客户进行再营销），同时在业务运营中积累了大量的客户数据。2019 年起，基于已有的平台和数据基础，福田汽车通过数据获取、数据整合、客户标签、数据挖掘逐步打造精准营销平台。精准营销平台在福田汽车上线后很快在荐购、售后返厂促进、保客增购线索挖掘等场景取得了很好的反馈。

（3）数据驱动新业务流程，推动场景化应用。

第一，规模化定制。福田汽车以搭建数字营销业务为源头，结合模块化业务管理模式，拉动后端运营业务，应用各类新技术，建立整合线上线下的 O2O 敏捷交付体系。福田汽车利用 BOM（物料清单）实现了从产品创造到商品制造流程的顺利过渡。在此基础上，基于用户使用场景和明细表，围绕客户"选车、配车、订购、查询、提车"5 个环节，开发了面向终端和用户的线上点单系统。第二，智能化生产。首先，福田汽车选择推进公司制造资源的自动化、数字化、柔性化的改造和升级，为智能制造奠定基础；其次，福田汽车应用信息技术，以数字化、网络化为目标，通过采取先进的信息技术软件和系统，实现企业资源规划、物流管理和生产运营管理的最优化；最后，福田汽车采取高起点导入方式，大量应用新技术，对于现有的生产线，则重在应用新技术进行适用性改造，提升制造工艺水平。第三，服务延伸化。福田汽车在2020年上线了福田汽车远程智能医生首批预见性服务产品。公司依托智科车联网、专家诊断系统等网络平台，通过预见性的诊断、云标定（OTA）、云管家、智能点检等各种服务产品，不断提升用户体验。

2.5.2 国有制造企业实例——宝山钢铁股份有限公司

1. 企业简介

宝山钢铁股份有限公司（以下简称"宝钢股份"）是由上海宝钢集团公司于2000年创立的，当年12月上市，是中国宝武钢铁集团有限公司的核心企业，也是全球领先的现代化钢铁联合企业。现在，宝钢股份拥有上海宝山、湛江东山、武汉青山、南京梅山等主要钢铁制造基地，是世界碳钢品种最齐全的企业之一，全球汽车板产量排名第一、取向电工钢产量排名第一。

宝钢股份的业务板块可分为三个层面：首先，钢铁产品。宝钢股份建立了钢铁工业新材料、新工艺、新技术的研发基地，并生产了多个领域和多个品类的使用钢材，如汽车、油气开采，以及输送、家电、交通运输器材、电工器材、食品饮料包装、特种材料和高等级建筑等。其次，多元化产业。宝钢股份还积极向其他行业拓展业务，如贸易、金融、煤化工、工程技术、信息等。最后，国际化业务。为了进一步提升宝钢股份在国际层面的发展优势，宝钢股份积极与国际钢铁代表性企业合作，与近20个境外和中国大陆的贸易公司合作，不断扩大战略联盟网络。

2. 互联网化升级背景

（1）钢铁行业的数字化、智能化程度低，宝钢头部企业模范作用重要。

与金融、交通、零售等数字化转型领先的行业相比，钢铁行业的数字化和智能化程度仍然显得较低。作为典型的传统加工行业，互联网的参与为钢铁行业的转型提供了新的机遇。2020年，中国钢铁行业企业数字化率仅为30%，而《工业互联网与钢铁行业集成应用参考指南（2021）》要求2025年钢铁行业研发投资强度达到1.5%，生产设备数字化率达到55%，关键工序数控率达到80%，建成30多个智能工厂。

（2）行业发展问题多，亟须互联网赋能解决。

第一，产能过剩，2013~2018年的过度投资导致钢铁产能集中释放和过剩；同时市场出清机制与优胜劣汰的机制缺乏、行业供需信息配置不够合理导致市场失灵。虽然2021年已实现钢铁产能小幅下降的调控，但是该问题仍需长期应对解决。第二，生产流程复杂，产业链条层级较多。钢铁生产流程很复杂，一些单个工序也可能存在多个工控系统和生产执行系统，数据来源非常分散多元。加之钢铁供应链的链条长、层次多、流程复杂、体系庞大，使得信息互通困难、资源浪费及产能受限。第三，缺乏数据标准，钢铁工厂的设备种类和应用场景繁多，各类工业环境及设备的数据后台各异。生产过程中各类数据格式差异大、难以兼容，从而影响产品的信息化联动。第四，核心技术能力不足，数字化全面铺开受阻，钢铁行业数字化转型的基础相对薄弱，且关键软件、系统等技术领域专利仍处于国外垄断状态。同时考虑成本、运营及人员水平，即使在转型初期试点成功的钢企，也会遇到全面推广时的重重挑战。第五，绿色生产压力大，我国钢铁行业仍存在能源消费和环境排放总量压力巨大、工艺流程结构不合理、绿色发展水平不平衡等问题。90%的炼钢采用长流程工艺，目前电弧炉短流程炼钢占比仅为10%，而后者能耗、碳排放仅为前者的1/3。同时行业中使用高效节能电机的比例小，行业总体资源效率利用距离国际先进水平有30%~40%的提升空间。

3. 互联网化升级过程

（1）打造智能制造系统，实现个性定制服务。

为了进一步为下游客户提供私人化、定制化的生产服务，在物联网、大数据等数字技术的支持下，宝钢设计了智能制造系统，其中包含了优化测算、精准生产和按需剪切等智能化功能。例如，当有一家汽车整车制造的客户提出需求时，宝钢首先会利用智能制造系统分析客户的整车生产制造计划,测算出客户需要钢板的类型和数量;其次利用计算出的数据精准安排生产;等到钢板生产完毕就会再由宝钢剪切中心进行定制化的剪切,最终完成成品。

(2)建设钢铁电商平台,构建共享服务生态圈。

为了进一步实现生态化运营,宝钢股份打造了钢铁产品电商平台——欧冶云商。在平台上,以钢材供应链服务为核心,构建多维度、数据化、以风控为重点的供应链信用服务体系,宝钢股份逐渐构建起了大宗商品共享服务的生态圈。

(3)结合工业互联网,实现设备全生命周期管理。

宝钢股份还建立了钢铁设备远程操作和维护的工业互联网平台。平台能够实现设备状态监测、设备故障诊断、设备维护仿真、设备设计等技术功能。在使用该平台以前,宝钢股份在设备维护方面会采用被动处理的方式,等到有问题出现后再解决,预防性的维护工作更多也是根据经验来开展,数据分析的维度也较为单一。而在使用该平台以后,宝钢股份完全转为主动的设备维护管控,利用大数据开展综合性分析,并采用数据开展预测性维护。这些模式的改变让宝钢股份大大降低了设备运维成本,设备和备件的使用效率也有了较大提升。除此之外,该平台每年还能为公司带来2000多万元的附加市场技术服务费。

(4)打造智能车间,实现智能化制造管理。

宝钢股份通过"热轧1580智能车间"项目,建立起自动化、无人化、智慧化平台对相关产品进行制造管理。在制造端操作岗位领域引入机器人作业,在工厂节点引入无人机和传感器等方式追踪各类数据信息,宝钢股份降低了人工监测成本,降低了6.5%的工序能耗及30%的内置质量损失,同时实现了10%的全自动投入率提升。进一步地,宝钢通过数字化提高了83%的规划效率、30%的设备使用周期以及16%的劳动效率。2020年初宝钢上海基地工厂旗下五个智慧制造项目获评"灯塔工厂"最佳实践案例,覆盖计划、生产、设备管理、质量管理和物流五大模块。世界经济论坛评价道,"作为一家有着40余年历史的企业,宝钢股份很早就进行了数字化的探索,广泛应用了AI、高级分析技术,在数字时代里依然保持着引领行业的竞争力"。

2.5.3 非国有制造企业实例——万华化学集团股份有限公司

1. 企业简介

万华化学集团股份有限公司（以下简称"万华化学"）创建于1978年，2001年在上交所上市，是山东省第一家先改制后上市的股份制公司，其经营业务范围包括聚氨酯、石化、精细化学品产业集群，所服务的行业主要有生活家居、运动休闲、汽车交通、建筑工业、电子电气、个人护理和绿色能源等。万华化学还大力推进国际化经营，已经在美国、日本、印度等十多个国家和地区均设有法人机构或办事处，是名副其实的跨国公司，公司拥有5个生产基地，分别位于烟台、宁波、福建、四川，以及匈牙利的卡辛克巴契卡。

万华化学在2019年还进入了美国《化学周刊》全球化工公司30亿美元俱乐部，位列第45名。2020年，万华化学营业收入达到734亿元，员工16000人，装置规模近百套，在C&EN全球化工50强排名中位列第32名，并入选ICIS世界化工企业100强。2022年，万华化学公告，2021年实现营收1455.38亿元，同比增长98.19%；归母净利润246.5亿元，同比增长145.47%。

万华化学的信息化建设起步于2008年，当时万华化学只在烟台和宁波设有2个生产基地，销售收入近80亿元，组织结构单一。万华化学用了4～5年的时间，陆续实施了企业资源计划（enterprise resource planning，ERP）、制造执行系统（manufacturing execution system，MES）、客户关系管理（customer relationship management，CRM）等系统，信息化基础初步夯实。

2. 互联网化升级背景

随着企业规模的增长和经营范围的扩展，万华化学在公司战略的快速执行上遇到了地域限制和集团管控弱化的问题，当前的信息化系统已无法满足企业发展需求，主要表现有以下四点。

（1）缺乏全球型数据管理系统，难以实现有效整合。

万华化学在国际化发展过程中缺少覆盖全球的主数据管理组织，各个系统之间的数据管理规则、制度、流程不够完善，而主数据的不统一导致海外系统和平台无法有效整合，进而无法有效支撑公司全球采购、全球销售等业务。

（2）创新研发增长迅速，公司研发管控有效性不足。

研发的产品和项目增长迅速，造成公司针对研发的管控更加复杂，对客户以及市场的响应程度变慢。另外，在研发过程中，由于缺少有效的管控，日常研发的流程和配方没有形成有效的记录，后续追踪困难，降低了整体的研发效率。

（3）较高增速带来风控难度，管理决策制定难度大。

由于集团的发展迅速，风险防控要求日益增高，而以往集团健康、安全和环境管理系统（HSE）的业务处理效率低，经常出现事故数据重复上报的问题，并且原有的 HSE 集成化程度低，分析功能不足，愈发无法支持管理决策的制定。

（4）人力资源系统未及时更新，造成人力物力浪费。

随着企业规模的发展壮大，万华原有的人力资源系统已经不能满足当前的业务需求：一方面，原有的员工招聘、内部人员信息管理流程较为烦琐，公司人力资源（HR）在招聘时需要在各个招聘网站上单独下载应聘者投递的简历，且需要线下逐一审核，浪费了很多人力物力。另一方面，万华化学原有的 HR 系统无法结构化地展示员工信息，调取员工档案并不灵活。

3. 互联网赋能企业创新

（1）主数据治理建设，实现全球创新数据协同管理。

2019 年，万华化学与 SAP 公司合作使用了 SAP 的主数据管理系统（MDG），该系统遵循一物一码、统一入口、统一审批和统一分发四个标准。实现六个主数据信息：采购物料数据，产品、中间品以及副产品的产品物料数据，客户数据，供应商数据，财务数据，人力资源数据。对以上六部分数据，子公司遵循数据的标准化、规则的统一和流程审批标准化，而总公司搭建出主数据治理架构，奠定了数据协同管理的基础。

(2) 实施产品全生命周期管理，实现企业智慧研发。

为解决管控流程复杂、配方追踪困难、整体研发效率不够高等问题，万华化学实施产品全生命周期管理项目（PLM），一方面对产品研发项目进行管控，另一方面对研发新产品及配方进行管理。通过全生命周期管理，万华化学旨在实现固化产品研发流程，实现项目闭环管理，保障项目交付质量等目标。研发数据库的存在还能够减少公司内部重复研究，减少物料浪费，提高研发效率。

(3) 建设物流管理平台，实现物流线上标准化。

万华化学建设了统一的物流管理平台，实现了汽运、船运、铁运业务的线上标准化服务。通过集成 SAP 系统、实验室信息管理系统（LIMS）、现场计量系统、装车系统、GPS 平台，实现了物流车辆统一调度，厂内作业状态实时监管，运输全流程可视化。通过集成相关方，连接了客户、承运商等外部用户，实现自有业务、承运商管理、客户三方信息的交互、查询和管理，提高了产品运输的效率、准确性和安全性。此外，万华化学还建立了一套供应链协同系统（APO），打通了从销售需求到原料需求，再到排产的信息传递，提高了供应链的响应速度，实现了销售生产计划的闭环管理。

(4) 建立独立电商平台，实现营销互联网化转型。

一方面，万华化学希望通过电商平台提升客户的采购体验和满意度，实现产品线上交易，全流程对客户友好、可视。另一方面，电商平台能帮助万华化学减少业务人员岗位需求，节省一大笔人工成本。万华电商平台共有五个模块：会员模块主打客户信息注册便捷化，为后续多维度分析客户行为打下基础；商品模块为在线交易提供有力支撑，具有良好的独立性和灵活性；交易模块是平台的核心功能，保证交易执行过程中的公开和透明；物流模块，包括提货申请、在线物流的实时跟踪等；资金发票模块，可以让客户便捷进行余额查询、增值税发票信息查询及发票快递跟踪。

（5）建设环境管理信息化平台，降低防控事故风险。

万华化学与健康、安全、环境三位一体管理系统（HSE）信息化解决方案提供商合作，搭建了万华集团全球统一的 HSE 平台，覆盖所有的生产基地。针对公司特色管理理念的业务场景，进行定制开发，具体包括事故管理、隐患排查和风险管理等模块。以事故管理模块为例，当发生事故后，相关负责人会在系统中录入已发生的事故，形成事故报告并分析事故原因，最后将报告分析结果共享至系统中，旨在防范类似事故的发生。

2.5.4 非国有制造企业实例——立白集团

1. 企业简介

立白是中国大陆的化工商品制造商，成立于 1994 年。销售额居世界洗涤品牌第四位，连续多年被列为"中国民营企业纳税百强"。目前，立白集团在全国拥有 13 个主要生产基地、30 多家分公司、10000 多名员工。作为中国洗涤用品领域的领军品牌，率先实现全线洗涤液不添加荧光增白剂，推出天然皂液、天然皂粉、洗衣精油皂一体化升级产品等洗护用品，获得多项品牌荣誉。

2. 互联网化升级背景

（1）外部市场竞争激烈，消费者需求的复杂度升高。

随着消费需求的升级，消费者对清洁产品的要求越来越高，不仅追求产品品质，更注重产品外观、包装设计等。因此，立白集团开始逐步布局和细化产品市场，提高市场细化程度，以应对多样化的消费需求，增加购买立白的消费者规模。消费者规模的增长是日化企业发展的根本要义。如何精准洞察消费者需求，深入挖掘消费者的价值，促进产品的研发也是立白需要面临的考验。

（2）子公司信息获取难，信息孤岛存在，市场反应速度慢。

立白集团虽然在 2000 年以后就开始做集团内部的信息化，导入了企业资源计划（enterprise resource planning，ERP）、办公自动化（office automation，OA）等成熟信息系统。立白旗下子公司遍布全国，但当时的信息系统不统一，集团总部无法第一时间掌握区域内子公司的信息，从而难以作出全面的市场应对。此外，集团内各公司的各种系统无法及时对接，造成信息滞后、信息孤岛，导致管理粗放，管理效率相对较低。

3. 互联网赋能过程

（1）形成互联网化人才储备，构建数字化工作流程。

立白建设了自己的大研发体系，包括研发团队的组建、研发体系的搭建、大平台化战略的创建、传统体系的改造和技术创新等方面。严格地遵循研发体系规则改变的一贯工作流程和方法，从而进行产品技术创新和知识产权的沉淀。

（2）搭建技术层面四大核心平台，助力产品研发创新。

在技术层面，立白开发了以技术中台、数据中台、业务中台和移动中台为核心的四大平台。中台是前端和后台之间的重要连接，涵盖管理机制、组织机制、业务机制和技术机制，形成业务数据和数据业务。通过包装、整合和提供后端基础资源，中台可以有效帮助前端创新。

（3）启动消费者共创模式，塑造创新研发优势。

在产品开发过程中，立白逐渐形成了企业与消费者共同创造的模式。基于集团全球化的创新研发体系，立白可以充分利用平台上的所有消费者需求和口碑数据，为客户群体设计或定制产品。通过这种方式，立白一次又一次地取得了技术突破和创新，引领了行业最前沿的技术趋势。例如，2019年，立白和阿里巴巴天猫中心联合成立的虚拟创新团队，建立了一个"创新工厂"。在这个团队的基础上，立白利用阿里巴巴的消费大数据和数据分析工具，全面了解消费者，发现年轻人在选择洗漱用品方面的需求，然后选择洗衣凝珠进行研发。因此，立白开展了新型洗衣凝珠的研发工作。在产品发布、同步验证和反馈迭代之后，立白的洗衣凝珠终于在清洁和护理市场上大放异彩。

（4）打造专属联系软件，实现内外部协作管理。

立白集团拥有众多合作伙伴，包括数万名员工、数万名推广人员和许多物流司机。此前，数万名负责营销和销售的导购员采取了"人对人"的策略来开展工作。然而，随着员工数量和订单数量的增加，内部和外部协作沟通和人员管理变得越来越困难。因此，立白集团与钉钉谈合作，打造了专属 App "嘟嘟"。在"嘟嘟"上，首先，立白实现了与经销商、供应商、物流提供商等生态合作伙伴的联通。其次，立白根据各自行业的特点建立了专属门户，进一步优化了千人千面的数字服务。最后，立白的导购起到了数据采集终端的作用，解决了线下数据采集的问题。目前，钉钉在立白生态中扮演了"数字智能基地"的角色，并贯彻了立白"沟通是业务，数据是能力"的数字管理理念。立白集团的数字智能中心集管理、流程和需求定制功能于一体，将邮件、管理平台、导购管理、物流等整合到了专属的"嘟嘟"中，成为集团内统一而独特的数字智能工作平台。

（5）基于"一物一码"技术，构造全渠道营销闭环，实现差异化管理及精准匹配。

营销 3.0 是立白集团连接品牌、消费者和分销商的新营销模式。立白集团营销 3.0 系统改变了以往仅仅基于经验的决策状况，借助新渠道、新营销和新商业模式，实现了全链条、全维度的数字化分析与决策机制。随着消费需求的升级，立白集团从消费端开始，不断关注消费体验。通过对消费者价值的深入探索，适应消费者快速变化的个性化需求，根据用户反馈实现新产品的敏捷创新。营销 3.0 中的闭环得益于"一物一码"技术。基于"一物一码"技术，立白集团的营销大数据引擎可以轻松连接消费者和品牌，并建立自己的品牌消费者账户。在这种情况下，产品成为品牌和消费者之间的连接点。一旦消费者基于"一物一码"工具扫描代码以参与营销活动，后端系统就可以自动收集有关消费者的一系列真实信息。随后，立白集团可以基于账户系统对消费者数据进行标记和分级管理，并通过标签进行差异化管理和精确匹配，最终帮助立白集团品牌所有者实现精准营销。

（6）构建开放平台，链接合作生态圈，探索生态数字化。

基于其渠道和供应链优势，立白集团构建了一个开放平台，并探索其商业模式从传统制造企业向开放平台企业的转变。基于业务中台坚实的数据库，立白优化了整个产品系统和平台的建设，主要包括：第一，建立在中心之上的营销产品系统；第二，基于工业互联网上的供应链产品系统；第三，数据产品，即数据云产品系统，包括内部业务洞察力、外部市场竞争分析和内部运营改进分析；第四，管理产品，管理产品矩阵的核心是专属App"嘟嘟"，使其成为整个生态数字化的入口。2020年，立白集团宣布进一步构建生态系统，将围绕用户、员工和合作伙伴的消费者生态、经销商生态、行业生态和供应商生态连接起来。在实现所有连接之后，整个生态系统可以快速协作。而基于自身的渠道和供应链优势，立白对集团资源进行了模块化和系统化处理，以增强内部和外部合作伙伴的能力。

2.6 小结

相比中国非国有制造企业，互联网更有助于中国国有制造企业提升创新效率。这主要是因为国有企业更倾向于利用互联网进行技术交流，而非国有企业更倾向于利用互联网寻求市场机遇；同时由于国有企业的产权属性，对于国家发展技术和技术创新一类的导向性，更可能落实在行动上。技术交流由于涉及周期较长的创新研发，所以在短期可能成效甚微，但在长期通常成效显著。市场开拓由于立竿见影，所以多数中国企业更愿意选择"贸工技"。坦白地讲，"技工贸"与"贸工技"只不过是企业为了实现利润最大化的一种选择。对于企业自身盈利而言，"技工贸"与"贸工技"没有好坏之分；但对于行业的长期发展而言，"技工贸"更有利于整个行业的共同进步及未来发展。因此，为了中国未来的高质量发展，中国政府应当积极引导企业提高全要素生产率，鼓励更多企业从利用互联网寻求市场转向利用互联网进行技术交流。

第3章 园区与非园区制造企业

中国情景下的"园区",主要指政府集中统一规划的特定区域。根据中国开发区审核公告目录(2018年版),国务院批准设立的开发区总共有552家,其中包括经济技术开发区219家(见附录K)、高新技术产业开发区156家(见附录K)、海关特殊监管区域135家,以及其他类型的开发区23家;而省(自治区、直辖市)人民政府批准设立的开发区总共有1991家。需要特别说明的是,园区概念的内涵主要为"集聚",而园区概念的外延主要包括高新技术产业开发区、经济技术开发区、国家综合配套改革试验区、金融综合改革试验区、国家自主创新示范区、工业园区、出口加工区、保税物流园区、跨境工业区、保税港区、保税区、综合保税区、自由贸易区、科技园区、产业园区、软件园等。本章主要研究互联网对园区与非园区制造企业的差异化影响,本质上是研究互联网与企业集聚之间的关系。

3.1 园区发展历程及特点

园区在中国经济增长中扮演着重要角色。改革开放初期,中央将工作重心转移到经济建设上来,选定远离政治中心且毗邻中国香港的宝安县作为改革试点,于1979年开建深圳蛇口工业区,拉开中国园区建设序幕,而深圳也成为中国最早的经济特区。1984年，中央又批准建立第一个国家级开发区——大连经济技术开发区。这一期间，中国园区建设主要以沿海开放城市为试点。随后，在"科技是第一生产力"的发展思路指导下，中央于1988年启动"火炬计划"，开始建设中国第一家高新技术产业开发区——北京市新技术产业开发试验区（即中关村前身）。但是，改革并非一帆风顺。20世纪80年代末90年代初，受"苏东剧变""苏联解体"等因素影响，中国改革陷入计划经济、市场经济、社会主义、资本主义四者关系的深层次大讨论。1992年，邓小平同志南方谈话，开启了社会主义市场经济建设之路。随后，全国掀起新一轮经济建设高潮。然而，改革开放以来的"放权让利"财政改革，以及社会主义市场经济带来的地方建设高潮，使得地方财权不断膨胀，而中央财权却渐显单薄。为了逆转中央与地方的财政状况，1994年中国实施分税制改革。按照增值税分享原则，中央政府收回了地方政府的部分财权，使得地方政府大面积转为财政赤字。迫于赤字，地方政府为了增加财政收入，竞相招商引资，更加积极地设立园区。在免税、减租、补贴等组合拳之下，园区经济在中国境内遍地开花。1998年中国实施住房制度改革，福利分房逐批退出历史舞台，中国住房正式进入商品化时代。由于土地收入基本全部归地方政府，所以一些地方政府抓住历史契机，改变园区建设思路，使之成为土地经济的"诱饵"工具。地方政府挑选地段，利用较低的土地价格招商引资，企业进驻园区后产生经济效益，而经济效益又会抬高该地段及附近地段的土地价格，从而增加地方政府的整体财政收入。为了最大化获取土地财政收入，地方政府不断开辟新的园区，于是同一城市通常会有多个园区共存的现象出现。随着2001年中国加入世界贸易组织，一些园区开始接受国外先进技术及管理模式，嵌入全球产业链之中。为了应对复杂多变的国际形势和深入推进的国内改革，中央政府于2005年设立第一个国家综合配套改革试验区——上海浦东新区。与此同时，随着互联网在中国迅速普及，一些新型园区开始萌芽并迅速成长，最具代表性的是成立于2000年的中关村软件园。事实上，随着互联网通信技术在企业之间的不断深入融合，园区的集聚效应优势已被削弱，甚至一些较大园区可以跨区域管理多个离散的小园区。

园区对中国地方经济的拉动作用是毋庸置疑的。改革本质上是打破旧制度、旧事物。中国改革过程中必然存在着各种保守思想和阻力，而园区在设立之初就已在空间上避开了这些改革阻力。因为中国园区建设最初选址通常为远离原居民聚集区的未开发地，这种与旧城的物理空间隔绝可以最大化地减少园区经济的改革阻力。非园区企业通常背负较重的历史包袱，而园区企业通常享受各项政策红利，且少有历史包袱。

总体上，中国园区政策主要集中在经济发展、创新发展、产业合作、公共服务、社会发展5个方面（叶江峰等，2015），具体如下：第一，经济发展是园区设立的初衷，也是地方政府最在意的（出于发展地方经济、晋升锦标赛绩效考核等原因）。大量研究发现：中国园区集聚水平与园区工业增加值存在正相关（马丽和严汉平，2015），而人才集聚水平与园区经济发展也存在正相关（刘兵等，2010）。第二，创新发展是园区治理的更高要求，这是中国园区较为薄弱的地方，学者们也表示出一定的担忧，研究发现：中国高新园区由东到西、由北到南呈现技术效率减弱趋势（刘满凤和李圣宏，2016）；产业集聚降低了高新园区的创新效率（谢子远和鞠芳辉，2011），政府的直接帮助政策并不能够提高集群内部企业的创新水平（赵剑波等，2012），政府的优惠政策也抑制了企业的创新能力（吴一平和李鲁，2017）。第三，产业合作是中国园区建设的大局观要求，但是地方政府在囚徒困境中很难达到合作要求。中国多数园区的协同效应欠佳，并未实现由产业簇群向创新簇群转变（欧光军，2013）。每个地方政府都有自己的小算盘，导致园区重复建设问题严重。为此，中央层面提出协同发展战略、城市群战略，试图通过更高级别的行政手段去协调多个地方政府。大到京津冀协同发展、国家级城市群、粤港澳大湾区等，小到中关村国家自主创新示范区"一区十六园"等。第四，公共服务是园区建设的软硬件配套，体现了地方政府从管企业向服务企业的职能转变。不妨以"投资不过山海关"为例，东北地区的经济在近几十年发展缓慢，其中一个重要原因就是地方政府的官僚主义作风。在东北地区，一些地方政府以"画大饼"方式招商引资，在企业入驻园区之后，并不服务企业。相比之下，以深圳为代表的园区建设则是另一个例子。深圳政府积极转化政府职能，全心全意为本地企业服务。本地政府能给的软硬件配套设施，深圳政府不遗余力地支持；本地政府当时不能给的政策或服务，深圳政府也积极向中央政府"讨要"，争取先试先行。因此，深圳培养出了华为、比亚迪、大疆、中兴、大族激光等优秀的创新型制造企业。第五，社会发展在某种程度已经超出园区建设的范畴。这是因为园区建设主要围绕企业，而社会发展则覆盖了更多的方面。比如，1979年开建的深圳蛇口工业区就是典型的园区属性，而2012年设立的深圳国家自主创新示范区，由于涉及深圳全域的产城融合，所以体现为更为全面的社会发展。

3.2 研究设计

围绕制造企业创新发展，本章主要研究互联网对园区与非园区制造企业的差异化影响。关于园区的界定，本章采用广义概念，包括各级经济技术开发区、各级高新技术产业开发区、边境经济合作区、国家综合配套改革试验区、金融综合改革试验区、国家自主创新示范区等。

3.2.1 基准计量模型

$$\text{lntfp}_{it} = \beta_0 + \beta_1 \text{park}_{it} + \beta_2 \text{internet}_{it} + \beta_3 \text{park}_{it} \times \text{internet}_{it} + \beta_4 \text{Control}_{it}$$
$$+ \lambda_1 i.\text{year}_t + \lambda_2 i.\text{prov}_i + \lambda_3 i.\text{industry}_{it} + \varepsilon_{it} \quad (3-1)$$

其中，tfp、park、internet、park × internet 分别表示全要素生产率、园区、互联网、园区与互联网的交叉项；Control、i. year、i. prov、i. industry 分别表示不含因子变量的控制变量组、年份因子变量、省份因子变量、行业因子变量；ε 表示随机扰动项；下标 i、t 分别表示企业个体、年份。

3.2.2 关键变量

(1) 全要素生产率（tfp）。同第2章。
(2) 互联网（internet）。同第2章。

(3) 园区（park）。如果企业的位置信息满足正则法则"（园区|（经开|火炬|保税|试验|合作|度假|贸易|投资|配套|集中（发展）?|集聚|工业新）区|（工业|保税）港|科技园|（示范|产业）基地|软件［谷园］|（示范|高新|工业|开发|加工|产业|经济）［园区］|物流园）"，或者企业所在地区的乡村码为1~6开头[①]的4位代码，则park取值为1；否则，park取值为0。

3.2.3 控制变量

（1）政治周期（politics）。地方官员在中国经济体制转轨过程中扮演着极为重要的角色。在行政分权、财政分权（Qian & Roland，1998）等制度设计下，地方官员亲力亲为，使得地方经济呈现较强的政治周期性（文雁兵，2014；项后军等，2017）。将政治周期（politics）作为控制变量，在一定程度上可以剔除政治周期对园区建设的影响。关于politics的变量构造，我们采用各地级市、直辖市的市委书记在位时长表示。当某年出现市委书记换届时，则以年末的市委书记为基准计算在位时长。

（2）国有控股（state）。同第2章。

（3）出口（export）。同第2章。

（4）垄断势力（markup）。同第2章。

（5）市场占有率（market）。同第2章。

（6）行业年龄（age_ind）。同第2章。

（7）资产流动性（liquid）。同第2章。

（8）资产负债率（debt）。同第2章。

（9）多元化（diversity）。同第2章。

（10）融资成本（finance）。同第2章。

（11）补贴（subsidy）。同第2章。

---

① 1表示开发区，2表示加工保税区，3表示工业园区，4表示科技园区，5表示贸易物流园区，6表示农业示范区，7表示农林牧渔场区域，8表示其他区域。由于农业示范区的机械化程度较高，与制造业关联度较大，所以本书将6也归在园区之中。

此外，控制变量还包括省份因子变量（i. province）、年份因子变量（i. year）、行业因子变量（i. industry）等。

3.2.4 描述性统计

这部分所用的主要变量及其描述性统计结果如表 3-1 所示。

表 3-1　　　　　　　　　　描述性统计

变量	变量说明	样本量	均值	标准差
tfp	全要素生产率：由 OP 法测算	2241320	103.2368	336.6382
internet	互联网	2436390	0.1279	0.3340
park	园区	3909016	0.1725	0.3778
politics	政治周期	3842954	2.5096	1.9136
state	国有控股	3852413	0.0921	0.2892
markup	垄断势力：由 LP 法测算	3234091	1.6561	2.7948
market	市场占有率：百分比变量	4166327	0.2377	1.4404
export	出口	4167354	0.2322	0.4222
age_ind	行业年龄：四分位行业	4214236	11.0742	4.5401
liquid	资产流动性：百分比变量	4135730	55.7861	27.1357
debt	资本负债率：百分比变量	4158511	69.9945	125.0355
diversity	多元化	4192934	0.2607	0.4390
finance	融资成本：百分比变量	3303273	6.7814	1293.7490
subsidy	补贴：百分比变量	404335	7.6599	881.1622

注：所有涉及价格的变量均已作不变价调整。

3.3　实证分析

3.3.1　广义园区

如果将广义园区定义为具有丰富外延的园区，那么可以将 politcs、state、markup、market、export、age_ind、liquid、debt、diversity、finance、subsidy 等控制变量的各种属性与园区 park 融合。即我们不需要对这些控制变量进行控制，只需要以 lntfp 作为被解释变量，以 internet、park×internet 以及 i. province、i. year、i. industry 等因子变量作为解释变量即可。

关于广义园区的计量结果如表 3-2 所示。其中，模型（1）的样本为园区之内的企业，关键解释变量为 internet；模型（2）的样本为园区之外的企业，关键解释变量为 internet；模型（3）的样本为全样本，关键解释变量为 internet、park×internet。

表 3-2　　　　　　　　　广义园区回归结果

解释变量	被解释变量		
	模型（1）lntfp	模型（2）lntfp	模型（3）lntfp
internet	0.0640*** (4.18)	0.0027 (0.33)	-0.0045 (-0.56)
park×internet	—	—	0.0589*** (3.81)
i. province	Yes	Yes	Yes
i. year	Yes	Yes	Yes
i. industry	Yes	Yes	Yes
样本	园区之内	园区之外	全样本
方法	工具变量法	工具变量法	工具变量法
方差	稳健	稳健	稳健
观测值	96838	576153	672991
组内 R^2	0.0818	0.0947	0.0942

注："***"表示 $p<0.01$。

观察表 3-2，模型（1）中 internet 的系数显著为正，模型（2）中 internet 的系数不显著，模型（3）中 park×internet 的系数显著为正。无论是横向对比模型（1）与模型（2）中 internet 的系数大小关系，还是直接观察模型（3）中 park×internet 的系数正负性，均说明：在利用互联网提升全要素生产率方面，园区企业比非园区企业更高效。

3.3.2　园区内涵——集聚

如果将园区内涵定义集聚，那么需要剥离 politcs、state、markup、market、export、age_ind、liquid、debt、diversity、finance、subsidy 等控制变量的影响，从而只剩下园区的内涵——集聚，即我们需要对这些控制变量进行控制，具体计量结果如表3-3所示。其中，模型（4）的样本为园区之内的企业，关键解释变量为 internet；模型（5）的样本为园区之外的企业，关键解释变量为 internet；模型（6）的样本为全样本，关键解释变量为 internet、park × internet。

表3-3　　　　　　　　　　集聚回归结果

解释变量	被解释变量		
	模型（4） lntfp	模型（5） lntfp	模型（6） lntfp
internet	0.0984 *** (3.94)	0.1073 *** (8.20)	0.1019 *** (7.69)
park × internet	—	—	-0.0097 (-0.34)
park	—	—	0.0577 *** (4.84)
politics	-0.0057 (-1.42)	-0.0021 (-1.15)	-0.0027 * (-1.65)
state	-0.0543 (-1.14)	-0.1482 *** (-9.55)	-0.1460 *** (-9.86)
L1. lnmarkup	0.3645 *** (33.42)	0.3869 *** (74.39)	0.3823 *** (81.03)
market	0.0771 *** (4.45)	0.0578 *** (8.95)	0.0606 *** (9.77)
export	0.0613 *** (3.78)	0.1183 *** (14.47)	0.1067 *** (14.51)
lnage_ind	0.4274 (0.88)	1.0679 *** (6.55)	1.0246 *** (6.72)
$\ln^2$ age_ind	-0.0711 (-0.70)	-0.2001 *** (-6.17)	-0.1940 *** (-6.35)
liquid	0.0102 *** (24.73)	0.0098 *** (47.75)	0.0099 *** (53.58)
debt	-0.0028 *** (-6.72)	-0.0033 *** (-8.06)	-0.0033 *** (-9.31)

续表

解释变量	被解释变量		
	模型（4）lntfp	模型（5）lntfp	模型（6）lntfp
diversity	-0.0081 (-0.52)	0.0172** (2.26)	0.0131* (1.91)
finance	-0.0097*** (-3.77)	-0.0000*** (-3.01)	-0.0000*** (-2.85)
subsidy	-0.0014 (-1.58)	-0.0003*** (-4.47)	-0.0003*** (-4.24)
i. province	Yes	Yes	Yes
i. year	Yes	Yes	Yes
i. industry	Yes	Yes	Yes
样本	园区之内	园区之外	全样本
方法	工具变量法	工具变量法	工具变量法
方差	稳健	稳健	稳健
观测值	13681	66090	79771
组内 R^2	0.1148	0.1305	0.1310

注：圆括号内为 t 值，"*"表示 $p<0.1$，"**"表示 $p<0.05$，"***"表示 $p<0.01$。

表3-3囊括了更多的控制变量，这样可以最大限度地挖掘园区（集聚）对"互联网（internet）与全要素生产率（tfp）之间关系"的影响。横向对比模型（4）和模型（5）中 internet 的系数，可以发现两者不存在较大差异，而模型（6）中 park×internet 的系数不显著，进一步佐证了两者确实不存在显著差异。说明：在利用互联网提升全要素生产率方面，企业集聚与企业非集聚并无显著差异。

3.3.3 稳健性检验

其一，收紧关于园区的界定标准，通过构造更为狭义的园区指标——park2，我们来检验模型（3）和模型（6）的稳健性。这里，如果企业的位置信息满足正则法则"经济技术开发区 | 经开区 | 高新技术产业开发区 |

高新区",则 park2 取值为 1;否则 park2 取值为 0。与 park 相比,park2 对园区的定义更为严格。根据中国工业企业数据,如果按照 park 的界定标准,则有 15.29% 的企业位于园区;而如果按照 park2 的界定标准,则只有 1.53% 的企业位于园区。详细稳健性检验结果如表 3-4 的模型(7)和模型(8)。

表 3-4　　　　　　　　　　　　稳健性检验

解释变量	模型(7) lntfp	模型(8) lntfp	模型(9) lntfp	模型(10) lntfp
internet	0.0040 (0.56)	0.0987*** (8.44)	—	—
park2 × internet	0.1833*** (4.08)	0.0168 (0.18)	—	—
park2	—	0.0898** (2.17)	—	—
web	—	—	-0.0003 (-0.04)	0.0898*** (7.90)
park × web	—	—	0.0406*** (2.76)	-0.0281 (-1.20)
park	—	—	—	0.0595*** (6.92)
politics	—	-0.0030* (-1.82)	—	-0.0026** (-1.99)
state	—	-0.1476*** (-9.96)	—	-0.1306*** (-10.53)
L1.lnmarkup	—	0.3826*** (81.09)	—	0.3883*** (101.40)
market	—	0.0606*** (9.77)	—	0.0529*** (11.01)
export	—	0.1078*** (14.66)	—	0.1054*** (17.77)
lnage_ind	—	1.0143*** (6.65)	—	0.5196*** (4.20)
ln²age_ind	—	-0.1926*** (-6.31)	—	-0.1017*** (-4.09)

续表

解释变量	模型（7） lntfp	模型（8） lntfp	模型（9） lntfp	模型（10） lntfp
liquid	—	0.0099 *** (53.42)	—	0.0104 *** (69.52)
debt	—	-0.0033 *** (-9.30)	—	-0.0033 *** (-13.09)
diversity	—	0.0135 ** (1.97)	—	0.0147 *** (2.68)
finance	—	-0.0000 *** (-2.86)	—	-0.0000 ** (-2.17)
subsidy	—	-0.0003 *** (-4.24)	—	-0.0004 *** (-3.08)
i. province	Yes	—	Yes	Yes
i. year	Yes	—	Yes	Yes
i. industry	Yes	—	Yes	Yes
方法	工具变量法	—	工具变量法	工具变量法
方差	稳健	—	稳健	稳健
观测值	672991	79771	1065286	126971
组内 R^2	0.0942	0.1310	0.1063	0.1504

注：圆括号内为 t 值，"*"表示 $p<0.1$，"**"表示 $p<0.05$，"***"表示 $p<0.01$。

比较模型（7）中 park2×internet 的系数与模型（3）中 park×internet 的系数，不难看出：两者均在1%的水平上显著大于0。对比模型（8）中 park2×internet 的系数与模型（6）中 park×internet 的系数，不难看出：即使在10%的水平上，两者都不显著。因此，将模型（3）与模型（6）中的 park 替换为 park2 之后，计量结果依然稳健。

其二，将关键解释变量 internet 替换为 web，我们来检验模型（3）和模型（6）的稳健性。这里，采用 mail 的滞后项以及 web 的滞后项共同作 web 的工具变量。具体的稳健性检验结果如表3-4的模型（9）、模型（10）所示。

比较模型（9）中 park×web 的系数与模型（3）中 park×internet 的系数，不难看出：两者均在1%的水平上显著大于0。对比模型（10）中

park×web 的系数与模型（6）中 park×internet 的系数，不难发现：即使在 10% 的显著水平上，两者都不显著。因此，将模型（3）与模型（6）中的 internet 替换为 web 之后，计量结果依然稳健。

3.4 集聚与互联网之矛与盾

从园区的概念外延和概念内涵来看，当园区（park）的概念外延被政治周期（politics）、国有控股（state）、垄断势力（markup）、市场占有率（market）、出口（export）、行业年龄（age_ind）、资产流动性（liquid）、资本负债率（debt）、多元化（diversity）、融资成本（finance）、补贴（subsidy）等多个控制变量剥离时，园区（park）就只剩下概念内涵——集聚。事实上，相比中国园区各式各样的外延，我们更关心园区内涵（集聚）与互联网之间的关系。那么，为什么园区内涵（集聚）与互联网的交互作用较弱？我们认为，集聚在本质上就是空间距离的拉近，而互联网在某种程度上恰恰又突破了空间距离的局限，两者是矛与盾的统一体，具体分析如下所示。

集聚效应可以为园区企业在全要素生产率方面至少带来以下三点好处：一是规模经济，主要是指园区内多个相似生产单元超越企业边界，在更大范围组成一个生产整体，从而实现规模经济。二是范围经济，主要是指园区内多个互补生产单元通过相互协助，来提高整体生产效率。三是外部经济，主要指园区拉近了多个生产单元，使得生产单元之间的技术外溢、知识外溢等能被更有效吸收。

互联网也可以达到由集聚所带来的以上三点好处。对于规模经济，互联网可以跨越物理空间，在网络端汇聚多个相似生产单元形成社群，从而提高社群内部的生产效率。对于范围经济，互联网早已在很多领域形成模块化生产格局，模块化本身就具有复杂生产流程下的范围经济属性。对于外部经济，互联网采用的光纤等传输介质，其传输速度（约 20 万公里/秒）几乎和光速处于同一数量级，这意味着互联网通过"以时间换空间"

的方式突破物理空间限制，从而让外部经济的辐射范围更大。

因此，在某种程度上互联网和园区（集聚）是满足线性可加的。互联网的去中心化属性与园区的集聚（相当于中心化）属性可以相融相抵。与此同时，互联网的共享性、交互式、数字化、开放性等属性，实际上是服务"远距离"信息传输的，这与园区（集聚）的"近距离"信息传输相去甚远。

然而，互联网和园区（集聚）之间的此消彼长关系可能也会发生"突变"，尤其是自新冠疫情暴发以来。（1）在没有全球性大流行病的时代，不涉及疫情防控的安全距离要求，如果交流双方的空间距离相对较近，那么双方更倾向选择面对面交流，而不是通过互联网交流。比如，处在同一客厅中的两个人通常不会选择微信、QQ、邮件等互联网工具进行交流，而是选择直接面对面交谈。（2）在全球性大流行病的时代，世界各地出于疫情防控考量，鼓励人们保持一定的安全距离，促使互联网开始大规模替代面对面交流。如果安全距离成为社会发展的常态，或者近距离互联网交流形成社交习惯，那么传统园区（集聚）的各种距离优势将会大打折扣。

3.5 企业实例*

3.5.1 园区制造企业实例——爱玛科技集团股份有限公司

1. 企业简介

爱玛科技集团股份有限公司（以下简称"爱玛"）成立于1999年。2006年进入电动自行车行业，2008年起进入快速增长期，到2010年已经成为行业龙头，2020年6月，全球累计销量4100万辆。爱玛电动车是爱玛科技集团股份有限公司旗下的品牌，爱玛电动车是中国轻工业百强企

---

* 资料来源：本节的案例由研究团队成员基于各企业官网、新闻稿、行业研报、企业财报、中国工商管理案例库、公司管理人员采访等材料进行整理和撰写。

业,致力于时尚电动车的研发与制造,获国家认证的五星级服务单位,连续多年荣获中国顾客满意度测评(CCSI)第一和品牌力(C-BPI)指数排名第一。

为了实现本地化生产,满足当地市场需求,爱玛进行了全国性的战略布局,在天津、无锡、商丘、台州和广西等地均有生产制造基地,而这些基地也基本都是坐落于园区中。因此,爱玛是典型的园区企业。例如,天津静海现代生态工业园区、无锡锡山经济开发区机械装备产业园、河南商丘经济技术开发区、浙江台州市黄岩区新前工业区、广西贵港国家生态工业(制糖)示范园区西江科技创新产业城等。

2. 互联网化升级背景

(1)运营效率低下,营收利润陷入停滞。

与许多快速成长的企业一样,当爱玛的生产基地越建越多、销售网络覆盖愈加密集、销售量持续翻倍时,营业利润的增长却陷入停滞。而阻碍爱玛盈利持续增长的根源在于低下的管理效率和粗放的管控流程。爱玛在生产运营上主要遇到三大难题:第一,排产流程不规范,不以市场需求为前提,而以方便采购为前提,这很容易产生舞弊行为,并且合规成本高;第二,不合理的排产和调货计划,给公司带来大量不合理库存的同时也造成了畅销产品供货不足的局面,既影响资金周转,也丧失销售机会;第三,由于管理流程不固定,变更较为随意,导致运营效率低下。这三个问题相互牵制成为爱玛向前发展的阻碍。

(2)ERP项目使用不当,精细化管理未成功。

爱玛决定上马ERP项目(企业资源计划)来使企业的管理更加精细化。起初,爱玛选择了一家国内的ERP软件服务商,可以根据客户的要求在ERP标准流程上进行二次开发。但过度考虑业务部门的工作习惯,大量进行的二次开发破坏了ERP的标准流程,非但没能解决历史问题,反而增加了很多新问题。ERP系统上线运营半年,运营效率低下等问题仍然没有得到实质性的改善。

3. 互联网化升级过程

（1）适用标准化 ERP 软件，实现运营信息化变革。

用标准化的排产流程替代了原有人为干扰较为严重的排产流程，让个人舞弊成本提高，公司合规成本降低；合理的排产带来合理的库存，浪费情况随之减少；生产和销售遵循规范化流程，减少管理的随意性，运营效率大幅提高。

（2）大数据挖掘与应用，实现供应链整合。

通过实施 ERP 系统，爱玛的供应链流程得到了整合，成本降低，有效实现了"截流"。一个企业要想运行好，除了"截流"，还要更多地做到"开源"。大数据应用之所以能够支持开源，是因为它可以帮助爱玛实现以下三个方面的突破：第一，捕捉消费者新的销售机会。长期以来电动自行车仅被当作一种短途代步工具，但在近几年的市场发展中催生出了更为细化的电动自行车应用场景，依靠大数据可以找到突破口，更好地优化产品，满足用户需求。第二，消费场景的数据提取。电动自行车潜在消费人群在哪里？这与电动自行车高频出现地有没有关系？通常人们在哪里购买电动自行车？第三，促进产品的优化升级。电动自行车本身存在丢车问题、充电起火、线路起火等安全问题和续航里程显示不精确造成使用不便等问题。通过车载智能硬件和大数据的应用，可以采集电动自行车实时使用工况数据、静态充电数据、动态放电数据等，经过后台的分析，可以通过优化电池组的充、放电功能，延长电池使用寿命、提高电池效率、节约电能，同时提高电池的充、放电安全性；加入 GPS、盗抢锁车功能，有效降低了盗抢风险；实时工况数据分析，可以优化车型结构，提高骑乘的舒适性。

（3）设立财务共享中心，升级财务管理体系。

2012 年之前，爱玛的每个子公司都有自己完全独立的财务部门，每个公司的财务科目都略有出入，记账方式也不尽相同，公司又分散在全国各地，这样不仅管理成本高、效率低下而且难以做到一致化。运行 ERP 系统之后，爱玛选择了与大多数全球五百强企业相同的财务管控模式：财务共享——所有子公司不设记账人员，账务处理工作全部由财务共享中心承接。各子公司财务人员转型为管理会计，投入更多精力为管理层做预算、报表分析、业绩回顾、经营预测等，整个财务管理实现全面升级。

（4）互联网赋能产品，设计智联电动自行车。

爱玛也将未来的发展锚定在了智能出行上。首先是解决行业面临的共同问题：如何延长电池的续航能力和使用寿命；如何让电池变得更环保。其次是提升用户体验和出行质量，这是一个相当有想象空间的开发领域，从简单的电量提醒和远程控锁开始，爱玛已经展开众多积极的探索。目前，爱玛已完成具备"端云"信息交互能力的智联电动自行车研发（既能充分发挥云计算优势，又能调动端计算敏捷性，实现"端云"交互和协同），在单车智能控制和联网智能服务方面取得了突破性成果。北斗与爱玛等正在进行从智能终端到车企平台的数据接入和调试，并将第一代智联电动自行车推向主要城市市场。

（5）互联网赋能生产流程，有效检测生产问题。

爱玛还积极将互联网赋能到生产过程中，以此来提高生产效果。例如，电动车的烤漆对工序要求很高，需要对炉温、气压等即时监测，而爱玛通过传感设备监测可以有效解决这个问题。基于建立在物联网层面的连接，通过互联网赋能和智能设备，做到智能调整，就可以提升生产流程的准确性和有效性。

3.5.2 园区制造企业实例——中国北京同仁堂（集团）有限公司

1. 企业简介

中国北京同仁堂（集团）有限公司（以下简称"同仁堂"）是非常著名的老字号企业，企业建于1669年。同仁堂的核心产品以治疗心脑血管类疾病为主，其销售额占整体销售额的40%。安宫牛黄丸是治疗心脑血管类疾病的明星产品，在同类产品中占据60%~70%的市场份额。其他核心品类包括补益类、清热类以及妇科类。目前，同仁堂销售的大部分产品以中药为核心向大健康品类外延。同仁堂在全球50多个国家和地区都办理了注册手续，参与了马德里和巴黎公约的注册，甚至是中国大陆第一个在中国台湾地区注册的企业商标。因此，对于同仁堂而言，其国内外闻名的商标和品牌是持续发展的独特优势。

目前为止，同仁堂有两家上市公司，并在15个国家和地区有800多家连锁经营店。而在生产方面，同仁堂在北京建立了5个生产基地，其中包含了40多条生产线，能够生产20多种剂型和1000多种产品。而北京同仁堂中药现代产业园位于中关村科技园大兴生物医药产业基地，占地497亩，总建筑面积36万平方米。

2. 互联网化转型背景

（1）企业营收增长压力大，寻找内外部突破。

同仁堂近年来营收总体呈下降趋势。一直以来同仁堂以中药为核心，将品类向大健康外延，降低研发投入，注重品牌建设，依托其强大、传奇的品牌优势，树立了坚固的护城河。同仁堂希望通过提升消费者的购买黏性，给企业带来增长。其转型的目的主要有以下两个：一方面，实现技术赋能，提升内在效率；另一方面，扩大企业边界，寻找外部增长。

（2）医疗领域营销数据难获取，数据打通难度大。

相较于其他企业，医疗企业获取和打通医疗数据面临着极高的难度。首先，线上线下数据闭环打通难度大，线上及线下数据中存储患者的信息各不一致，数据打通难度较大。其次，线上数据获取难度大，由于患者数据的特殊性且具有隐私性，获取单个患者在线上平台的行为数据难度非常大。最后，线下数据获取难度大，患者在线下的行为难以监测，故获取难度较大。

3. 互联网化转型过程

（1）数字化中药产线建设，优化产品流程和质量。

同仁堂通过与西门子开展数字化合作，将用户直连制造（C2M）按需生产模式融入北京大兴的厂房中。第一，中药生产流程化、可量化。数字化生产系统会根据生产计划，基于标准操作规程（SOP）生成电子化的操作指令，指导人员进行合规生产。数字化系统管理可以实现准确投料，自动化的容器和设备管理可以减少交叉污染。第二，生产过程可追溯。通过条码自动识别和收集物料数据，将电子化生产记录井然有序地留存在系统中，进而实现从原材料到成品的全流程追溯。第三，各车间之间信息互联互通。在采集生产数据的同时，系统还对工厂内的物料消耗、设备状态、产品质量进行监控，并通过操作界面将生产状况实时呈现给管理人员，使生产透明化，从而优化生产流程。

（2）搭建数字营销体系，线上线下联动服务消费者。

同仁堂希望通过建立线上、线下的生态圈来沉淀消费者，建立私域流量池，触达目标客户，提升消费转化。其中，线上建立生态圈，包括平安好医生、好大夫在线、丁香园等平台；线下建立生态圈，包括医馆、药店、保险、体检机构和健康管理。线上线下平台之间通过同仁堂第三方OMO平台[①]联通。此外，进行消费者画像，包括常驻城市、健康状态、年龄、性别和心理状态等，画像数据与生态圈之间同样通过OMO平台进行互动。

（3）建设互联网医院，实现中医智能化。

同仁堂国际创立于2015年，是聚焦全球健康垂直领域的子公司。其同华为、道生和岐黄数据合作建立了中医智慧云服务平台，并承接了同仁堂互联网医院的建设。中医智慧云服务平台旨在赋能基层医疗，利用中医+AI技术，希望借助中医提升基层医疗服务能力。平台以华为"端边云"技术产品和道生中医AI产品为技术基础，以国医大师及知名老中医数据为中医理论基础，以同仁堂国际互联网医院为线上服务支撑。支持中医医共体建设、中医互联网医院建设、基层中医药服务能力提升、治未病科室中医智能健康管理、中医影像数据中心建设、中医数据集成与治理、名老中医智慧传承、国医大师专病AI训练、中医专科专病数据AI研究、中医临床辅助决策十大应用场景建设。

---

① OMO平台是一种行业平台型商业模式。

（4）布局智慧零售，完善线上线下销售渠道。

同仁堂布局了线上及线下销售渠道。2020年12月的数据显示，同仁堂健康和官方旗舰店的销量和销售额已远高于部分中药企业。同仁堂继续在终端零售发力，在北京大兴开设了中医咖啡店——知嘛健康零号店。

3.5.3 非园区制造企业实例——山东世纪阳光纸业集团

1. 企业简介

山东世纪阳光纸业集团（以下简称"世纪阳光"）是一家以工业包装纸为主营业务的企业，成立于2000年底，2007年在香港联交所上市。公司的白面牛卡纸、轻涂白面牛卡纸、涂布白面牛卡纸及纸管原纸的经营规模在亚洲处于领先地位。经过20多年的快速发展，世纪阳光总资产达到100亿元，旗下有20多家分（子）公司，年造纸产能150万吨，员工4000多名。并在美国、日本、东南亚等6个国家（地区）设立了分公司，客户主要分布在快消品行业，以啤酒、乳制品、食品、饮料等生产商为主，包括百威啤酒、青岛啤酒、蒙牛、伊利等企业。

世纪阳光上市后不久，就开始大力推进企业信息化建设和数字化转型。2007~2011年，世纪阳光完成了第一阶段的信息化建设项目；2011~2020年，世纪阳光又进行了信息化管理升级和数字化转型的探索。持续推进的信息化和数字化工作，带动了世纪阳光的管理升级与业务发展。

2. 互联网化升级流程

（1）搭建企业信息化管理系统，为分析与决策奠定基础。

世纪阳光第一阶段工作的重点是建设以企业资源计划（enterprise resource plan, ERP）为核心的企业信息化管理系统。第一，ERP小组早期进行了技术调研，梳理了业务流程，与技术厂商对接收集了网络建设和ERP项目的相关方案。第二，完成基础网络设施建设，主要包括搭建企业内网、上线邮箱系统、进行AD域管理等，为项目实施打下基础。第三，完成业务流程梳理，ERP项目组用了两个多月的时间，深入到采购、生产、库房、销售等业务部门调研，整理出了完整的业务流程，制定并通过了实施计划。第四，完成系统选型，确定合作伙伴，梳理完业务流程之后，项目组到多个生产企业进行考察学习，并与多家ERP软件公司进行洽谈，进行系统选型。第五，优化管理、系统上线，将ERP项目定义为管理项目，把改进管理、建设企业文化和人才培养作为项目的核心目标。

（2）侧重供应链优化和信息数据的管理，实现企业流程可视化与智能化。

在管理信息系统建设完成后，世纪阳光高层决定进一步应用信息技术，提升企业管理水平。首先，世纪阳光重新审视了ERP系统整体解决方案，对ERP系统进行了二次优化，并对业务流程进行了大幅改造。这次业务优化使数字化管理开始进入业务的各个环节，重点梳理了销售和分销、生产计划与执行、物料管理、财务成本管理、质量管理等业务环节，对流程、管理、设备接口、系统数据、运行程序进行了优化升级。其次，启动了供应链优化项目，该项目旨在打通供应链上下游，提升供应链整体协同效率，与产业链上下游协同优化流程、共建平台实现数据互通。最后，为解决供应链大数据云端应用、数据分析平台和财务结账等问题，世纪阳光启动了办公自动化系统（OA）项目、SAP高性能分析设备（HANA）项目，对集团公司机房进行扩容、部署企业私有云。

（3）实现"互联网+"转型，整合行业资源。

随着企业内部信息化、数字化管理不断加强，世纪阳光感觉到上下游之间的协同逐渐成为薄弱环节，影响了企业运营绩效提升，制约了企业的进一步发展。首先，世纪阳光启动采购管理改革，推动了采购管理向"互联网+"模式转变，较多使用了网上寻源、网上询价比价、网上即时竞价、网上招标等方式。其次，上线供应商关系管理系统SRM，大幅降低了采购成本。再次，同时启动了供应链联盟项目、电商平台项目、云ERP项目。云ERP项目旨在以世纪阳光现有的业务运营模式为基础，构建联盟总部对各包装厂的运营管控体系，通过SAP-ERP实施，提升管控能力和供应链联盟的整体管理水平，并形成一套可复制推广的运营管控模板。最后，电商平台实现了产业链上下游协同的解决方案，拓宽了销售渠道，充分发挥了产能。

（4）构建工业互联网平台，搭建智能制造转型基础。

为了更好地推进数字化转型，世纪阳光重新审视了过去十几年信息化建设历程，并设计了新的数字化转型战略。第一，世纪阳光持续升级基础管理信息系统，搭建新一代的信息化基础平台。第二，完成了从原先系统到新系统的业务流程迁移、数据迁移、系统迁移、功能配置迁移，对原有数据进行了清理与优化。第三，同步进行了客户关系管理系统 CRM 的升级：对于管理层，能够更好地洞察客户与业绩细节，包括可视化的数据分析、智能化的系统支持、一体化的客户管理；对于运营层，主要实现客户分析、交付跟进和销售支持；对销售团队而言，该系统提供客户经营指导、高效的移动应用，包括差异化的营销、服务策略、便捷的移动办公体验。第四，上线了 PM 设备管理项目，提高了企业设备的利用率，保障设备经济可靠地运行。第五，开始构建工业互联网平台，在运营管理中探索大数据分析与客户增值服务，在生产管理中启动智能制造的研究与应用，建设智能制造专业人才队伍、优化管理结构、升级智能设备及系统等。

3. 互联网赋能企业创新

（1）打造领先供应链管理体系，为企业创新奠定基础。

供应链的效率和效能对于生产型企业至关重要，世纪阳光希望打造领先的供应链管理体系，启动了采购模式改革，开始应用"互联网＋"模式改革采购管理，通过网上寻源扩大供应来源，通过在线询价比价、在线即时竞价、网上招标等方式进行产品及服务定价。此外，通过对原材料、成品、发货计划的精确分析和决策，世纪阳光做到了帮助运输供应商尽量避免空载，提升了合作伙伴的经济效益，实现了共赢。

（2）优化内部生产管理，提升创新生产效率。

世纪阳光针对订单和生产排程进行优化，自主设计、开发了一套交期答复程序，当客户下单时，程序会根据客户要求的交期，结合库存与产能情况，给出正确的承诺交期。同时，做需求预测改进，一方面将标准订单作为需求输入，另一方面要求一线销售每周提报市场预测，修订需求数据。优化后的订单承诺及排程系统使公司的总体订单响应速度提升了2~3倍，库存周转速度提高约3倍。并且，升级后从客户下单到交付只需要3天时间，意味着可以为客户提供更大的灵活性和柔性服务，更好地解决制造业"刚性"和客户服务"柔性"需求之间的矛盾。

（3）提升数据可视化，优化企业创新决策。

数据可视化对各业务单元和层级的"数据决策"提供了更有效的帮助。在不同节点，系统可以依据数据自动生成报表，如在业务操作层面，可以生成各类业务数据报表，如订单清单、发货清单、客户往来明细、库存明细等；在业务管理方面，可以自动生成成本报表、销售月度分析表、仓库账龄分析表等；在经营决策方面，可提供多维度获利能力分析、销售毛利分析、客户价值分析等增值服务。

3.5.4　非园区制造企业实例——常州光洋轴承有限公司

1. 企业简介

常州光洋轴承有限公司（以下简称"常州光洋"），于1994年创立，是一家专注于汽车轴承生产经营的代表性企业。公司成立以来，始终致力于汽车精密轴承和汽车精密零部件的研发和制造，其生产的滚针轴承、滚子轴承、离合器分离轴承、轮毂轴承、同步器锥环等产品广泛应用在世界汽车变速器、离合器、重卡车桥和轮毂等重要产品中，是中国汽车轴承和汽车同步器领域的领军企业。目前，公司已成为一汽大众、一汽解放、上汽通用、东风汽车、长安汽车、广汽汽车、重汽汽车、奇瑞、吉利、长城等整车企业的主要供应商，还与法士特、采埃孚、伊顿、爱信、格特拉克等整车变速器企业建立了长期合作关系。常州光洋作为江苏省名牌产品、常州市知名商标，多次被国内外多家主机厂评为优秀供应商。

2. 互联网化升级背景

（1）行业产品更新快，竞争加剧，汽车零部件企业面临转型压力。

众所周知，汽车行业是国家工业的标杆，也是国家工业实力的体现之一。一台汽车拥有上万个零件，对零部件行业的拉动效应巨大。汽车产品既要做到经济性，又要做到安全性、可靠性，难度很大。在燃油车时代，国内企业往往将德系、日系等车企的技术标准作为目标和标杆。随着新能源、互联网和智能技术的发展，国内汽车行业呈现出产品更新迭代加快、跨界竞争加剧、标杆不明确、看不清对手等趋势，汽车零部件行业面临着转型压力。

（2）汽车工厂信息化程度高，进而提高对零部件厂商的要求。

从整个汽车行业层面来看，信息化水平总体较高。跨国企业汽车工厂很早就实施了 ERP、MES 等信息系统。近几年，国内主机厂基本上实现了信息化，这倒逼相关的供应商进行同步接轨。除此之外，主机厂对零部件的订单需求呈现出品种多、单批批量小、月交货频次高的趋势，订单交付从原来的月完成率变为月准点率，准点率的要求对零部件厂商的挑战性更大。

（3）行业专业化程度高，管控要求相应提高。

汽车零部件行业的另外一个特点就是专业化程度较高。例如，变速箱里面每个类型的轴承会对应全国很多家主机生产经营单位。这种模式势必会造成在产品制造时工序间的分工会非常细化，过程管控的要求也会更高。从企业内部来看，相较于其他离散制造行业，常州光洋生产模式的最大特点是生产柔性化、适应性强，针对不同车型的轴承每月供货量从几千套到几万套，能及时满足客户需求。常州光洋部分产品工序也存在外包，如果供应商提前交货，会对库房空间造成一定压力，带来隐形资源浪费，这需要通过信息化协同手段进行改善。

3. 互联网化转型过程

（1）实施 ERP 系统，提升企业管理信息化程度。

常州光洋早期实施 ERP 系统时，由于缺乏 ERP 经验，在系统实施后，实际业务流程和系统不太相符，线上线下的数据也不能完全同步。后来，常州光洋对 ERP 系统进行了重新梳理和优化，取得了不错的效果。之后，公司陆续实施了 WMS 系统与 SRM 系统。常州光洋能够生产出高质量产品是众多因素综合作用的结果，但在这众多的因素当中企业信息化建设对打造高质量的产品和服务、提升企业市场竞争力起到了非常关键的作用。

（2）实现生产过程信息化，推动工业软件应用。

ERP 系统、WMS 系统、SRM 系统的成功运行，大大提升了常州光洋对企业资源计划、仓库和供应商的管理水平，但对于生产现场，却难以进行有效的管控。此前，生产派工单、工序流程卡等工作采用手工填制的方式，信息传递往往滞后。信息滞后带来的后果是难以协同，一方面造成在制品多，另一方面导致成品交付不够及时，不仅增加额外的运输费用，还会带来一定的产品质量风险。为了加强生产过程管控，常州光洋决定实施生产制造执行系统（MES）。MES 系统不仅是智能工厂建设的枢纽，也是当前制造企业推进工业软件应用的热点。基于以往的经验，常州光洋的决策者认为，MES 系统的建设过程中要基于业务、财务一体化闭环思维，要有非常清晰的规划，从产品前期的设计开发阶段开始，一直到产品交付，整个业务流程必须纳入系统，否则无法运用数据量化系统带来的价值。MES 系统围绕公司业务流程一次性全部梳理，并采取整体规划、分步实施的办法，包括计划、制造、物流、过程质量管理、模具管理等。在系统实施过程中，常州光洋遵循一定的先后顺序，优先实施计划、制造流程，然后再进行质量和其他辅助管理的实施。从具体的工序来看，先将大工序覆盖，再对子工序进行扩展，先易后难、逐步深入。在项目前期不同的信息化软件可以同步实施，如 MES 系统和 ERP 系统的众多子模块最终要形成大闭环，在规划时就考虑两个软件闭环时的接口，然后再分步实施。MES 系统于 2018 年 6 月全面上线，借助 MES 系统的实施，常州光洋在企业生产管理方面取得了不错的成效：车间在制品，上线后和上线前相比，在制品减少了 25% 左右；车间计划，实施前采用手工 Excel 表排产，实施后全部实现系统管控，覆盖到所有车间；订单达成率的变化，上线前后相比，订单达成率提高 6%；账物一致性改善情况，全面上线前账卡一致性每月为 97%，全面上线后，目前连续 10 个月账卡一致性每月达到 99.54%；投入产出率明显提升，通过系统实现现场数据透明化，之前车间管理中的一些瓶颈环节和报废率大等隐形浪费的问题可以在第一时间暴露，然后及时解决，做到了有的放矢。

（3）完善数字化技术，布局智能制造。

在汽车行业提出智能工厂概念之前，常州光洋自动化程度相对较高。但自动化只是实现了局部的无人化，而工序与工序之间跨工序的协同，必须通过数字化来完成。自动化到数字化中间有一段跨越，自动化不等于数字化。常州光洋的信息化工作本质上是在走数字化的过程。企业要先进行数字化，才能有智能制造。常州光洋在没有实施 ERP 系统、MES 系统等系统之前，工厂和生产线的自动化程度已经较高，但工单指令、车间领料依然采用手工，业务数据无法真正运用。从销售订单到生产制造，再到产品出货，通过 ERP 系统、SRM 系统、WMS 系统、MES 系统等系统数字化技术的运用，大大提高了各部门的工作协同效率。在现场数据采集方面，机床原先的模拟量系统转变为数字化的伺服化系统，以及用数字化的仪表去测量数据，都是数字化的过程。只有基础设施数字化了，有了量化的反馈，才能为智能制造的运算提供依据。

3.6　小结

改革开放以来，中国出现了各式各样的园区，涉及经济技术、高新技术、外贸、物流、金融、软件、动漫、文化等多个领域。这些园区中的绝大多数是由政府主导，并且园区内的企业通常享受土地优惠、税费减免、贴息贷款、人才奖励等优惠政策。此外，还有一小部分园区是由企业不断集聚后自发形成的。我们研究发现：在利用互联网提升全要素生产率方面，园区制造企业比非园区制造企业更高效。但是，如果将中国园区的各种外延概念剥离，只剩下园区内涵概念——集聚，那么在利用互联网提升全要素生产率方面，制造企业集聚与制造企业非集聚并无显著差异。我们猜测其原因可能为：互联网与集聚两者具有此消彼长、矛与盾的关系。在本质上，集聚意味着中心化，是一种向心力；而互联网意味着去中心化，是一种离心力。因此，当互联网发展到一定程度时，园区经济可能会退出历史舞台。而在现实中，我们发现中国很多园区已经从过去的单园模式向如今的一区多园模式转变，还有一些园区只剩空壳甚至完全消失。事实上，除了互联网以外，与互联网相关的数字孪生、量子通信、区块链等技术也会打破园区的有形围墙，促使企业从"圈养"发展到"散养"。考虑互联网与数字科技的影响，各级政府关于"园区建设"的政策在未来可能需要逐步弱化下来，直至退出。

第4章 高外销与低外销制造企业

过去中国经济的高速增长，离不开投资、消费、出口"三驾马车"的强劲拉动，而本章主要聚焦出口。改革开放以来，中国外贸活动主要以"三来一补"方式进行；加入WTO的2001年，中国加工出口在货物总出口的比重高达55.45%；随后的2002～2007年，加工出口的平均比重依然高达53.07%[①]。这暗示着中国的出口制造可能与国外的出口制造有着结构上的不同。为此，本章重点研究互联网对高外销与低外销制造企业的差异化影响。

4.1 出口生产率悖论

在中国学术界，曾经掀起了关于中国制造企业的出口生产率悖论大讨论。即生产效率越低的企业反而出口越多。由于该现象不仅与新—新贸易理论主流观点（Melitz，2003；Bernard et al.，2003）相悖，而且还与美国（Benard & Jensen，1995，1999）、德国（Bernard & Wagner，1997；Wagner，2002）、英国（Girma et al.，2003；Greenaway & Kneller，2004）、日本（Kimura & Kiyota，2006）、意大利（Castellani，2002）、西班牙（Cassiman et al.，2010）等发达国家，以及拉丁美洲（Clerides et al.，

---

① 资料来源：根据国家统计局数据计算所得。

1998）、非洲（Van Biesebroeck，2005）等欠发达地区的实证研究相悖，所以被称作中国出口生产率悖论。按照新—新贸易理论，"自我选择效应"和"出口学习效应"（Clerides et al.，1998）将会导致出口企业的生产率高于外销企业。自我选择效应是由于境外市场往往存在较高的进入壁垒，只有生产率较高的企业才会选择进入境外市场经营并从中获取利润；出口学习效应是因为企业在出口时从竞争对手那里获取了丰富的新知识，企业在自我学习的过程中提高了生产率（李春顶，2010）。

李春顶和尹翔硕（2009）最早发现中国出口生产率悖论，通过分析1998～2007年中国工业企业数据，发现中国内销企业的生产率反而高于中国出口企业。李春顶（2010）指出，加工贸易企业的大量存在，形成了中国出口生产率悖论的一大原因。戴觅和余淼杰（2012）则持中立的观点，认为出口前有研发投入的中国企业，将能在出口后获得更大的生产率提升，但出口前没有研发投入的中国企业，出口对生产率不会有显著的提升效应或提升效应较短、较弱。范剑勇和冯猛（2013）则持反对意见，他们认为中国整体上并不存在出口生产率悖论。他们基于出口密度，将出口企业分为0～25%、25%～50%、50%～75%、75%～100%四个组，分析发现：第一组（0～25%）出口企业的全要素生产率明显高于内销企业和其余三组出口企业，而第四组（75%～100%）出口企业的全要素生产率则低于内销企业。随着争论的不断升级，2015年《世界经济》期刊开设专栏，多位学者围绕中国出口生产率悖论进行了总结性讨论。自此，关于中国出口生产率悖论的研究开始恢复平静，学者们不再过于强调塑造悖论概念，逐渐转入更务实的国际贸易研究。

本章并不局限于单纯的中国出口生产率悖论，由于本章的研究涉及互联网，而互联网又涉及国际上的信息技术生产率悖论，所以本章的研究将会是国际信息技术生产率悖论与中国出口生产率悖论的碰撞。本章主要希望回答：互联网是更有助于中国高外销企业提高生产率悖论，还是更有助于中国低外销企业提高生产率悖论？互联网是更有助于中国出口企业提高生产率悖论，还是更有助于中国内销企业提高生产率悖论？此外，内销企业、低外销企业、高外销企业三者之间又有何差异？

4.2 研究设计

4.2.1 基准计量模型

$$\begin{aligned} \ln tfp_{it} = & \beta_0 + \beta_1 export\_d_{it} + \beta_2 export_{it} + \beta_3 internet_{it} \\ & + \beta_4 export\_d_{it} \times internet_{it} + \beta_5 export_{it} \times internet_{it} \\ & + \beta_6 Control_{it} + \lambda_1 i.year_t + \lambda_2 i.prov_i + \lambda_3 i.industry_{it} + \varepsilon_{it} \end{aligned} \quad (4-1)$$

其中，tfp、export_d、export、internet 分别表示全要素生产率、出口密度、出口、互联网；Control、i. year、i. prov、i. industry 分别表示不含因子变量的控制变量组、年份因子变量、省份因子变量、行业因子变量；ε 表示随机扰动项；下标 i、t 分别表示企业个体、年份。

4.2.2 关键变量

（1）全要素生产率（tfp）。同第 2 章。

（2）互联网（internet）。同第 2 章。

（3）出口（export）。同第 2 章。

（4）出口密度（export_d）。计算公式是：出口密度 = 出口交货值 ÷ 工业销售产值×100%。按照出口密度的高低，可以将出口企业分为高外销企业与低外销企业。本章对高外销企业、低外销企业的划分标准为：年度出口密度中位数。在年度出口密度中位数之上的所有出口企业，本章判定为高外销企业；在年度出口密度（含）中位数之下的所有出口企业，本章判定为低外销企业。

4.2.3 控制变量

（1）国有控股（state）。同第 2 章。

(2) 垄断势力（markup）。同第2章。

(3) 市场占有率（market）。同第2章。

(4) 行业年龄（age_ind）。同第2章。

(5) 资产流动性（liquid）。同第2章。

(6) 资产负债率（debt）。同第2章。

(7) 多元化（diversity）。同第2章。

(8) 融资成本（finance）。同第2章。

(9) 补贴（subsidy）。同第2章。

此外，控制变量还包括省份因子变量（i.province）、年份因子变量（i.year）、行业因子变量（i.industry）等。

4.2.4 描述性统计

这部分所用的主要变量及其描述性统计结果如表4-1所示。

表4-1 描述性统计

变量	变量说明	样本量	均值	标准差
tfp	全要素生产率：由OP法测算	2241320	103.2368	336.6382
internet	互联网	2436390	0.1279	0.3340
export	出口	4167354	0.2322	0.4222
export_d	出口密度	4115925	13.4661	30.7691
state	国有控股	3852413	0.0921	0.2892
markup	垄断势力：由LP法测算	3234091	1.6561	2.7948
market	市场占有率：百分比变量	4166327	0.2377	1.4404
park	园区	3909016	0.1725	0.3778
age_ind	行业年龄：四分位行业	4214236	11.0742	4.5401
liquid	资产流动性：百分比变量	4135730	55.7861	27.1357
debt	资本负债率：百分比变量	4158511	69.9945	125.0355
diversity	多元化	4192934	0.2607	0.4390
finance	融资成本：百分比变量	3303273	6.7814	1293.7490
subsidy	补贴：百分比变量	404335	7.6599	881.1622

注：所有涉及价格的变量均已作不变价调整。

4.3 实证分析

为了直观地显示高外销与低外销制造企业的差异,我们单独对高外销制造企业样本、低外销制造企业样本进行工具变量法计量回归。计量回归结果如表4-2所示。其中,模型(1)为高外销企业,模型(2)为低外销企业。

表4-2　　　　　　　工具变量法计量回归结果

解释变量	被解释变量 模型(1) lntfp	模型(2) lntfp	模型(3) lntfp
internet	0.0192 (0.92)	0.1009 *** (4.76)	0.1301 *** (7.65)
state	-0.0035 (-0.06)	0.0072 (0.30)	-0.2213 *** (-11.99)
L1.lnmarkup	0.3200 *** (30.36)	0.3664 *** (39.77)	0.4102 *** (65.47)
market	0.0549 ** (2.51)	0.0470 *** (7.08)	0.0794 *** (6.28)
park	0.0114 (0.71)	0.0346 ** (2.30)	0.0859 *** (6.82)
lnage_ind	0.7175 (1.54)	1.5502 *** (5.58)	0.4652 ** (2.31)
ln^2age_ind	-0.1296 (-1.31)	-0.2907 *** (-5.31)	-0.0801 ** (-2.00)
liquid	0.0103 *** (26.65)	0.0095 *** (25.40)	0.0101 *** (42.16)
debt	-0.0017 *** (-5.81)	-0.0042 *** (-9.99)	-0.0031 *** (-6.55)
diversity	0.0249 (1.64)	0.0376 *** (3.15)	-0.0140 (-1.49)

续表

解释变量	被解释变量		
	模型（1）lntfp	模型（2）lntfp	模型（3）lntfp
finance	-0.0295*** (-6.12)	-0.0095** (-2.05)	-0.0000*** (-3.00)
subsidy	-0.0008 (-1.16)	-0.0076*** (-4.67)	-0.0003*** (-4.66)
i. province	Yes	Yes	Yes
i. year	Yes	Yes	Yes
i. industry	Yes	Yes	Yes
样本	高外销企业	低外销企业	内销企业
方差	稳健	稳健	稳健
观测值	13493	20532	46459
组内 R^2	0.1247	0.1853	0.1099

注：圆括号内为 t 值，"**"表示 $p<0.05$，"***"表示 $p<0.01$。

在表4-2的模型（1）中，互联网（internet）的系数不显著，说明中国高外销企业并不能有效利用互联网提高全要素生产率。在表4-2的模型（2）中，互联网（internet）的系数显著大于0，说明中国低外销企业可以有效利用互联网提高全要素生产率。我们还针对内销企业样本进行了计量回归，计量回归的结果如表4-2的模型（3）所示。不难看出，中国内销企业也可以有效利用互联网提高全要素生产率。因此，我们初步得出一个相对不严谨的结论：高外销企业相比低外销企业、内销企业，并未有效利用互联网提升全要素生产率。在正常情况下，国际市场的竞争要比国内市场激烈。能够占据很大国际市场份额的企业，通常是能够有效利用互联网去提高全要素生产率的国际化企业。但是中国数据却表明，占据很大国际市场份额的中国企业并不利用互联网去提高全要素生产率，而这是一个非常值得深思的结论。

4.3.1　基准计量回归

下面我们将采用更为严谨的方法去发现中国更多的问题。我们将高外销企业、低外销企业、内销企业合并为全样本。引入出口密度（export_d）、出口（export）、出口密度与互联网交叉项（export_d×internet）、出口与互联网交叉项（export×internet）四个变量，在全样本下进行工具变量法计量回归，计量回归结果如表4-3所示。其中，模型（4）为基准计量模型，考虑了更多的控制变量；模型（5）为对比模型，考虑了更少的控制变量。

表4-3　　　　　　　基准计量回归结果及稳健性检验

解释变量	被解释变量			
	模型（4）lntfp	模型（5）lntfp	模型（6）lntfp	模型（7）lntfp
internet	0.0844*** (4.11)	-0.0157 (-1.32)	—	—
export_d × internet	-0.0025*** (-4.46)	-0.0029*** (-7.25)	—	—
export × internet	0.1663*** (3.23)	0.2086*** (5.67)	—	—
web	—	—	—	0.0434** (2.39)
export_d_web	—	—	—	-0.0023*** (-5.09)
export_web	—	—	—	0.1822*** (4.38)
export_d	-0.0008*** (-3.62)	-0.0012*** (-11.00)	—	-0.0010*** (-6.56)
export	0.1275*** (6.83)	0.0984*** (11.38)	—	0.1314*** (10.24)
export_high × internet	—	—	-0.1772*** (-4.10)	—
export_high	—	—	-0.0585*** (-3.40)	—
state	-0.1528*** (-10.48)	—	0.0250 (1.07)	-0.1387*** (-11.34)

续表

解释变量	被解释变量			
	模型（4）lntfp	模型（5）lntfp	模型（6）lntfp	模型（7）lntfp
L1. lnmarkup	0.3809 *** (81.06)	—	0.3500 *** (46.61)	0.3871 *** (101.49)
market	0.0597 *** (9.70)	—	0.0474 *** (7.21)	0.0518 *** (11.26)
park	0.0553 *** (6.50)	—	0.0178 (1.50)	0.0550 *** (8.20)
lnage_ind	0.9728 *** (6.43)	—	1.1410 *** (5.88)	0.4612 *** (3.75)
$\ln^2$age_ind	-0.1854 *** (-6.12)	—	-0.2100 *** (-5.57)	-0.0920 *** (-3.73)
liquid	0.0101 *** (54.59)	—	0.0100 *** (33.77)	0.0105 *** (70.34)
debt	-0.0032 *** (-9.24)	—	-0.0032 *** (-12.09)	-0.0032 *** (-12.76)
diversity	0.0100 (1.47)	—	0.0314 *** (3.12)	0.0126 ** (2.32)
finance	-0.0000 *** (-2.82)	—	-0.0106 ** (-2.16)	-0.0000 ** (-2.13)
subsidy	-0.0003 *** (-4.27)	—	-0.0024 ** (-2.07)	-0.0004 *** (-3.07)
i. province	Yes	Yes	Yes	Yes
i. year	Yes	Yes	Yes	Yes
i. industry	Yes	Yes	Yes	Yes
方差	稳健	稳健	稳健	稳健
观测值	80462	670229	30485	127904
组内 R^2	0.1285	0.0949	0.1568	0.1485

注：圆括号内为 t 值，"**"表示 $p<0.05$，"***"表示 $p<0.01$。

在表 4-3 的模型（4）中，export_d × internet 的系数在 1% 水平上显著为负，表明出口密度越高的中国出口企业越不能有效利用互联网去提升全要素生产率。再结合 export×internet 的系数显著为正，我们可以得到以下结论：随着中国企业由内销转低外销，再由低外销转高外销，其利用互联网提升全要素生产率的能力先升后降。

4.3.2 稳健性检验

其一，我们将基准模型（4）中的各个控制变量剔除之后，重新进行计量回归得到模型（5）。横向对比表4-3中的模型（4）和模型（5），我们发现 export_d×internet 和 export×internet 的系数符号都没有发生改变。这说明控制变量 state、markup、market、park、age_ind、liquid、debt、diversity、finance、subsidy 并未从根本上改变高外销企业的互联网行为，同时也暗示中国高外销企业在利用互联网做出口贸易时的策略非常坚决。那么到底是什么因素使得中国外销企业如此不顾一切？我们认为中国外销企业这样做是为了生存下去，而其他因素在生存面前基本都是次要的。事实上，中国高外销企业出口产品的价格甚至比国内同类产品的价格还低，表现为在生存边缘靠着政府的出口退税政策垂死挣扎。

其二，直接构造高外销变量 export_high，重新进行计量回归得到模型（6）[①]。具体而言，在出口企业中，当企业出口密度大于等于规模以上工业企业的年度出口密度中位数时，export_high 取值为 1；否则 export_high 取值为 0。横向对比模型（4）中 export_d×internet 的系数和模型（6）中 export_hight×internet 的系数，不难发现：两者在1%的水平上显著小于0，说明基准模型（4）的计量结果较为稳健。

其三，将 internet 替换为 web，重新进行计量回归得到模型（7）。这里，我们采用 mail 的滞后项和 web 的滞后项共同作 web 的工具变量。横向对比模型（4）中 export_d×internet、export×internet 的系数和模型（7）中 export_d×web、export×web 的系数，不难发现：export_d×internet 和 export_d×web 的系数在1%的水平上显著小于0，而 export×internet 和

---

① 模型（6）的样本量为出口企业，而非全样本。

export×web 的系数在 1% 的水平上显著大于 0，说明基准模型（4）的计量结果较为稳健。

4.4 全球价值链与技术俘获

在模型（4）中，export_d 与 export_d × internet 的系数在 1% 的水平上均显著为负，这说明中国外销企业的出口密度与全要素生产率负相关（也就是出口生产率悖论），并且互联网强化了这种负相关。这部分我们尝试去解释为什么互联网能强化这种负相关。造成中国出口生产率悖论的因素颇多，这些因素中哪些因素会在互联网结合过程中发挥更大负作用？详细分析如下所示。

第一，高外销企业相比低外销企业，其企业构成有所不同。根据中国工业企业数据统计，高外销企业中的国有控股企业只占 1.64%，而低外销企业中的国有控股企业大幅上升到 7.20%[①]。这说明随着出口密度的增加，非国有企业（民营企业）的比重越来越大。因此，民营企业是解释高外销企业的关键。中国的民营企业基本是在国家渐进式改革中先求生存、再求发展，这些民营企业在刚起步时不容易获得大量金融机构优惠信贷。在多轮优胜劣汰竞争之后，生存下来的民营企业或多或少都带有一定的高机动性及短视性。同期的中国国有企业却有所不同，国有企业通过中国特色的编制、户口等组合福利政策，牢牢拴住了社会上的高层次优秀人才。即使在 20 世纪末的"三年脱困"期，国有企业淘汰了大量职工，这些职工大部分也只是生产效率较低或没有太高专业技能的普通职工。在市场的优胜劣汰机制和国有企业的人才筛选机制之下，精兵简政的国有企业储备了大量人才，不断驱动国有企业进行研发创新、提效增绩。由于在第 2 章已经详细分析了中国国有企业相对于民营企业更高效利用互联网提升全要素生产率的原因，所以这里不再过多展开。

---

① 资料来源：中国工业企业数据库。

第二，中国特殊时期的特殊政策导向。中国加入 WTO 之后，国家鼓励出口。在出口退税、出口补贴等政策之下，大量机动性较强的企业迅速加入外销队列，一度造成中国出口产品价格低于国内价格的倒挂现象，这种现象普遍存在于不同地区、不同行业、不同所有制企业之中（盛丹和王永进，2012）。根据中国工业企业数据统计，中国出口制造企业的平均垄断势力为 1.17[①]，内销制造企业的平均垄断势力为 1.84，出口制造企业大幅低于内销制作企业，一定程度上表明中国出口制造企业存在很强的内卷现象。由于互联网的开放性属性打开了更大的国际市场及加入了更多的国际竞争对手，所以互联网进一步强化了中国出口制造企业的这种内卷。

第三，中国特殊甚至是有悖常理的市场结构。正常情况下，如果一家企业选择出口，通常是因为这家企业生产的产品在国内市场基本达到饱和，或者这家企业难以继续扩大国内市场，从而将多出来的产品以出口形式实现销售。在这种逻辑下，高外销企业的产品市场占有率（"国内+国外"）理应大于低外销企业，而中国却完全相反。根据中国工业企业数据统计，中国高外销企业与低外销企业的工业销售产值之比约为 1:2.5。即中国高外销企业的产品市场占有率大幅低于中国低外销企业，这是一种有悖常理的现象。这种有悖常理的市场结构说明：就平均而言，在特殊历史时期热衷于外销的中国企业通常是缺乏国内市场竞争力的那批企业。那么，为什么中国高外销企业在国内市场"唯唯诺诺"，但却在国外市场"重拳出击"？我们认为，中国高外销企业与中国低外销企业在国内市场属于同级别产品的正面硬刚，而中国高外销企业与国外巨头企业在国际市场属于不同级别产品的差异化错位竞争，由于中国高外销企业主要利用中低端产品抢占国际中低端市场，所以中国制造一度被打上了劣质品的标签。与此同时，中国针对出口产品的各项补贴政策，也使得中国高外销企业在国际市场的同类产品中具有很强的价格优势。那么，互联网是强化了高外销企业的"海外市场寻求"，还是弱化了高外销企业的"海外市场寻求"？

---

① 垄断势力 = 价格 ÷ 边际成本

很明显，中国高外销企业利用互联网的共享性、开放性属性可以深度介入海外中低端市场。

综上所述，追求短期利益的外销企业（以非国有企业为主），受特殊时期中国出口导向政策、国际前沿企业技术碾压等多因素影响，倾向于利用劳动力密集的比较优势，借助互联网在国际市场寻求贸易商机（而非交流技术）。在外受技术俘获、内有内卷竞争的双重夹击下，被动嵌入全球价值链的中低端，赚取微薄的出口政策红利，最终演变为"专注于出口的高外销企业"。由于互联网在高外销企业中更多是用于寻求贸易商机，而不是用于技术交流来提升企业核心竞争力，所以表现为中国高外销企业并未有效利用互联网提升全要素生产率。

4.5 企业实例[*]

4.5.1 高外销制造企业实例——北京小米科技有限责任公司

1. 企业简介

北京小米科技有限责任公司（以下简称"小米公司"），于2010年成立，2018年在香港交易所主板上市，是一家著名的智能手机公司，近年来转型为智能电器和智能家居生态建设的科技企业。小米具有自主研发手机芯片的能力，是继苹果、三星、华为之后的第四家具有手机芯片独立研发能力的企业。小米公司建立了全球领先的消费级AIoT物联网平台，AIoT平台连接设备数达到2.89亿台智能设备（不含智能手机及个人计算机）。

小米公司的业务已进入全球逾90个国家和市场。2020年中国企业外贸出口额前100名中，创业仅10年的小米相关公司有两家，即小米通讯技术有限公司和珠海小米通讯技术有限公司，出口额分别是61.2亿美元、

---

[*] 资料来源：本节的案例由研究团队成员基于各企业官网、新闻稿、行业研报、企业财报、中国工商管理案例库、公司管理人员采访等材料进行整理和撰写。

29.5亿美元,排名分别是第20位、第50位。

2. 互联网化转型背景

(1) 手机制造工艺工序复杂,产能提升难度大。

3C制造中,手机空间小,工艺工序繁杂,首先是SMT,将主板上的电子元器件贴好,烧写程序;其次是校准测试、成型;最后才是装配,将主板和外壳组装好,整机测试、包装,进入市场。因此,手机厂商实现自主制造难度大,小米产能也面临着极大挑战。

(2) 供应商业务合作转向深度融合,柔性化生产管理需求增加。

小米与同EMS (electronics manufacturing service) 工厂及关键器件供应商的合作已从简单的业务协作转变为管理的深度融合,一方面是从生产计划到排程、工单审核需要精细管理,另一方面是各生产线、制程车间乃至整体工厂运行情况需要实时数字化展现和分析,共同满足小米柔性化生产管理需求,并进一步支撑研发设计领域及质量管理领域。

(3) 海外市场不断扩大,运营管理遇挑战。

随着海外市场的不断扩大,小米在海外业务运营和管理遇到了新的挑战,集中体现在贸易模式和常设机构全球化部署统筹规划能力较弱;受地区法规及贸易冲突影响,财务、税务、法务带来的挑战很大;客户管理和运营流程不健全,无法准确快速地掌握客户各种维度的信息;销售模式变化快,渠道合作营销复杂,流程执行困难。因此亟须建立一个统一的国际化营销数字化平台来实现海外业务的有机增长。

3. 互联网化升级过程

(1) 依托智能制造数字化布局,建设"黑灯工厂"。

"黑灯工厂"是每天能够24小时不间断运转的智能工厂,实现了生产管理、机械加工、包装、储运等全过程自动化。北京亦庄小米产业园建设了"黑灯工厂",在工厂内大规模运用自动化生产线、5G网络、机器人、大数据、云服务平台等技术,高效率制造小米旗舰手机。2019年底,该智能工厂建成投产,总建筑面积18600平方米,用于研发生产小米最高端的手机产品。"黑灯工厂"实现了：第一，智能无人车间。在车间内无须任何工人，机器可以"独立"做出预测、组装、测试、主板加工等都可以实现自动化、无人化。其中，决策系统便是无人工厂的核心所在。基于大数据、分析引擎、动态知识图谱、自然语言理解等技术板块，决策系统可以动态多维地采集信息，进而自动地识别、判定和推理生产流程，实时甚至预测性地解决生产过程中出现的复杂问题。基于此，无人工厂还可以进一步地发展出自我优化、自我学习和自我适应的能力。第二，设备的监控、检测都由机器人和编码程序来负责。在监控里能清晰地看到，从原料到成品，每一道工序都在设备自身的监测下有条不紊地运行着，人只需要在后台负责管理系统并监控这些机器执行就行了。截至2020年，小米亦庄智能工厂完成了厂区自动化设备上线和投产，以及厂区信息化和5G网络化建设，相比电子传统行业生产效率提升60%，加工成本节省40%。

（2）打造小米手机数字化制造协同平台，实现研发全生命周期质量管理。

小米数字化制造协同平台包含以下两个方面：第一，业务干预功能，在平台上实现业务功能，EMS工厂端用户直接登录平台进行业务操作和业务数据提交，实现小米和工厂之间的信息交互。例如，工厂提报标准产能、排产计划、售后计划、生产资料信息等。第二，数据监控功能，通过API接口直接和EMS工厂生产执行系统进行对接，建立虚拟工厂，全面镜像EMS工厂工作站层级、生产线层级、制程层级的各类生产数据。例如，过站数据、工单数据、装配数据、测试数据、物料数据、设备数据。基于此，能够实现：首先，供应链生产计划协同管理，实现小米/EMS生产集成供应链管理。根据S&OP需求计划，进行生产计划、排程、工单、DOS审核管理。其次，生产管理，EMS线体生产数据孪生，实时获取EMS工厂每条生产线的基本情况，通过智能机器人实时预警生产线异常，及时进行生产管理干预处理。再次，产研协同管理，集成关键器件性能的评价功能。根据关键器件核心测试指标，计算、比较、分析各器件性能和生产线体参数差异。最后，生产服务协同，支持产品全链路追溯查询、过站、测试、装配、关键器件及下阶物料一站式查询。

（3）结合互联网和人工智能技术，建设小米手机代工厂数字孪生平台。

小米手机代工厂数字孪生平台是小米互联网化转型的核心应用平台，同时也是电子高科技行业探索数字孪生和大数据管理的典范应用。数字孪生平台为小米带来了以下五个好处：第一，缩短产品交付周期。通过数字孪生平台生产数据的实时计算呈现，可以快速发现生产过程中的瓶颈环节并寻求改善，进而验证改善效果，提升整个手机生产过程中的效率。通过对生产流程进行优化及调整，也可以缩短新品的上市时间。第二，提升产品质量表现。通过针对制程直通率，工站测试数据进行统计学分析，小米能够预测并快速发现质量缺陷趋势，辅助进一步采取干预措施，控制质量问题并提升整体质量表现。第三，透明追溯产品数据。建立全套手机生产的数据档案，记录关键物料，生产过程结果，小米能够协助有效追踪产品以及发生重大风险时召回产品。第四，构建数据孪生生态。未来小米供应链 IT 团队将进一步打通全生命周期数据链条，从概念到商品，从计划到生产链，通过集中多个平台的数据并进行融合，在数据层面解决物理层面的互联互通问题，最终使得数据价值集中爆发呈现，实现了从数据和信息层面为小米企业赋能。第五，提升大数据处理能力。实时展示方面，采用"消息队列 + 多消费者"的模式，利用消息队列高性能的顺序读写能力，下游的数据消费者程序可以持续解析数据做聚合，减少了大屏展示结果在计算端的延时。

（4）建立全球渠道管理平台，助力国际营销项目。

小米国际营销数字化项目基于微软 Dynamics 365 平台建立了一套以经销商/客户全生命周期为中心的渠道管理平台，集中管理经销商全方面信息，构建经销商 360 度视图，集成周边系统并打通 OTC 流程，实现营销业务全流程精准管控，同时提升各部门的协同效率。通过多维度的渠道智能分析，提供直观和准确的业务报表，为营销决策提供支持。该平台助力小米通过国际化、数字化营销服务解决方案来建立起以用户为中心、以体验和效率提升为核心驱动的营销服务一体化平台，实现营销运营数字化、渠道协同数字化、门店智慧数字化和用户体验数字化四大管理目标。

4.5.2　高外销制造企业实例——海尔集团

1. 企业简介

海尔集团（以下简称"海尔"），1984 年创立于山东青岛，是世界四大白色家电制造商之一，也是中国电子信息百强企业之首。海尔目前拥有上市公司 3 家，在全球设立十大研发中心、28 个工业园、122 个制造中心、108 个营销中心和 24 万余个销售网点。海尔有着极强的创新能力，截至 2023 年，海尔集团在全球累计专利申请 9.2 万余项，其中发明专利 5.9 万余项，主持或参与了近百项国家标准的制修订工作。基于此，海尔达成了在智能家居集成、网络家电、数字化、新材料等技术领域的全球领先位置，其中，有九种产品类别在中国市场位居行业之首，三种产品类别在世界市场占有率居行业前三。除此之外，海尔还进一步发挥在产业中的影响力，积极参与企业孵化，孵化出了独角兽企业 5 家和瞪羚企业 23 家。海尔集团拥有海尔、卡萨帝、Leader、GEAppliances、Fisher & Paykel、AQUA、Candy、卡奥斯 COSMOPlat、日日顺、盈康一生、海尔生物医疗、海纳云、海创汇、海尔兄弟等众多生态品牌。

2. 互联网化升级过程

（1）构建海尔互联工厂，实现全链条智能化、生态化管理。

海尔的升级涵盖了市场、研发、采购、制造、服务等产业链的全流程，涵盖离散制造、智能产品、智能制造新业态新模式、智能化管理、智能服务五个领域。基于这种创新模式、互联网技术和制造技术的融合，搭建互联工厂架构，满足客户体验。海尔互联工厂系统架构共分为三层：第一，基础层：通过智能设备、大数据平台、物联网等先进技术的应用，构建互联工厂的系统架构；实现数据采集、数据集成可视、数据分析和决策的全流程数据链集成及互联；对应智能制造系统标准体系架构的系统层级。第二，数字化平台：基于基础层的体系搭建全流程的数字化平台，构建全流程、全生命周期的大规模定制能力；数字化平台侧重于从用户视角和用户体验出发，让用户、第三方资源更好地参与到大规模定制过程中，提升企业资源与用户零距离交互的能力，支撑海尔商业模式的重塑。第三，对应智能制造标准体系架构的全生命周期层/商业模式层：基于基础层和数字化平台，可以改变传统的卖产品的商业模式，从用户体验的角度重新思考商业模式；通过这种互联能力，构建新的制造模式和生态规则，按用户的各种智慧生活场景搭建生态圈；该层对应智能制造标题体系架构的智能功能维度。

（2）互联网技术和工业技术的深度融合，满足用户个性化需求。

海尔深化了互联网与生产过程的融合，其中包括：企业与用户互联，用户可以根据需求信息通过信息物理系统（cyber-physical systems，CPS）实现线上设计、进而交给生产线智能机器人进行制造；企业与产品互联，产品卖出去不是产品生命周期的结束，可通过互联网实现企业持续与用户对话，提高用户体验，加快后续产品的迭代；流程互联，企业之间、企业与供应商、外协商连接起来，有力保证产品的设计和生产，能以最快的速度满足客户的需求。

（3）赋能海尔互联工厂，实现智能制造体系。

海尔互联工厂是整个海尔全系统全流程的、颠覆性的创新，该互联工厂包含智能制造体系所有内容。首先，智能功能层面：海尔互联工厂通过五大系统集成，构建了数字化互联互通的云平台，实现全流程的信息融合，形成大规模定制、远程诊断、智慧生活场景商务等新兴业态。其次，系统集成层面：海尔互联工厂构建从设备层、控制层、车间层、企业层和上下游协同层五层架构，实现人、机、物等的互联和信息的共享。最后，产品生命周期层面：海尔互联工厂体系覆盖产品设计、生产、物流、销售和服务等产品的全生命周期，为客户提供最佳的全流程服务体验。

（4）大电商平台规划，实现全电商业务融合。

海尔的电商平台包括 PC 版海尔商城、App 顺逛平台、农特电商平台、快递柜平台、物流接单平台、物流配送平台、巨商汇平台和海贸云商平台。通过大电商平台的规划，实现了 B2C、B2B、跨境电商等全电商业务的融合，并且海尔通过线上平台、线下社区、物流配送及存储等，打通了用户的前端获取、购买、配送、接收的全流程交互体验，并给用户提供了非家电以外的其他生活及日常用品，实现了用户生活需求的全满足，极大地增强了用户对海尔的黏性和品牌忠诚度。

（5）物流接单和配送服务平台，完善服务布局。

除了做海尔的自有品牌的产品配送之外，还对接菜鸟平台，承接淘系大家电的配送，将海尔强大的物流配送能力对外开放，成为电商行业快速发展的支柱平台。

（6）打造日日顺乐家，建立社群共创平台。

贴近居民社区，以社区小管家为触点，围绕用户生活服务需求，建立以社区用户为中心的"社区管家服务体系"，以其差异化的"小管家+社群+场景商务"的模式，建立了以用户为中心的"触点网络+社群生态"的共创平台，以满足用户的"健康食品+家庭服务+社区快递物流+智慧家电"四大核心需求，打造城市物联网社群的最佳体验生态圈。

（7）工业智能化探索，实现全流程闭环生态圈。

海尔的COSMOPlat平台是全球唯一一个用户全流程参与的交互式工业互联网平台，构建了以用户为中心的智能制造模式，以助力中国中小企业的转型升级。2018年2月，海尔COSMOPlat打造的"基于工业互联网的智能制造集成应用示范平台"成为全国首家国家级工业互联网应用示范平台。通过COSMOPlat的大规模定制平台，企业可以将供应商联系在一起，将生产的每一步自动化处理，通过自动化流程接收客户的订单、设计细节，从供应商处调用适当组件，在零件到达时（无仓库）制造机器，将其交付给最终用户，并安排监控其使用情况，从而构成了从生产到体验迭代的全流程闭环。

4.5.3　低外销制造企业实例——光明食品（集团）有限公司

1. 企业简介

光明食品（集团）有限公司（以下简称"光明食品"），是一家以食品（农业）为核心的现代都市产业集团。光明食品是2006年上海益民食品一厂（集团）有限公司、上海农工商（集团）有限公司、上海市糖业烟酒（集团）有限公司、锦江国际（集团）有限公司集中了相关资产共同组建而成。2020年长三角百强企业榜单发布，光明食品位列第29名，其旗下拥有光明、大白兔、冠生园、梅林、正广和、一只鼎、海丰、爱森、大瀛、石库门等众多中国驰名商标、中国名牌产品和上海市著名商标、上海市名牌产品。光明食品的业务主要包含了现代都市农业、农产品加工业、现代服务业、都市房地产业、出租汽车和物流业、品牌代理服务业等。为了构建广泛和稳定的合作，光明食品与160多个国家和地区的上万家客户建有稳定的贸易关系，并与可口可乐、百事可乐、雀巢、达能、三得利、麒麟、统一谢赫、大金等国际著名公司开展了广泛的合资合作。

2. 互联网化升级背景

（1）乳制品行业规模持续增长，用户对新鲜度要求高。

随着消费者对新鲜牛奶的追捧，乳制品行业迎来新鲜风口。2015～2019年，鲜奶销售额同比增长分别为6.13%、8.22%、9.71%、10.67%、11.56%，5年持续增长并迈入双位数增长阶段。以新鲜见长的光明乳业乘势而上，不断扩大全国新鲜版图。但是，鲜奶因为保质期短，对冷链物流的要求苛刻，销售半径较小，最远只能限定在600公里以内，这使得光明乳业必须就近配套牧场、工厂。

（2）线下市场流失严重，亟须迎合新零售趋势。

光明乳业早期送奶到户的线下订购模式，面临消费者明显老龄化的问题，并且随着线上平台的崛起，线下市场用户流失严重。同时，市场进入新城市、新青年、新零售、新品牌的"四新"时代，光明乳业需要利用新营销的思路积极融合线上资源。

（3）搭建信息化基础设施，为企业升级提供支持。

1999年，光明食品的重要组成部分"光明乳业"已经开发订单管理系统，这是光明乳业信息化工作的起点。从此以后光明乳业先后启动各种线上系统，包括全面预算项目、全产业链追溯项目、深度分销系统和供应链的供应商关系管理（SRM）系统等，为企业转型升级打下了良好基础。

3. 互联网化升级过程

（1）构建全渠道业务中台，整合全产业链数据。

借助阿里云双中台技术，光明乳业携手阿里云整合线上随心订、线下门店、前置仓、城市配送体系以及毛细物流送奶工等资源，构建全渠道业务中台，为消费者提供随时、随处、随心订的购物体验。同时，阿里云从销售和营销侧切入，帮助光明乳业整合全产业链数据，建设涵盖研、产、供、销、服全链路的大数据体系，建成光明乳业大数据平台，帮助管理层对业务过程进行实时洞察，从而更为精确地预判消费需求量，及时调整供应链。以数据驱动会员精准营销，同时集中识别有鲜奶潜在消费需求的年轻家庭用户，拓展增量用户群体。截至2020年，随心订平台是全国最大的送奶上门平台，也是光明乳业线上线下同步发展的重要平台。

（2）打造无人智能工厂，实现生产全过程数字化管理。

光明乳业的智能工厂是上海首批20家智能工厂之一。一方面，光明的智能工厂实现了无人化运作。对于一瓶牛奶的生产过程而言，其中涉及了收奶、混料、杀菌、发酵、翻缸、待装供料等一系列操作环节。而光明在每一个操作环节都设置了阀门和监控点，再将这些阀门连接到中控室。操作人员只需要在中控室内，通过监控观察不同阶段的运作情况，然后利用远程阀门控制来调试生产过程。也就是说，整个生产过程都是高度智能化和自动化的。另一方面，光明的制造工厂也实现了全流程数字化管理。基于其首创的低温液态奶全产业链可追溯体系，光明自动收集了生产过程中的信息，并实现了数据之间的高度联系，将整个经营过程都数字化升级。通过这种方式，能够大幅度降低企业的运营成本，并大幅缩短产品的升级周期。

（3）互联网赋能全链条，支持生态体系的数字化应用。

基于云计算、大数据技术和中台架构，光明乳业运用数字化技术升级了奶源管理、奶品生产、物流配送、零售终端的全链条管理。同时，打通了消费者互联网和工业互联网，将数字化赋能于牛奶产业生态体系中。例如，在奶源管理阶段，光明乳业通过5G、大数据、物联网、人工智能等技术，能够通过视频观察牛舍环境、奶牛活动和挤奶生产环境，进而完成及时监控和精准管理。又如，营销配送和分发阶段，光明乳业建立了宅配电商平台"光明随心订"，为全国350万户家庭提供服务，与7.5万头奶牛的穿戴设备、数十万台生产设备、2500多辆冷链车组成一个生态体系，实现了数字化的跃升。

4.5.4 低外销制造企业实例——森马集团有限公司

1. 企业简介

森马集团有限公司（以下简称"森马"），于1996年创立，是一家以系列休闲服饰为主导产业的集团，也是温州市大企业、大集团之一，总资产达10多亿元。森马集团现有四个全资公司，拥有休闲服装森马（Semir）和童装巴拉巴拉（Balabala）两个知名服装品牌。其连锁网点遍布二十几个省份，形成了十分完整的市场网络格局。

2. 互联网化升级过程

（1）互联网赋能运营管理，建设智能生产力平台。

对森马而言，大量的数据录入、低价值、烦琐的重复性劳动等，都是亟须解决的问题。经过对森马电商内部业务流程的详细梳理，发现大约30%的电商业务都能利用机器人流程自动化（RPA）实现自动化经营，例如，数据下载、财务对账、商品上新等。与此同时，RPA为企业提供了推进人机协作、赋能全员运营的有效方式。实际上，RPA通过让一线业务人员高效完成业务流程自动化，通过高科技赋能、业务共创的模式，实现数字化转型升级。森马电商通过采用云扩智能RPA，解决了时间、地域、人工限制问题，软件机器人可以获取历史30天的业务数据，周末也能定时不间断地工作，而且这些数据为企业提供了良好的决策支持参考。看到了云扩智能RPA所带来的实际成效，森马电商将其逐步推广到其他品牌及部门，在数十个业务场景中运用了云扩智能 RPA。

（2）构建业务智联，拥抱新零售变局。

随着中国零售市场多样化创新、规模发展迅速、竞争持续加剧，企业越发需要创新和内部效率提升，与客户建立更稳定的信任关系。森马借助云扩科技电商自动化领域的丰富经验，从电商数据采集、消费者私域运营、全员运营管理等方面加速数字化进程，快速拥抱新零售变局。

（3）打造数字化供应链，数据驱动供应链决策。

森马集团打造了数字化的供应链，进而不断提升客户的满意度。例如，在供应链前端的销量预测和补货层面，森马不断提升和挖掘海量的用户数据，并根据用户数据定制促销与销售计划，提升销售计划的精准度和效率；而在库存管理阶段，森马将大数据赋能于物流和仓储，根据大数据分析的结果，开展商品的组合存储和仓间货品调拨，大幅度减少了拆单比率，提高了发货速度。在数字化赋能供应链以后，森马电商订单的平均出库时长缩短了 3 小时以上，有效提高了用户满意度。为了进一步推动数字化供应链，森马还积极尝试借助外力，与天猫等平台合作，打造机动供应链。

（4）收集需求预测数据，采用智能选品策略。

设计方案的实现并非易事，背后是生产供应链的改变。营销端借力天猫电商平台的海量需求预测数据作出智能选品，运营端森马团队积极与上游工厂打通库存层面的企业资源计划系统（ERP）对接，进而实现全流程的深度供应链协同，以此满足个性化的商品供货需求。

（5）数据驱动组织管理，促进信息反馈及时性和全面性。

森马构建自下而上的灵活决策和反馈机制，让一线工作人员也参与决策。森马让基层员工反馈供应链数据系统中采购、库存、物流、配送等信息和建议，此时，系统不再只是执行工具，更是基础单元的决策工具，为基层员工提供了拍板的机会。让基层员工拍板的决策更能贴合消费者的需求，更能接近消费者，这样的决策不仅准确，决策过程也会更敏捷。

（6）赋能供应链，采用精益化管理系统，不断重新塑造供应网络。

供应链计划对于服饰企业尤为关键，森马内部有套完整的供应链商品计划系统，可以快速捕捉线下线上用户的消费偏好，借助数据分析深入了解市场状况，分析市场容量与竞争格局，最终对商品进行精益生产和经营计划。同时，森马在供应链变革中不断重新塑造供应网络，力争从设计、生产到物流、仓储、门店、消费者的全流程的供应链精益化，打造商品供应链全流程覆盖的"圆形自我中心模式"，通过数字化创新挖掘消费者需求的广度与深度，推动同供应商协同的嵌入式产品创新，实现大数据驱动的概率优化。森马把供应、需求、生产打造成为以消费者为中心的"圆形闭环"，从战略、战术到执行层面的协同供应链计划系统。

4.6 小结

2001年，中国加入世界贸易组织（WTO）。面对突然开放的全球市场，越来越多的中国企业由"技工贸"转为"贸工技"。客观数据显示，在互联网对企业全要素生产率影响方面，相比中国高外销企业，互联网更有助于中国低外销企业提高全要素生产率。中国很多高外销企业是在特殊历史背景下畸形发展而来，一旦国家减少出口补贴、人民币兑美元大幅升值、中国劳工成本过快上涨、国际前沿技术企业实施技术封锁、贸易保护主义抬头，那么这些高外销企业将会陷入产品滞销与全要素生产率低下的两难境地。因此，政府应当合理引导高外销企业出口转内销，推行供给侧结构性改革，督促企业去产能、搞创新。

第5章

装备与非装备制造企业

本章主要研究互联网对中国装备与非装备制造企业的差异化影响。新中国成立之初，百废待兴。为了以最快速度步入工业化发展道路，中国政府集中主要力量，以156个建设项目为中心，将社会主义建设重点放在以重工业为代表的装备制造领域。这些装备制造项目打下了中国工业建设的根基，并一直影响至今。但是，随着历史的发展和技术的演进，其中很多项目已经陷入低端装备制造困境，成为中国工业化建设的历史包袱。目前，低端装备制造的困窘和高端装备制造亟待突破，已经构成中国的最大现实之一。

5.1 中美贸易之争与中美基建之争

装备制造为国民经济各部门简单生产和扩大再生产提供生产技术装备，拥有更高的溢出效应（张豪等，2018），带动国民经济整体稳健发展。虽然中国装备制造企业的创新效率正在不断提高（任曙明和吕镯，2014），但仍处于相对较低水平（牛泽东和张倩肖，2012），尤其是核心领域的装备制造。主要体现在以下四个方面：第一，虽然中国拥有世界上最广阔的互联网应用场景，但互联网的运算载体为芯片，而中国并不掌握芯片制造装备——光刻机的核心技术；第二，中国拥有世界上最多的超级工程（北京大兴国际机场、港珠澳大桥、中国高铁总里程、天眼FAST、三峡大坝等），但建造超级工程所需的高端工程器械装备（大型挖掘机、大吨位起重机、超大型矿车等）却由卡特皮勒、特雷克斯、小松、利勃海尔等外国企业垄断；第三，中国拥有世界上体量最大、门类最全的制造业体系，但现代化工业所需的高端数控机床、工业机器人的国产化率却很低，需要大量进口；第四，按照购买力平价计算，中国早在2014年就已超过美国成为世界第一经济大国，而维系经济运转需要与之匹配的能源支撑，但代表最高热功转换的能源装备——重型燃气轮机，其核心技术却由通用电气、西门子、三菱等外国企业掌握（蒋洪德等，2014）；等等。虽然中国政府每年给予装备制造企业大量补贴，但实际落地效果并未完全达到预期，甚至获得补贴企业的加成率普遍低于非补贴企业，这意味着中国装备制造领域存在较为严重的寻租及商业贿赂现象（任曙明和张静，2013）。不仅如此，在1995~2011年这段时间内，中国装备制造的增值能力相较于国际同行也呈现下降趋势（王岚和李宏艳，2015）。事实上，中国的传统装备制造业主要集中在东北地区（张威，2002），而东北地区装备制造技术密集，某些企业容易利用信息不对称骗取补贴，甚至在某种程度上"振兴东北"战略还使企业陷入"经营困难—政府'输血'—企业扩张—利润下降—经营困难"的怪圈（董香书和肖翔，2017）。

上面分析了装备制造在国内的基本现状，下面我们将跳出国内框架，以更大的全球视角分析中国装备制造。

5.1.1 中美贸易之争

中美贸易之争，实际上是技术之争。2008年全球金融危机爆发，美国制造业窘境凸显，对虚拟经济的过度依赖使得美国实体经济尤其是制造业严重退化，甚至连昔日引以为傲的三大汽车制造巨头（通用、福特、克莱斯勒）也陷入生存困难，这使得美国政府意识到现有制造业正处于"空心化"的危险边缘。随后，美国政府不遗余力地强推制造业回流政策，逆全球化之势而实施贸易保护政策，大力扶植本土制造企业，限制美国制造企业外流，鼓励他国制造企业在美国设厂，甚至不惜以外交政策作为交换筹码。为了在根源上重振美国制造业，美国政府亟须稳住制造业创新这一制高点。就目前来看，中国和美国都相互视对方为最大的制造业竞争对象。美国掌握了更多的制造业创新核心技术，试图通过核心技术压制中国新兴制造业，最典型的事件莫过于美国利用芯片技术极力打压中兴、华为。

事实上，美国制约中国制造业崛起并非心血来潮，而是有据可循。时机把控方面，2017年中国PCT申请首次跃居世界第二，紧追美国，而美国正是在这一年之后拉开中美贸易之争；打击对象方面，2017年PCT申请世界前五的企业分别为华为、中兴、英特尔（美国）、三菱（日本）、高通（美国），而美国的打击对象恰恰是排在美国科创巨头（英特尔、高通）之前的华为、中兴。随着中国在世界舞台的强势崛起，美国在全球的霸主地位已经开始动摇，两国之间各种难以调和的矛盾凸显。2018年3月，中美贸易之争正式爆发。此后，中国一直受制于美国的芯片技术。而芯片的背后是高端装备——光刻机，虽然世界最先进的光刻机是由荷兰阿斯麦（ASML）生产，但其核心技术却来源于美国、欧盟，于是美国强烈干涉高端光刻机的销售，使其禁止对中国出售。高端光刻机的空白折射出中国装备制造的大而不强，本章中，我们重点研究互联网对装备制造、非装备制造企业的差异化影响。

5.1.2 中美基建之争

大国经济的持续、稳定增长离不开大量基建的强力支撑，而基建又主要由装备制造业构筑。中国与美国的经济之争早晚会走向基建竞赛。在信息化时代，互联网构造了平行于现实世界的虚拟世界，自然界的山川、河流、海洋、沙漠等物理障碍的阻碍作用在逐步减弱，企业之间的沟通似乎变得越来越畅通。从基建角度来看，中国将更多的资源投入到现实世界的基建，而美国将更多的资源投入到虚拟世界的基建。对此，我们要认真思考和对待。这是因为中国想要掌控未来，势必要围绕虚拟世界展开新一轮基建。这里要谈的虚拟世界基建并非仅指5G基站，而是抽象的运算能力，具象化对象为芯片。毕竟芯片是比5G基站更为底层的基建，因为没有5G基站依然可以连接互联网，而没有芯片则是万万不能。

当前中国的芯片技术大幅落后于美国，这与中国企业的历史选择有关。在过去，中国企业面临"技工贸"和"贸工技"两种战略选择，一方面，中国企业与美国企业之间存在较为悬殊的技术差距；另一方面，中国企业坐拥广阔的国内贸易市场及国际贸易市场，这使得大多数理性的中国企业选择了"贸工技"。如今这些企业中的绝大部分已被国外企业高技术俘获，深陷于"贸"而无法施"技"。

5.2 研究设计

本章数据主要来源于1996~2013年中国工业企业数据库、国家统计局国民经济行业分类、《中国统计年鉴》、《中国人口和就业统计年鉴》、《中国工业经济统计年鉴》、第五次全国人口普查、2005年全国1%人口调查、人民网地方领导资料库、各级地方政府官方网站等。为了更好地研究中国装备制造，我们针对装备制造业进行了更为细致的划分，具体划分标准如表5-1所示。

表 5-1　　　　　　　　　　装备制造业划分标准

行业名称	GB/T 4754—1994 代码	GB/T 4754—1994 备注	GB/T 4754—2002 代码	GB/T 4754—2002 备注	GB/T 4754—2011 代码	GB/T 4754—2011 备注
金属制品业	34	但不包括 348、365、373、374、4045、4046、406、407、417、425、435、4392	34	但不包括 347、348、368、373、374、394、395、396、397、407、4142、415、422	33	但不包括 337、338、358、375、376、384、385、386、387、395、4042、411
通用设备制造业	35		35		34	
专用设备制造业	36		36		35	
交通运输设备制造业	37		37		36、37	
电气机械及器材制造业	40		39		38	
通信设备、计算机及其他电子设备制造业	41		40		39	
仪器仪表及文化、办公用机械制造业	42、43		41		40	
其他	39		42、43		41、42、43	

注：GB/T 4754—1994、GB/T 4754—2002、GB/T 4754—2011为国民经济行业分类与代码。

考虑到高端装备的技术含量较高,其专利等知识产权附加值较高,使得一部分企业并没有将太多精力用在提高全要素生产率方面,而是将更多精力用在研发高性能新产品上,所以本章除了要研究其在全要素生产率方面的差异化影响,还要研究其在新产品方面的差异化影响。

5.2.1 计量模型

$$\begin{aligned}\text{innovate}_{it} = & \beta_0 + \beta_1 \text{internet}_{it} + \beta_2 \text{equi}_{it} + \beta_3 \text{equi}_{it} \times \text{internet}_{it} \\ & + \beta_4 \text{Control}_{it} + \lambda_1 i.\text{year}_t + \lambda_2 i.\text{prov}_i + \lambda_3 i.\text{industry}_{it} + \varepsilon_{it}\end{aligned}$$

(5-1)

其中,innovate、internet、equi 分别表示企业创新(包含全要素生产率与新产品)、互联网、装备制造;Control、i.year、i.prov、i.industry 分别表示不含因子变量的控制变量组、年份因子变量、省份因子变量、行业因子变量;ε 表示随机扰动项;下标 i、t 分别表示企业个体、年份。

5.2.2 被解释变量

(1) 全要素生产率(tfp)。同第 2 章。
(2) 新产品(new)。计算公式:新产品 = 新产品产值 ÷ 工业总产值 × 100%。

5.2.3 核心解释变量

(1) 互联网(internet)。同第 2 章。
(2) 装备制造(equi)。若企业属于表 5-1 中的装备制造业,则 equi 赋值为 1;否则 equi 赋值为 0。

5.2.4 控制变量

(1) 研发投入(rd),采用"研发投入 = 研究开发费用 ÷ 主营业务成本×100%"的相对形式计算。

（2）政治周期（politics）。同第3章。

（3）国有控股（state）。同第2章。

（4）出口（export）。同第2章。

（5）垄断势力（markup）。同第2章。

（6）市场占有率（market）。同第2章。

（7）园区（park）。同第2章。

（8）行业年龄（age_ind）。同第2章。

（9）资产流动性（liquid）。同第2章。

（10）多元化（diversity）。同第2章。

（11）融资成本（finance）。同第2章。

（12）补贴（subsidy）。同第2章。

此外，控制变量还包括省份因子变量（i.province）、年份因子变量（i.year）、行业因子变量（i.industry）等。

5.2.5 描述性统计

主要变量及描述性统计结果如表5-2所示。

表5-2　　　　　　　　描述性统计

变量	变量说明	样本量	均值	标准差
tfp	全要素生产率：由OP法测算	2241320	103.2368	336.6382
new	新产品	2908364	2.4953	12.7787
internet	互联网	2436390	0.1279	0.3340
equi	装备制造	3905043	0.3094	0.4622
rd	研发投入	1354677	1.4753	863.6447
politics	政治周期	3842954	2.5096	1.9136
state	国有控股	3852413	0.0921	0.2892
export	出口	4167354	0.2322	0.4222
markup	垄断势力：由LP法测算	3234091	1.6561	2.7948
market	市场占有率：百分比变量	4166327	0.2377	1.4404

续表

变量	变量说明	样本量	均值	标准差
park	园区	3909016	0.1725	0.3778
age_ind	行业年龄：四分位行业	4214236	11.0742	4.5401
liquid	资产流动性：百分比变量	4135730	55.7861	27.1357
debt	资本负债率：百分比变量	4158511	69.9945	125.0355
diversity	多元化	4192934	0.2607	0.4390
finance	融资成本：百分比变量	3303273	6.7814	1293.7490
subsidy	补贴：百分比变量	404335	7.6599	881.1622

注：所有涉及价格的变量均已作不变价调整。

5.3 实证分析

为了直观地显示装备制造企业与非装备制造企业的差异，我们单独对装备制造企业样本、非装备制造企业样本进行工具变量法计量回归，计量回归结果如表5-3所示。其中，模型（1）采用装备制造企业样本，被解释变量为 lntfp；模型（2）采用非装备制造企业样本，被解释变量为 lntfp；模型（3）采用装备制造企业样本，被解释变量为 new；模型（4）采用非装备制造企业样本，被解释变量为 new。

表5-3　　　　　　　　工具变量法计量回归结果

解释变量	被解释变量			
	模型（1）lntfp	模型（2）lntfp	模型（3）new	模型（4）new
internet	0.1048*** (4.73)	0.0981*** (7.23)	3.4825*** (5.64)	2.7437*** (8.50)
L1.rd	—	—	0.7849*** (4.76)	0.3961*** (6.89)
politics	-0.0024 (-0.67)	-0.0027 (-1.44)	0.0962 (0.86)	-0.2137*** (-5.68)
state	-0.1402*** (-5.07)	-0.1466*** (-8.52)	1.3728 (1.58)	0.9789*** (3.51)

续表

解释变量	被解释变量			
	模型（1）lntfp	模型（2）lntfp	模型（3）new	模型（4）new
export	0.1130*** (8.02)	0.1026*** (11.84)	5.9286*** (12.50)	3.1531*** (15.67)
L1.lnmarkup	0.3560*** (35.74)	0.3860*** (72.49)	1.2723*** (4.93)	0.3724*** (4.21)
market	0.0433*** (5.44)	0.0741*** (8.90)	0.6148*** (2.61)	0.4102*** (5.05)
park	0.0660*** (4.20)	0.0526*** (5.20)	-1.3913*** (-2.76)	0.0273 (0.12)
lnage_ind	1.7519*** (5.93)	0.3225 (1.61)	15.4606* (1.73)	2.8291 (0.80)
ln^2age_ind	-0.3310*** (-5.96)	-0.0501 (-1.21)	-1.4626 (-0.88)	-1.1377 (-1.58)
liquid	0.0124*** (30.84)	0.0094*** (45.13)	-0.0081 (-0.92)	-0.0328*** (-9.87)
debt	-0.0038*** (-10.49)	-0.0032*** (-7.37)	-0.0038 (-0.68)	-0.0108*** (-4.32)
diversity	-0.0120 (-0.92)	0.0184** (2.30)	1.0469** (2.46)	0.3366* (1.92)
finance	-0.0009 (-1.44)	-0.0000 (-1.02)	-0.0006 (-1.06)	0.0000 (0.59)
subsidy	-0.0002*** (-18.02)	-0.0028*** (-3.65)	-0.0248*** (-2.68)	-0.0064 (-1.44)
i.province	Yes	Yes	Yes	Yes
i.year	Yes	Yes	Yes	Yes
i.industry	Yes	Yes	Yes	Yes
样本	装备制造企业	非装备制造企业	装备制造企业	非装备制造企业
方差	稳健	稳健	稳健	稳健
观测值	17877	61894	10435	44536
组内 R^2	0.1835	0.1024	0.0944	0.0776

注：圆括号内为t值，"*"表示$p<0.1$，"**"表示$p<0.05$，"***"表示$p<0.01$。

在表5-3中，模型（1）的internet系数与模型（2）的internet系数相差无几。模型（3）的internet系数大于模型（4）的internet系数。这似乎表明：在利用互联网提升全要素生产率方面，中国装备制造企业与非装备制造企业并无太大差异；在利用互联网推陈出新方面，中国装备制造企业相比非装备制造企业具有一定优势。

5.3.1 基准计量回归

下面，我们采用全样本数据，加入装备制造（equi）、装备制造与互联网（equi×internet）两个变量，进行工具变量法计量回归，回归结果如表5-4所示。其中模型（5）的被解释变量为lntfp，模型（6）的被解释变量为new。

表5-4　　　　　　　　　　基准计量回归结果

解释变量	被解释变量	
	模型（5）lntfp	模型（6）new
internet	0.0997*** (7.38)	2.6383*** (8.17)
equi×internet	-0.0003 (-0.01)	1.6424** (2.48)
equi	0.0646*** (3.41)	1.5835*** (3.24)
L1.rd	—	0.4672*** (7.89)
politics	-0.0027* (-1.67)	-0.1447*** (-3.96)
state	-0.1464*** (-9.88)	0.9495*** (3.28)
export	0.1073*** (14.57)	3.7988*** (20.20)
L1.lnmarkup	0.3823*** (81.02)	0.5528*** (6.40)

续表

解释变量	被解释变量	
	模型（5）lntfp	模型（6）new
market	0.0607*** (9.76)	0.5309*** (5.52)
park	0.0550*** (6.43)	-0.2755 (-1.31)
lnage_ind	1.0078*** (6.61)	-16.3339*** (-4.32)
$\ln^2$ age_ind	-0.1920*** (-6.29)	3.4893*** (4.49)
liquid	0.0099*** (53.57)	-0.0258*** (-8.28)
debt	-0.0033*** (-9.29)	-0.0097*** (-4.36)
diversity	0.0130* (1.90)	0.5050*** (3.07)
finance	-0.0000*** (-2.85)	0.0000 (1.09)
subsidy	-0.0003*** (-4.24)	-0.0102** (-1.96)
i. province	Yes	Yes
i. year	Yes	Yes
i. industry	Yes	Yes
方差	稳健	稳健
观测值	79771	54971
组内 R^2	0.1310	0.0781

注：圆括号内为 t 值，"*"表示 $p<0.1$，"**"表示 $p<0.05$，"***"表示 $p<0.01$。

在表 5-4 中，模型（5）的 equi×internet 系数即使在10%的水平上都不显著，与模型（1）、模型（2）横向对比的结果基本一致；模型（6）的 equi×internet 系数在5%的水平上显著大于0，与模型（3）、模型（4）横向对比的结果基本一致。即在利用互联网提升全要素生产率方面，中国装备制造企业确实与非装备制造企业并无太大差异；在利用互联网推陈出新方面，中国装备制造企业确实优于非装备制造企业。

5.3.2 稳健性检验

其一，改变装备制造的界定标准，通过构造更粗糙的装备制造指标——equi2，我们来检验模型（5）和模型（6）的稳健性。这里，equi2 的界定标准只涉及表 5-1 中的行业大类（2 位代码），而不涉及表 5-1 中的行业中类（3 位代码）。需要说明的是，这种更粗糙的界定标准不仅被国家统计局采用，而且也被绝大多数文献采用。详细稳健性检验结果如表 5-5 的模型（7）、模型（8）所示。对比模型（7）中 equi2×internet 的系数与模型（5）中 equi×internet 的系数，不难发现：两者即使在 10% 的水平上也不显著。对比模型（8）中 equi2×internet 的系数与模型（6）中 equi×internet 的系数，不难发现：两者在 5% 的水平上均显著大于 0。因此，将模型（5）与模型（6）中的 equi 替换为 equi2 之后，计量结果依然稳健。

表 5-5　　　　　　　　　　稳健性检验

解释变量	被解释变量			
	模型（7）lntfp	模型（8）new	模型（9）lntfp	模型（10）new
internet	0.1027*** (7.31)	2.6216*** (7.88)	—	—
equi2×internet	-0.0099 (-0.42)	1.4602** (2.35)	—	—
equi2	-0.1189 (-1.10)	-0.8009 (-0.39)	—	—
web	—	—	0.0864*** (7.03)	2.9433*** (9.31)
web×internet	—	—	-0.0094 (-0.48)	1.7812*** (3.25)
equi	—	—	0.0817*** (6.12)	0.4034 (1.13)
L1.rd	—	0.4686*** (7.90)	—	0.3145*** (5.53)

续表

解释变量	被解释变量			
	模型（7）lntfp	模型（8）new	模型（9）lntfp	模型（10）new
politics	-0.0027 (-1.64)	-0.1426*** (-3.90)	-0.0026** (-1.99)	-0.2244*** (-7.49)
state	-0.1460*** (-9.86)	0.9637*** (3.33)	-0.1310*** (-10.56)	1.3034*** (4.89)
export	0.1068*** (14.51)	3.7818*** (20.13)	0.1076*** (18.13)	3.5041*** (23.37)
L1.lnmarkup	0.3821*** (80.99)	0.5499*** (6.37)	0.3881*** (101.35)	0.6058*** (8.44)
market	0.0607*** (9.77)	0.5301*** (5.54)	0.0530*** (11.00)	0.5212*** (6.55)
park	0.0550*** (6.42)	-0.2814 (-1.33)	0.0532*** (7.91)	-0.3632** (-2.21)
lnage_ind	1.0276*** (6.74)	-16.2012*** (-4.28)	0.4638*** (3.73)	-19.8380*** (-6.46)
$\ln^2$age_ind	-0.1946*** (-6.38)	3.4983*** (4.49)	-0.0933*** (-3.74)	4.2940*** (6.82)
liquid	0.0099*** (53.59)	-0.0258*** (-8.26)	0.0104*** (69.39)	-0.0280*** (-11.21)
debt	-0.0033*** (-9.30)	-0.0099*** (-4.44)	-0.0033*** (-13.08)	-0.0089*** (-4.89)
diversity	0.0131* (1.91)	0.5100*** (3.10)	0.0144*** (2.63)	0.6245*** (4.67)
finance	-0.0000*** (-2.86)	0.0000 (1.02)	-0.0000** (-2.16)	0.0000 (0.01)
subsidy	-0.0003*** (-4.25)	-0.0102** (-1.96)	-0.0004*** (-3.07)	-0.0047 (-0.70)
i.province	Yes	Yes	Yes	Yes
i.year	Yes	Yes	Yes	Yes
i.industry	Yes	Yes	Yes	Yes
方差	稳健	稳健	稳健	稳健
观测值	79771	54971	126971	94518
组内R^2	0.1310	0.0783	0.1504	0.0918

注：圆括号内为t值，"*"表示$p<0.1$，"**"表示$p<0.05$，"***"表示$p<0.01$。

其二，将 internet 替换为 web，重新进行计量回归得到模型（9）和模型（10）。这里，我们采用 mail 的滞后项和 web 的滞后项共同作为 web 的工具变量。比较模型（9）当中 equi×web 的系数和模型（5）当中 equi×internet 的系数，不难看出：两者即使在 10%水平上也不显著。对比模型（10）中 equi×web 的系数与模型（6）中 equi×internet 的系数，不难发现：两者均显著大于 0。因此，将模型（5）与模型（6）中的 internet 替换为 web 之后，计量结果依然稳健。

5.4 装备制造与马太效应

5.4.1 全要素生产率差异化的归因分析

在前面的实证研究中，我们发现：在利用互联网提升全要素生产率方面，中国装备制造企业与非装备制造企业并无太大差异。

这个发现比较出乎意料，这是因为：装备制造主要面向专业化的企业 B 端，而不是多样化的消费者 C 端，这意味着装备制造更容易实现标准化。侧重标准参数的装备制造与非装备制造有所不同，装备制造完全没有必要主攻地域性市场（如跨国公司在东道方推出本土化产品），其真正的主攻市场应该是更大的全球市场。富有竞争力的装备制造企业可以利用国际互联网迅速扩大全球市场，并通过量产提升生产效率。此外，设备的参数化也使装备制造较少存在国别需求差异（装备制造通常只是配上多语言使用说明书以适应不同国别需求），从而不会因差异化而产生较多的生产效率损失[1]。因此，在正常情况下，互联网对装备制造企业的全要素生产率的促进作用是高于非装备制造企业的。

那么，为什么中国却有所不同？即互联网对中国装备制造企业的全

---

[1] 在表 5-4 的模型（5）当中，equi 的系数显著为正，意味着中国装备制造企业比非装备制造企业拥有更高的全要素生产率。

要素生产率的促进作用为什么并不显著高于非装备制造企业？我们猜测其原因可能为：中国的装备制造大而不强，充斥着大量的低端装备制造。由于装备制造具有参数化、标准化属性，所以企业之间的竞争是纯技术层面的"正面硬碰"。一方面，互联网的数字化、交互式属性会加深不同装备制造社群之间的技术鸿沟；另一方面，互联网的开放性、共享性属性会造成装备制造企业在国际市场强者越强、弱者越弱。较为不幸的是，中国装备制造充当了弱者角色，并在国际互联网催化剂的作用下加速被淘汰，难以形成规模化的生产安排，从而表现为即使利用互联网向全球推介中国装备制造，也难有全球市场份额的扩大，更别提规模化的量产提效。

5.4.2 新产品产值差异化的归因分析

在前面的实证研究中，我们还发现：在利用互联网推陈出新方面，装备制造企业比非装备制造企业更有动力及优势。

这个发现在我们的意料之中，这是因为：互联网经济下的装备制造主要采用模块化生产方式，在稳定架构下可以将创新高度集成于模块之中。由于装备制造主要面向全球市场中的较少数厂家，这些厂家基本都是专业领域的大客户而非普通消费者，所以装备制造相对比较容易找到需求客户。这使得获利的装备制造企业有足够的动力去不断研发新装备。通过利用互联网的交互式通信技术，装备制造企业可以对客户购买的装备进行及时有效的远程升级及维护；与此同时，互联网的数字化技术也保证了新产品在推介、升级及维护过程中数据传输的安全性。这些都可以增加客户黏性，进一步开拓并巩固新产品的市场份额。

此外，装备往往是耐用品，这使得装备制造企业并不指望通过源源不断地生产老款装备来获取利润。为了促使厂家替换老款旧装备，装备制造企业主要采用研发升级款装备的形式刺激厂家"买新除旧"，而不是继续生产老款装备刺激厂家"买旧除旧"（毕竟理性的厂家更倾向于继续使用已调试、磨合好的老款旧装备，而不是未调试、磨合好的老款新装备）。

与此同时，厂家替换下的老款旧装备也并非完全报废，通常这些装备可以流转给其他小厂家，最终形成"装备雁阵"。即一流厂家使用升级款装备、一手装备，二流厂家使用老款装备、二手装备。正是互联网的共享性属性，加快了二手装备的快速流转，使得一流厂商以较低成本对升级款装备形成有效需求，进而为装备制造企业研发新产品带来更大动力。

5.5 企业实例*

5.5.1 装备制造企业实例——山东临工工程机械有限公司

1. 企业简介

山东临工工程机械有限公司（以下简称"山东临工"）的前身是山东临沂工程机械厂，成立于1972年。这是一家装载机、挖掘机、压路机、反铲装载机及相关配件的著名制造商和服务提供商。山东临工是工程机械行业的全国大型骨干企业，中国机械行业百强企业，世界工程机械50强企业，员工总数3400余人。其主要业务是生产经营工程机械产品，如装载机、挖掘机、道路机械及其关键部件等。山东临工的产品销往世界130多个国家和地区，包括欧洲、北美、中东和南亚。其主导产品装载机和挖掘机占公司总销售额的93%，2019年，其挖掘机的市场份额在国内品牌中排名第三。

多年来，山东临工在坚持产品品质的同时，应用大数据实施精益研发和精准营销，搭建了数据采集分析平台，持续推进企业数字化转型，自动化、数字化、网络化、智能化水平不断获得提升。

2. 企业互联网化升级

针对企业发展中不同阶段和不同方面的痛点，山东临工针对性地开展

---

* 资料来源：本节的案例由研究团队成员基于各企业官网、新闻稿、行业研报、企业财报、中国工商管理案例库、公司管理人员采访等材料进行整理和撰写。

企业的互联网化升级，主要包括以下四个方面。

（1）建立机器电子档案，实现设备数据可视化展示。

由于在工程机械行业整体不景气的时期，工程机械的销售大多采用融资租赁模式，以促进产品销售。但是，随之而来的企业运营风险也因此增大，部分客户的欠款面临无法追回的风险。首先，山东临工开始尝试远程了解机器状态：在机器上安装车载 GPS 等模块并与其电路系统连接，从而实现查看车辆位置、监控发动机油温、远程锁机等操作；其次，为机器建立电子档案，主要包括：基本信息、工作记录、运转分析、销售信息、客户信息、机器数据等；再次，公司远程监测设备的工作状态详情，对设备的各项运行参数进行统一存储、分析和展示；最后，尝试给机器画像，使机器状态展示更直观形象。因此，根据机器传回的数据，能够对客户企业的风险进行评估，并在客户违约行为发生时立即采取应对措施，降低损失。

（2）建立企业管理系统，实现运营和销售数据的数字化。

首先，山东临工建立了企业资源管理系统（SAP）、制造执行系统（MES）和招标管理系统等。通过这些系统的集成应用，实现了招投标管理、供应商管理、采购管理、合同管理、库存管理、质量管理和财务管理等信息的数字化。其次，山东临工建立了经销商管理系统（DMS）、临工经销商系统（LDP）等系统。通过这些系统的综合运用实现了销售政策、销售价格、客户信息、销售信息、服务信息等方面的数字化。再次，山东临工构建了一系列分析模型。通过这些分析模型的综合运用，利用大数据技术对车载 GPS 回传的大量非结构化数据进行分析和处理，实现车辆开工热度分析，从而直观地体现出区域经济活跃程度、潜在的客户购买需求、产品服务需求，为引导市场工作重点提供有力的数据支撑。最后，对关于机器开工时间的采集数据进行分析，制订出相应的保养计划、维修策略等，并发现潜在商机。

（3）搭建大数据平台，实现企业数据可视化集成管控。

基于临工总部和遍布全国的 163 家分中心的数据，山东临工搭建临工大数据平台，包含研发数据采集、服务支持、市场分析三大平台。大数据平台实时在线监控设备运行状态,实现数据收集、市场分析、服务支持、渠道运营和物流业务的可视化集成控制,为客户提供全过程施工综合解决方案。通过对工作数据的分析来支持公司研发过程改进,通过对市场反馈质量的分析来支持生产过程的改进,为相应决策制定提供支撑。

(4) 启动大型挖掘机智能制造项目,实现新一代智能工厂。

首先,信息化引领。公司80%以上的关键工位配备智能数控设备,实现关键数据的自动实时采集分析,全流程信息化的管理"接单—生产—交付"。其次,自动化生产。公司借助射频识别等先进技术的应用,焊接自动化率、物流自动化率处于行业领先水平。再次,网络化管理。采用制造资源协同管理平台,打通了生产与研发、销售、服务等环节的数据信息流,实现了与供应商、经销商的高效协同。最后,集成化运作。机器人焊接工作站、物料自动搬运、信息控制系统无缝集成,通过智能设备互联,生产效率大幅提高。

3. 互联网赋能企业创新

山东临工的互联网化升级提升了企业的技术改造和创新能力,培养了创新人才,推动了企业的创新发展。

(1) 制定互联网化新制度,提高创新政策的推动效果。

山东临工先后发布和持续修订了《技术改造管理标准》《技术改造项目奖励管理办法》《办公自动化(OA)技术改造平台使用管理平台》等相关企业制度、标准和流程,逐步建立、形成了较为成熟、完整的技改制度支撑体系,实现了技改相关制度持续的完善和提升。

(2) 互联网赋能企业组织能力,提升企业管理效率。

首先,业务流程化。山东临工持续开展流程与组织机构优化,以保持组织活力与快速反应能力,借助 ECRS(取消、合并、调整、简化)分析法,进行流程与岗位分析,细分关键、重要、辅助工序,对于非生产、非关键岗位通过作业程序标准化和信息化等手段进行精减。其次,流程标准化。山东临工发布《岗位编制管理办法》,组织编制 25 个部门的《岗位标准化手册》,明确个人在工作中的职责和权限,对工作的量、质、期及考核要求做出明确规定。最后,标准信息化。发布实施《LWS 管理指标》,各部门在指标引导下自主开展业务流程优化。

(3) 互联网赋能生产管理,实现创新研发的平台支撑。

为了进一步将互联网赋能到企业管理中,山东临工建立了精益生产管理方式(LPS)、临工技术创新体系(LTS)等一系列平台,同时建立了个人、项目组、部门等层面的激励平台,以及企业内外典型改进成果和经验分享平台。基于这些平台,山东临工不仅为员工的创新研发提供了标准化的支持,使得员工更为清晰地理解创新为企业和个人创造的价值,从而调动他们实施技术改造和创新的积极性和主动性,并将创新付诸实践。

(4) 互联网赋能流程管理,提供生产制造应用支持。

成立流程与信息技术(IT)管理部,建立物联网工作室,从感知层、传输层、应用层三个层面进行研究,并以生产制造执行系统展开应用支持。例如,山东临工装备了大量的焊接机器人,使用过程中数据的收集、存储、利用统一由流程与 IT 管理部管理,有相应的数据治理和共享标准,并通过统一的系统平台展示给用户。

5.5.2　装备制造企业实例——正泰集团股份有限公司

1. 企业简介

正泰集团股份有限公司(以下简称"正泰"),于 1984 年创立,是一家生产高低压电器、输配电设备、仪器仪表、建筑电器、汽车电器、工业自动化和光伏电池,以及组件系统等产品的中国工业电器龙头企业,连续多年名列中国民营企业 500 强前十位。正泰旗下有 8 个专业公司,并有 2000 多家国内销售中心和特约经销处。此外,正泰实践了全球化布局,在国外设置了 40 多家销售机构,公司的产品畅销世界 70 多个国家和地区。而在创新方面,正泰目前拥有国内外各种专利数百项,并领衔和参与了 30 多项行业标准的制定和修订。

2. 互联网化升级背景

(1) 海量数据与指令,依赖数据化服务。

随着公司的订单越来越多,但人工成本却逐年走高,采取自动化、智能化的方式来弥补人工造成的产能和效率方面的不足以提高产品质量是必由之路。此外,吉瓦级别的电站容量,海量的电站数量,千万家庭用电电表,需要时刻监控发电量、异常情况记录分析处理与发出指令,过往的人工处理已经很难实现,必须要依赖数字化服务。即每一个组串的太阳能板都要在监控范围之内实现可控可管,发挥最大能效。

(2) 双碳政策驱动,绿色生产模式需求提高。

随着我国"碳达峰、碳中和"承诺的逐步落实,处于能源电力行业的正泰电器,就需要开启智能能源和绿色能源应用的新赛道。为此,正泰将在"未来工厂"的设计中尽可能履行碳减排责任,以树立绿色生产的标杆。

3. 互联网化升级过程

(1) 构建企业云,提供转型基础设施。

为了实现企业对内和对外的数字化应用与服务,正泰集团构建了正泰云。正泰云是智慧科技与数据应用的载体,进一步利用大数据、边缘计算等技术,能够连接企业内部制造与经营管理数据。其中,包含了 PaaS 和 SaaS,PaaS 作为正泰云的核心,提供丰富的 API 及微服务开发环境,而 SaaS 提供丰富的能源物联网应用和工业物联网应用,为企业提供软件运营服务。

(2) 搭建工业互联网平台,实现上下游融合。

正泰能源物联网构筑了区域智慧能源综合运营管理生态圈,为政府、工商业及终端用户提供了一系列的能源解决方案。此外,正泰工业物联网构建基于海量数据采集、汇聚、分析的服务体系,支撑制造资源的联系和整合,为智能制造赋能,提供工业控制自动化解决方案等,助力传统制造业的上下游融合。

(3) 设计智能制造软件系统,实现价值链横向集成。

正泰以企业资源计划管理 ERP 为核心,通过与产品生命周期 (PLM)、订单管理系统（OMS）、客户关系管理（CRM）、制造执行系统（MES）、仓库管理系统（WMS）、供应商关系管理（SRM）等系统的流程和数据对接，形成正泰统一的数据平台，实现价值链的纵向集成和横向集成。

（4）建设智能制造集成能力，构建智能制造体系。

正泰经过多年工信部项目培育与技术积累，成立了智能装备公司，包括装备设计、制造、安装调试等全制程，形成了较完善的智能制造装备集成能力。依托工业物联网技术，正泰将全面改造内部传统的制造体系，引领电器行业数字化、智能化制造的发展。

4. 互联网化赋能企业

（1）以正泰云为基础设施，提供互联网化转型支持。

基于重要的数字基础设施正泰云，正泰集团为公司内部和外部的供应商、合作伙伴的转型提供了支持。一方面，在云服务和物联网的基础上，正泰实现了不同环节之间数据隔阂的贯通，实现了从方案设计、物料采购到生产、运输等产品生产全流程的数字化。另一方面，正泰集团还充分利用工业互联网平台，推动在能源物联网领域的应用，建设能源用户、电网、金融机构与制造企业共赢互利的生态圈，推动一系列企业数字化转型升级。而根据行业需求，以大、中、小型可编程逻辑控制器（PLC）系列、分布式控制系统（DCS）、数据采集和监视控制（SCADA）等产品为核心，集成工控产品，为包装、食品、纺织、纸巾、塑料、制药机械行业的定点生产（OEM）市场及新能源、冶金、化工、公共设施等项目市场提供工控系统解决方案和服务。

（2）以正泰智能制造体系为关键，全面改造制造体系，建立数字化工厂。

正泰的小型断路器、继电器、接触器等主打产品和温州、杭州等代表性生产制造车间均开展了数字化转型，并成功实现了升级改造。正泰升级后的数字化工厂入选了工信部的中德智能制造示范项目，被列入了浙江省发布的首批"未来工厂"名单，其低压电器未来工厂数字化车间还被评为引领型"头雁未来工厂"。例如，正泰在温州、海宁、杭州等地建立的智能制造车间，达到了"光伏制造+互联网"透明工厂的效果，实现了全价值链的数字化赋能，成为光伏领域"中国智造"的先行者，在行业转型升级中起引领作用。

（3）以正泰智慧体系为依托，构建能源物联网生态。

以正泰智慧能源体系作为关键依托，正泰联合其他的企业利益相关者构建了区域性的能源物联网，并结合大数据服务和能源增值服务等进一步搭建了包含利益相关者的区域能源生态系统。通过该物联网和生态，正泰能够进一步拓展新能源、能源配售等核心业务，丰富产品和业务的创新思路。

（4）建设全流程数字监控和决策平台，实现工厂的实时监控和管理。

为了对生产、设备、质量、能耗等300余项关键指标进行实时监控，正泰积极建设全流程数字监控与决策平台。在杭州、海宁、泰国等地，正泰的工厂应用了瑕疵自动全面检测的"AI质检模式"、信息物理系统（CPS）技术、跨国云平台的远程实时监控和协同生产功能等模块，实现了生产制造设备物联网化，逐步打造出"互联网+透明工厂"，有效降低了人力成本，提高了产品检验的速度和准确度等。

5.5.3 非装备制造企业实例——内蒙古伊利实业集团股份有限公司

1. 企业简介

内蒙古伊利实业集团股份有限公司（以下简称"伊利集团"）成立于1993年，是全国乳品行业的龙头企业。伊利集团稳居全球乳业第一阵营，是中国规模最大、产品品类最全的乳制品企业。伊利集团下设液态奶、冷饮、奶粉、酸奶和原奶五大事业部。公司生产的1000多个产品品种通过了国家绿色食品认证。伊利集团积极对标国际标准，与瑞士通用公证行（SGS）、英国劳氏质量认证有限公司（LRQA）和英国天祥集团（Intertek）达成战略合作，长期持续升级伊利全球质量安全管理体系，以强化公司的食品质量安全风险控制能力。此外，伊利集团在荷兰成立海外研发中心；在新西兰，公司投入30亿元建设一体化乳业基地；在美洲，公司主导实施全球食品领域智慧集群——中美食品智慧谷。

2. 企业互联网化转型背景

（1）行业竞争激烈，伊利营收目标要求高。

快消品行业具有极高的竞争门槛。如今，在激烈的竞争中，伊利凭借超高的品牌渗透率、近13亿人的消费者触及数、将近千亿元的总营收（伊利股份2020年年报营收总额为968.86亿元），位居全球乳业五强，连续8年蝉联亚洲第一。2020年，伊利发布了企业中期目标和长期目标：中期目标，到2025年挺进"全球乳业三强"；长期目标，到2030年实现"全球乳业第一"。若以当年的营收计算，为实现目标，伊利需要在10年内实现收益倍增。

（2）消费者需求变化迅速，国际化扩展提升经营能力要求。

近几年，放缓的人均消费量增速显示，行业已经告别了销量带动企业规模增长的时代，仅跟随行业量增恐怕不足以帮助伊利实现目标。乳制品行业品类众多、产品丰富、消费者需求变化迅速、竞争十分激烈。随着头部乳企的全国布局、强化低温业务与供应链效率提升，行业集中度的提升仍有空间。再者，伴随国际并购、投资的扩大，海外资源、创新、市场体系的补强将有力地支持领军企业进一步扩大优势。因此，无论是把握需求、推陈出新，还是全链路提升、全球布局，对伊利来说，为实现战略目标，需要进一步提升经营能力。

3. 互联网化转型过程

伊利早就拥有相对完善的生产、经营、管理信息化系统，广泛采用世界领先的设备与制造管理体系，ERP、办公室自动化（OA）、人力资源管理（HRM）、行为识别（BI）体系也都来自一流的供应商，整体信息化水平领先于行业。在此基础上，伊利全面加速数字化战略转型。

（1）消灭数据孤岛，提升数据资产协同效率。

过往，伊利建立了许多相对独立的信息化系统，数据来源多样，独立封装和存储的数据难以集中共享，形成数据孤岛且数据标准不统一，限制了运营效率的提升和效益的改进，迫切需要打破孤岛，实现数据随需共享、敏捷自助、安全合规。为此，数字化中心以计划线和履约线为脉络，集团相关部门通力合作，全面纵深梳理业务流、数据流，对标行业先进实践，设计了全新、符合伊利长期发展需要的数据架构；建立了集团数据管理与治理体系，通过完善的组织架构与流程体系，全面提升数据资产跨域协同效率，提高数据质量，同时为数据安全保驾护航。目前，伊利已经基本消灭了"数据孤岛"，基于庞大的消费者基数和业务体系，积累、打通了大量与业务紧密结合的数据资产，为今后业务数字化的深入奠定了坚实的基础。2021年，伊利通过多场景概念验证，充分验证了数据架构及数据管理与治理体系设计的合理性，为2022年构建云上数据中台、建设统一的数据服务能力做好了准备。

（2）建设统一大数据体系，保证技术资产可控可沉淀。

伊利充分利用和升级现有的信息化系统，统一技术体系，建设新的数字化系统产品；引入轻量级成熟外部产品体系，结合自研能力，保证技术资产可控、可沉淀；利用大数据技术体系，在持续积累的同时最大化开发业务数据资源，加速数据服务能力输出；在保证架构及流程先进性的同时，以业务为导向，持续对内、对外进行赋能。目前，伊利已经建设了以公有云为主的混合多云基础设施，通过敏捷模式推进各项研发实施工作。其中，私有化部署的AI中台为算法团队提供了一体化研发、建模、部署环境，已经初步应用于销量预测、智能调拨等业务场景；围绕核心业务平台建设，伊利与多家互联网平台系统打通，提升业务运营、服务能力；应用微服务系统架构设计理念，伊利面向产业链上下游和行业合作伙伴开放了多种平台的核心能力。具体来讲：第一，多云融合的统一大数据体系。数字化团队在技术选型上积极拥抱开源，构建了以主流大数据架构为核心的公有云、私有云并存联动、"多云一体"的"技术底座"。技术体系实现了云上云下协同管理，物理分散而逻辑集中。第二，可复用的前端组件化能力。数字化中心目前涉及众多前端产品，为保证统一技术框架，避免重复建设，技术团队在前端框架上以组件化为主体思路，结合实际业务场景，建设符合需求的组件库，最大化沉淀和复用，降低前端投资成本。第三，DevOps 高效支撑多团队协同。数字化技术团队在项目加速推进过程中重点关注"端到端"的研发体系，包括敏捷开发模式和 DevOps，如代码托管、项目管理、测试管理、持续集成、制品库等多款产品和服务，涵盖软件开发从构想到交付的全面需求，使研发团队在云端高效协同，提升软件交付质量与效率。

（3）搭建消费者数字化平台，提升数字化运营能力。

为实现从"品牌营销"到"消费者数字化运营"的升级，伊利采用了重点突破、务实渐进的策略。首先在品牌和消费者"距离最近"的私域阵地里试点并迭代运营模式，通过对各触点的数据采、存、建、管、用，依托消费者数字化运营平台（CXP），自主研发了小程序组件化配置管理工具，统筹规划并以极快的速度开发了近 30 个小程序。基于微信生态私域流量运营的卓越成效，伊利荣获 2021 年度微信公开课"数字化先锋企业"。在此基础上，伊利进一步提升数字化产品和运营能力，升级 CXP 平台内九大核心功能模块，通过营销自动化（MA）、智能客服、内容创意自动化、用户体验一体化、数字化会员管理等能力升级，实现"通过数字化能力重塑消费者体验"的目标。此外，在传统渠道的数字化改造方面，围绕数据驱动渠道决策、门店人员赋能和营销活动数字化三个方面进行渠道数字化转型。比如，2021 年伊利数字化团队以门店导购为抓手，依托自主开发的数字化工具，协同经销商、零售商，通过导购社群直连消费者，在社群中实现销售转化，履约交付由零售商完成，建立起导购的全渠道营销能力，实现了"品牌—门店—消费者"的连接。同时，在这种模式下，品牌、经销商、零售商各司其职，构建起以消费者为中心的服务网络；导购日常工作效率提高，门店单产提升，社群消费者复购率呈倍数提升。

（4）构建智慧生产体系，实现柔性生产和敏捷交付。

在牧场侧，伊利多年前就在行业内率先实现了100%规模化奶源基地建设，通过积极打造"绿色智能、生态智慧牧场"，助力奶业上游产业链实现可持续、高质量发展。伊利赋能合作伙伴构建智慧牧场管理系统，利用物联网设备，建立奶牛ID和数字化养殖流程。对奶牛的日常健康、运动、营养、产奶等数据进行综合搜集和分析，有针对性地提供精准饲喂、精益管理等科学养殖方案，最大程度掌控奶牛的健康状况；基于全方位的数字化系统、智能化设备布控，通过大数据分析、智能自动识别等AI能力，对牧场各项生产活动进行实时分析和自动化、智能化识别干预，为奶牛最大化生产性能的发挥创造了更好的条件。在工厂侧，伊利拥有较高的信息化水平，是工信部颁布的首批"互联网与工业融合创新试点企业""智能制造试点示范企业""两化融合"贯标企业。同时，在国家"3060""双碳"目标和自身发展目标的引领下，伊利不断加快绿色发展、节能减排的脚步，连续12年编制《碳盘查报告》，2022年建设全国首个零碳五星示范区——"呼和浩特·伊利现代智慧健康谷零碳五星示范项目"。截至2021年12月，伊利已有23家分（子）公司被工信部评为国家级"绿色工厂"。在数字化升级过程中，伊利在引入制造执行（MES）、数据采集与监测（SCADA）等系统的基础上，结合物联网技术，实现了实时的设备连接与数据汇集，做到了线上与线下、实体与虚拟、自动化与智能化交互。以金海奶粉工厂为例，作为行业内领先的"无人工厂"，通过高度自动化的产线，依托数字化能力，实现了每罐奶粉产品的终身可确认、可追溯，显示了可感知的、极高的全链路管理水平。

（5）构建新能力体系，助力产业链数字化能力提升。

伊利不仅在牧场、工厂等单点数字化转型上有所建树，也在积极构建新能力体系，推动覆盖伊利内部端到端供应链、上下游合作伙伴价值链的数字化能力提升。这些新能力体系包括提升柔性制造能力和产销协同能力的计划排程应用（APS）、以数字化驱动管理的供应链控制塔供应链智能决策引擎（OTC）等，以数字化驱动产业链的降本、提效、提质，支撑创新模式变革，在服务消费者的同时，带动产业链共同发展。

5.5.4 非装备制造企业实例——北京李宁体育用品有限公司

1. 企业简介

北京李宁体育用品有限公司（以下简称"李宁体育"）始创于 1990 年，是一家拥有运动服装、运动鞋、运动器材等多个产品系列的专业化体育用品经营商。现在公司已逐步发展成为代表中国的、具有东方元素的国际领先运动品牌。2004 年，李宁体育在香港成功上市，从此李宁体育保持稳定快速的发展势态。2015 年李宁的总市值为 79.19 亿港元，并不断快速发展，截至 2020 年 9 月，李宁仅用 5 年时间总市值已达 813.76 亿港元。公司在美国、东南亚等多地开设了专卖店和零售店。

2. 互联网化升级背景

（1）体育产业规模增长迅猛，市场份额难以扩大。

在政策和市场的双重红利驱动下，体育产业进入爆发期，体育用品作为体育产业的一个细分领域，也得到了快速发展。从产业规模上看，体育行业产业规模不断扩大，产业体系不断完善。对此，李宁多次调整战略定位和营销策略，然而在更换产品标志、提高产品价格时，却没有与时俱进地对其品牌进行有针对性的重新塑造，导致无法触动年轻消费群体。

（2）互联网与体育产业深度融合，生产和商业模式面临挑战。

互联网与体育产业的持续交叉融合，不仅是信息技术的简单应用，更需要以互联网思维方式为基础，使体育产业在更高层次实践、升华。互联网与体育产业的深度融合，不仅对产业价值创新、结构重塑、人性化、开放性等趋势提出了更高的要求，并且与文化、旅游、医疗、养老、互联网等领域的互动融合也日益加深，使用场景也更加丰富。在这种趋势下，企业的生产模式和销售模式也面临更高层次的挑战。

（3）市场反应速度过慢，产品积压严重，销售困难。

传统上，李宁体育采取"直营店+加盟店"的市场布局。在这种模式下,公司借助经销商的努力可以快速抢占市场。然而,这种模式也有其自身缺点,由于直接客户是各级经销商而非终端消费者,且经销商大多为单点经营,很多门店的销售情况无法及时上报到总部,这就使得公司总部难以及时掌握市场前沿情况。除此之外,李宁体育在日常经营管理中缺乏与经销商的沟通,对市场变化的敏感度和对消费者需求的洞察力不足,导致对市场反应迟缓,品牌形象与消费者认知脱节,最终导致产品积压问题日益严重,过季商品比例高。

3. 互联网赋能企业创新

(1) 互联网赋能体育产品,智能产品创新获消费者青睐。

拥有较强制鞋技术的李宁体育开始科技突破,寻找合作伙伴,以便共同打造数字化产品。例如,2018年,李宁体育与华米科技合作,将华米提供的智能芯片加入鞋底之中,使智能芯片将运动数据上传到手环或智能手机。李宁通过该手段初步实现了跑鞋的智能化,推出了"烈骏"和"赤兔"两款智能跑鞋。而由于李宁跑鞋的价格门槛较低,使更多的消费者可以获得体验智能产品的机会,因此得到了广大消费者的青睐。此外,除了智能跑鞋,李宁体育还研发出了让运动数据化的智能球拍,并与极简科技公司推出了李宁 – WiCore 智能足球、儿童智能定位鞋等一系列智能化体育产品,打造了集"专业装备 + 智能硬件 + 移动互联网 + 数据分析分享"等思维于一体的立体智能化平台。

(2) 互联网赋能供应链,重塑供应链模式。

李宁生产出来的产品原先都交由经销商销售,这使生产端与销售端严重脱节,阻碍了李宁的进一步成长。为了改变这一状况,解决产品积压的问题,李宁不再坚持以往直接销售给经销商的销售模式,开始向数字化零售运营模式转变。李宁与京东物流达成战略合作,利用大数据应用中的预测性分析、预分拣子系统、用户画像技术,重新设立了自己的供应链模式。全新的供应链解决方案打通了各个仓库的库存,使同一个仓库可以根据不同的分销渠道进行供货,让货物更快到达经销商、门店和终端客户手中。因此,资源整合共享了李宁各个渠道的库存,提升了李宁的货运效率。

此外，京东物流的大数据系统"沧海系统"可以快速分析商户的订单分布、销售数据、消费行为、营业额数据等价值数据，李宁体育根据这些具体订单信息评估自身的销售目标和系统，从而为李宁体育提供更优化的库存管理报告，提高了李宁体育的产品周转率，节省了库存成本。

（3）实现全渠道销售模式，实现销售信息及时反馈。

李宁体育着手从库存、订单、会员、服务和体验等各方面整合并打通线上线下业务，布局全渠道。为了对接线上销售和线下店面销售点（POS）等前台系统，以及后端的 ERP、零售运营、WMS、交通管理系统（TMS）等平台和系统，李宁体育建立了一个全渠道管理平台，将跨系统资源整合到这个平台上，并成立了专门团队负责全渠道业务的运营管理。这样，就实现了线上和线下的库存、订单和会员权限的共享和统一管理。为了更好地协调线上渠道和线下渠道，李宁体育还实行统一的价格体系，使用合同授权、产品服务、供应和培训折扣等，并利用自身强大的品牌吸引力，将各种类型的网店纳入了价格体系，使得线上产品的价格加上运费，与线下对应渠道产品的价格基本相同。

5.6 小结

在利用互联网提升全要素生产率方面，中国装备制造企业与非装备制造企业并无太大差异；在利用互联网推陈出新方面，中国装备制造企业与非装备制造企业相比，拥有更大的优势。目前，中国装备制造大而不强，尤其在关键核心技术方面，一旦其他国家实施技术封锁，中国工业体系将会陷入被动局面。在过去，装备制造一度成为中国社会各界不愿提起的伤痛，尤其是传统装备制造重镇——东北老工业基地，已经成为制约中国区域经济发展的沉重包袱[1]。因此，为了中国整个工业体系的健康发展，中

---

[1] 根据中国工业企业数据库数据，利用 OP 法测算可得：2000 年、2005 年、2010 年东北地区装备制造业企业的平均 TFP 分别为 50、102、59，而非东北地区装备制造业企业的平均 TFP 分别为 72、130、115。很明显，东北地区装备制造业企业的平均 TFP 低于非东北地区。

国应当壮士断腕，停止对低技术水平的传统装备制造（如东北老工业基地）继续"扶弱"；理性看待现代化机器大生产中的工艺与非物质文化遗产中的手艺（徐艺乙，2011）；在新兴装备制造关键核心技术领域（如光刻机、飞机发动机、重型燃气轮机、多轴联动数控机床等）投入更多资源甚至另起炉灶，保障中国新兴装备制造能够更好地利用物联网、工业互联网实现创新突破。

第6章

消费品与非消费品制造企业

本章主要研究互联网对中国消费品与非消费品制造企业的差异化影响。与其他类型的制造不同，消费品制造在数字经济中更容易引起人们的关注。其主要原因是：一方面，消费品制造主要面向终端消费者，直接影响人们日常生活的方方面面。另一方面，互联网具有社交属性，使得网络中的消费者用户相比企业用户更为活跃。因此，在以互联网为代表的数字经济下，消费品制造首当其冲，是较早受到影响的工业领域。

6.1 消费者与制造企业的天平倾斜

在互联网影响下，消费者与制造企业之间的天平有所倾斜，其原因如下：一是互联网凝聚了分散的消费者。传统经济中的消费者处于孤岛状态，彼此之间比较分散，其议价能力较弱；而互联网经济中的消费者汇集组成社群，彼此充分沟通，具有较高的议价能力。二是互联网拓宽了消费者的选择集。在互联网未普及的时代，地方制造企业通常具有一定的地域垄断，将周边消费者牢牢俘获；而在互联网普及时代，消费者可以通过线上渠道，挣脱地方制造产品及渠道束缚，在全国乃至全球范围内选购消费品。三是互联网丰富了长尾需求产品。传统经济中的消费者长尾需求是被埋没的，由于消费彼此分散，很难形成规模化的长尾需求；而互联网经济中的消费者在线上汇集形成规模化的长尾需求，促使企业批量生产长尾需求产品。

消费者议价能力的提升、选择集的拓宽和长尾需求的满足，都将促使消费者剩余得到提升。而制造企业为满足消费者的长尾需求，通常要改变过去标准化、刚性制造的思路，这在某种程度上会牺牲生产效率。因此，在消费品制造领域，可能同时存在消费者剩余提升与企业生产效率损失的现象。

此外，长尾需求促使制造企业生产更多种类的新产品，但不是所有的新产品都广受市场青睐，而真正被市场广泛认可的新产品应当是可以满足大众主流需求的产品。由于缺少大众主流需求的持续性支撑，这些小众需求产品很可能迅速被市场淘汰。因此，在消费品制造领域，可能同时存在新产品多样化与新产品低认可的现象。

由于本书主要研究的是制造企业而不是消费者，所以我们更关注消费品制造企业是否存在生产效率损失，以及是否存在新产品低认可。具体而言，生产效率采用全要素生产率衡量，新产品市场认可采用新产品产值占工业总产值的比重表示。

6.2 研究设计

本章数据主要来源于1996~2013年中国工业企业数据库、国家统计局国民经济行业分类、《中国统计年鉴》、《中国人口和就业统计年鉴》、《中国工业经济统计年鉴》、第五次全国人口普查、2005年全国1%人口调查。为了更好地研究中国消费品制造，我们针对消费品制造业进行了更为细致的划分，具体划分标准如表6-1所示。

表6-1　　　　　　　　　　消费品划分标准

行业名称	GB/T 4754—1994 代码	GB/T 4754—1994 备注	GB/T 4754—2002 代码	GB/T 4754—2002 备注	GB/T 4754—2011 代码	GB/T 4754—2011 备注
农副食品加工业	13	将2033、268、296、297、306、307、3147、3148、3155,以及装备制造中的348、365、373、374、4045、4046、406、407、417、425、435、4392移至消费品制造中	13	将267、295、308、3145、3146、3153,以及装备制造中的347、348、368、373、374、394、395、396、397、407、4142、415、422移至消费品制造中	13	将268、2915、2927、3054、3056、3073,以及装备制造中的337、338、358、375、376、384、385、386、387、395、4042、411移至消费品制造中
食品制造业	14		14		14	
饮料制造业	15		15		15	
烟草制品业	16		16		16	
纺织业	17		17		17	
纺织服装、鞋、帽制造业	18		18		18	
皮革、毛皮、羽毛（绒）及其制品业	19		19		19	
家具制造业	21		21		21	
造纸及纸制品业	22		22		22	
印刷业和记录媒介的复制	23		23		23	
文教体育用品制造业	24		24		24	
医药制造业	27		27		27	
化学纤维制造业	28		28		28	

注：GB/T 4754—1994、GB/T 4754—2002、GB/T 4754—2011为国民经济行业分类与代码。

6.2.1　计量模型

$$innovate_{it} = \beta_0 + \beta_1 internet_{it} + \beta_2 cons_{it} + \beta_3 cons_{it} \times internet_{it} + \beta_4 Control_{it}$$
$$+ \lambda_1 i.year_t + \lambda_2 i.prov_i + \lambda_3 i.industry_{it} + \varepsilon_{it} \quad (6-1)$$

其中，innovate、internet、cons分别表示企业创新、互联网、消费品制造；Control、i.year、i.prov、i.industry分别表示不含因子变量的控制变量组、年份因子变量、省份因子变量、行业因子变量；ε表示随机扰动项；下标i、t分别表示企业个体、年份。

6.2.2　被解释变量

(1) 全要素生产率（tfp）。同第2章。

（2）新产品产值（new）。同第 5 章。

6.2.3 核心解释变量

（1）互联网（internet）。同第 2 章。

（2）消费品（cons）。若企业属于表 6 - 1 中的消费品制造业，则 cons 赋值为 1，否则 cons 赋值为 0。

6.2.4 控制变量

（1）研发投入（rd）。同第 5 章。

（2）国有控股（state）。同第 2 章。

（3）出口（export）。同第 2 章。

（4）垄断势力（markup）。同第 2 章。

（5）市场占有率（market）。同第 2 章。

（6）园区（park）。同第 2 章。

（7）行业年龄（age_ind）。同第 2 章。

（8）资产流动性（liquid）。同第 2 章。

（9）多元化（diversity）。同第 2 章。

（10）融资成本（finance）。同第 2 章。

（11）补贴（subsidy）。同第 2 章。

此外，控制变量还包括省份因子变量（i. province）、年份因子变量（i. year）、行业因子变量（i. industry）等。

6.2.5 描述性统计

主要变量及描述性统计结果如表 6 - 2 所示。

表 6-2 描述性统计

变量	变量说明	样本量	均值	标准差
tfp	全要素生产率：由 OP 法测算	2241320	103.2368	336.6382
new	新产品	2908364	2.4953	12.7787
rd	研发投入	1354677	1.4753	863.6447
internet	互联网	2436390	0.1279	0.3340
cons	消费品制造	3905043	0.4234	0.4941
politics	政治周期	3842954	2.5096	1.9136
state	国有控股	3852413	0.0921	0.2892
export	出口	4167354	0.2322	0.4222
markup	垄断势力：由 LP 法测算	3234091	1.6561	2.7948
market	市场占有率：百分比变量	4166327	0.2377	1.4404
park	园区	3909016	0.1725	0.3778
age_ind	行业年龄：四分位行业	4214236	11.0742	4.5401
liquid	资产流动性：百分比变量	4135730	55.7861	27.1357
debt	资本负债率：百分比变量	4158511	69.9945	125.0355
diversity	多元化	4192934	0.2607	0.4390
finance	融资成本：百分比变量	3303273	6.7814	1293.7490
subsidy	补贴：百分比变量	404335	7.6599	881.1622

注：所有涉及价格的变量均已作不变价调整。

6.3 实证分析

为了直观地显示消费品制造企业与非消费品制造企业的差异，我们单独对消费品制造企业样本、非消费品制造企业样本进行工具变量法计量回归，计量回归结果如表 6-3 所示。其中，模型（1）采用消费品制造企业样本，被解释变量为 lntfp；模型（2）采用非消费品制造企业样本，被解释变量为 lntfp；模型（3）采用消费品制造企业样本，被解释变量为 new；模型（4）采用非消费品制造企业样本，被解释变量为 new。

表 6–3　　　　　　　　　　工具变量法计量回归结果

解释变量	被解释变量			
	模型（1）lntfp	模型（2）lntfp	模型（3）new	模型（4）new
internet	0.0662*** (4.15)	0.1309*** (7.83)	2.6544*** (6.84)	3.3018*** (7.86)
L1.rd	—	—	0.3320*** (5.37)	0.6923*** (5.64)
state	-0.2006*** (-8.08)	-0.1197*** (-6.71)	1.7166*** (4.01)	0.4707 (1.25)
export	0.0788*** (7.51)	0.1329*** (12.77)	2.4713*** (11.09)	4.9580*** (16.24)
L1.lnmarkup	0.3841*** (56.66)	0.3806*** (58.32)	0.6944*** (6.30)	0.5395*** (4.03)
market	0.0613*** (6.29)	0.0612*** (7.41)	0.3231*** (3.99)	0.6675*** (3.98)
park	0.0416*** (3.42)	0.0709*** (5.99)	0.0158 (0.06)	-0.5942* (-1.76)
lnage_ind	0.6418** (2.42)	1.3718*** (7.00)	-7.6152 (-1.47)	-10.4356** (-2.18)
$\ln^2$age_ind	-0.1262** (-2.30)	-0.2583*** (-6.72)	1.3649 (1.30)	2.4555** (2.53)
liquid	0.0101*** (38.07)	0.0099*** (39.53)	-0.0329*** (-8.10)	-0.0182*** (-3.80)
debt	-0.0035*** (-13.92)	-0.0030*** (-5.60)	-0.0120*** (-3.52)	-0.0062** (-2.20)
diversity	0.0147 (1.44)	0.0101 (1.11)	0.3156 (1.47)	0.6387*** (2.61)
finance	-0.0009 (-1.07)	-0.0000*** (-5.22)	0.0036 (0.96)	0.0002*** (2.80)
subsidy	-0.0016** (-2.42)	-0.0003*** (-8.48)	-0.0048 (-1.19)	-0.0278*** (-3.43)
i.province	Yes	Yes	Yes	Yes
i.year	Yes	Yes	Yes	Yes
i.industry	Yes	Yes	Yes	Yes
样本	消费品制造企业	非消费品制造企业	消费品制造企业	非消费品制造企业
方差	稳健	稳健	稳健	稳健
观测值	36477	44007	27466	28007
组内 R^2	0.0797	0.1455	0.0893	0.0628

注：圆括号内为t值，"*"表示p<0.1，"**"表示p<0.05，"***"表示p<0.01。

在表 6-3 中，模型（1）的 internet 系数小于模型（2）的 internet 系数；模型（3）的 internet 系数也小于模型（4）的 internet 系数。这似乎表明：在利用互联网提升全要素生产率方面，中国消费品制造企业低于非消费品制造企业；在利用互联网创造新产品产值方面，中国消费品制造企业也低于非消费品制造企业。

6.3.1 基准计量回归

我们采用全样本数据，加入消费品制造（cons）、消费品制造与互联网（cons×internet）两个变量，进行工具变量法计量回归，回归结果如表 6-4 所示。其中模型（5）的被解释变量为 lntfp，模型（6）的被解释变量为 new。

表 6-4　　　　　　　　　　基准计量回归

解释变量	被解释变量 模型（5） lntfp	被解释变量 模型（6） new
internet	0.1262*** (7.87)	3.8504*** (9.49)
cons×internet	-0.0521** (-2.38)	-1.6855*** (-3.06)
cons	-0.0614*** (-4.12)	-0.1318 (-0.34)
L1.rd	—	0.4685*** (7.89)
state	-0.1493*** (-10.23)	0.8884*** (3.14)
export	0.1088*** (14.76)	3.7772*** (20.18)
L1.lnmarkup	0.3828*** (81.38)	0.5263*** (6.15)
market	0.0610*** (9.75)	0.5322*** (5.55)

续表

解释变量	被解释变量	
	模型（5） lntfp	模型（6） new
park	0.0548*** (6.43)	-0.2400 (-1.15)
lnage_ind	1.0058*** (6.64)	-15.5981*** (-4.18)
$\ln^2$age_ind	-0.1917*** (-6.33)	3.3723*** (4.39)
liquid	0.0100*** (54.23)	-0.0256*** (-8.27)
debt	-0.0032*** (-9.20)	-0.0097*** (-4.37)
diversity	0.0127* (1.86)	0.4885*** (3.00)
finance	-0.0000*** (-2.76)	0.0000 (1.11)
subsidy	-0.0003*** (-3.98)	-0.0088** (-2.10)
i.province	Yes	Yes
i.year	Yes	Yes
i.industry	Yes	Yes
方差	稳健	稳健
观测值	80484	55473
组内 R^2	0.1299	0.0770

注：圆括号内为t值，"*"表示$p<0.1$，"**"表示$p<0.05$，"***"表示$p<0.01$。

在表6-4中，模型（5）的cons×internet系数在5%的水平上显著小于0，与模型（1）、模型（2）横向比较的结果基本一致；模型（6）的cons×internet系数在1%的水平上显著小于0，与模型（3）、模型（4）横向对比的结果基本一致。即不仅在利用互联网提升全要素生产率方面，中国消费品制造企业确实低于非消费品制造企业，而且在利用互联网创造新产品产值方面，中国消费品制造企业也确实低于非消费品制造企业。

6.3.2 稳健性检验

其一，改变消费品制造的界定标准，通过构造更粗糙的消费品制造指标——cons2，我们来检验模型（5）和模型（6）的稳健性。这里，cons2的界定标准只涉及表6-1中的行业大类（2位代码），而不涉及表6-1中的行业中类（3位代码）。需要说明的是，这种更粗糙的界定标准不仅被国家统计局采用，而且也被绝大多数文献采用。详细稳健性检验结果如表6-5的模型（7）、模型（8）所示。

表6-5　　　　　　　　　稳健性检验

解释变量	模型（7）lntfp	模型（8）new	模型（9）lntfp	模型（10）new	模型（11）lntfp	模型（12）new
internet	0.1254*** (8.44)	3.7567*** (9.86)	—	—	—	—
cons2 × internet	-0.0598*** (-2.72)	-1.7730*** (-3.23)	—	—	—	—
cons2	-0.0653 (-0.65)	2.3735 (1.18)	—	—	—	—
web	—	—	0.0891*** (7.02)	4.4068*** (12.49)	—	—
cons × web	—	—	-0.0110 (-0.58)	-1.9013*** (-3.69)	—	—
mail	—	—	—	—	0.0837*** (6.72)	4.1499*** (12.51)
cons × mail	—	—	—	—	-0.0416** (-2.27)	-1.8749*** (-3.92)
cons	—	—	-0.0742*** (-6.51)	0.1809 (0.61)	-0.0659*** (-5.73)	0.2495 (0.85)
L1.rd	—	0.4693*** (7.89)	—	0.3138*** (5.54)	—	0.3169*** (5.57)

续表

解释变量	被解释变量					
	模型（7）lntfp	模型（8）new	模型（9）lntfp	模型（10）new	模型（11）lntfp	模型（12）new
state	-0.1486*** (-10.17)	0.8981*** (3.18)	-0.1339*** (-10.94)	1.2610*** (4.82)	-0.1338*** (-10.92)	1.2587*** (4.82)
export	0.1066*** (14.48)	3.7579*** (20.10)	0.1088*** (18.33)	3.4657*** (23.22)	0.1087*** (18.26)	3.4637*** (23.18)
L1.lnmarkup	0.3833*** (81.47)	0.5313*** (6.20)	0.3887*** (101.85)	0.6010*** (8.41)	0.3887*** (101.81)	0.6137*** (8.59)
market	0.0608*** (9.76)	0.5313*** (5.56)	0.0526*** (11.18)	0.5239*** (6.67)	0.0527*** (11.17)	0.5323*** (6.70)
park	0.0544*** (6.39)	-0.2488 (-1.19)	0.0531*** (7.92)	-0.3092* (-1.89)	0.0537*** (8.01)	-0.2984* (-1.82)
lnage_ind	1.0106*** (6.68)	-15.7520*** (-4.22)	0.4769*** (3.87)	-18.6650*** (-6.17)	0.4869*** (3.96)	-18.0241*** (-5.96)
$\ln^2$age_ind	-0.1912*** (-6.31)	3.4093*** (4.44)	-0.0956*** (-3.87)	4.0778*** (6.58)	-0.0976*** (-3.95)	3.9372*** (6.36)
liquid	0.0100*** (54.15)	-0.0256*** (-8.26)	0.0105*** (70.01)	-0.0282*** (-11.34)	0.0105*** (70.01)	-0.0282*** (-11.36)
debt	-0.0032*** (-9.20)	-0.0097*** (-4.39)	-0.0032*** (-12.71)	-0.0089*** (-4.96)	-0.0032*** (-12.70)	-0.0086*** (-4.78)
diversity	0.0131* (1.92)	0.4945*** (3.03)	0.0143*** (2.62)	0.6082*** (4.57)	0.0145*** (2.65)	0.6047*** (4.54)
finance	-0.0000*** (-2.76)	0.0000 (1.10)	-0.0000** (-2.12)	0.0000 (0.08)	-0.0000** (-2.13)	0.0000 (0.11)
subsidy	-0.0003*** (-3.99)	-0.0088** (-2.11)	-0.0004*** (-3.00)	-0.0043 (-0.70)	-0.0004*** (-3.00)	-0.0044 (-0.72)
i.province	Yes	Yes	Yes	Yes	Yes	Yes
i.year	Yes	Yes	Yes	Yes	Yes	Yes
i.industry	Yes	Yes	Yes	Yes	Yes	Yes
方差	稳健	稳健	稳健	稳健	稳健	稳健
观测值	80484	55473	127943	95209	127943	95209
组内 R^2	0.1298	0.0770	0.1495	0.0911	0.1496	0.0931

注：圆括号内为 t 值，"*"表示 $p<0.1$，"**"表示 $p<0.05$，"***"表示 $p<0.01$。

对比模型（7）中 cons2×internet 的系数与模型（5）中 cons×internet 的系数，不难发现：两者显著小于 0。对比模型（8）中 cons2×internet 的系数与模型（6）中 cons×internet 的系数，不难发现：两者同样显著小于 0。因此，将模型（5）与模型（6）中的 cons 替换为 cons2 之后，计量结果依然稳健。

其二，将 internet 替换为 web，重新进行计量回归得到模型（9）和模型（10）；而将 internet 替换为 mail，重新进行计量回归得到模型（11）和模型（12）。这里，我们采用 mail 的滞后项和 web 的滞后项共同作为 web（或 mail）的工具变量。

对比模型（9）、模型（11）和模型（5），可以发现：cons×web 的系数不显著，cons×mail 的系数在 5% 水平上显著小于 0，cons×internet 的系数在 5% 水平上显著小于 0。即 cons 与 internet 的负向交互作用主要由 mail 体现，而不是 web。在某种程度上，表明模型（5）的结果是相对稳健的。同样，对比模型（10）、模型（12）和模型（6），可以发现：cons×web、cons×mail、cons×internet 三者的系数在 1% 水平上均显著小于 0。因此，模型（6）的计量结果是十分稳健的。

6.4　消费品制造与长尾需求

与其他国家相比，互联网中的中国消费者主要具有以下特点：第一，相对丰富的长尾需求。中国拥有世界上最多的网民，更容易形成规模化的小众长尾需求。根据第 47 次"中国互联网络发展状况统计报告"，2020 年 12 月中国的网民规模达到 9.89 亿人，是名副其实的互联网使用大国。第二，相对低端的产品需求。相比主流发达国家，中国的人均收入相对较低，居民中的绝大多数较难企及高端需求。2020 年中国人均 GDP 为 10500 美元/年，而美国为 63544 美元/年，中国与美国还存在较大差距[①]。第三，

---

① 资料来源：世界银行 WDI 数据。

相对快速的消费升级。消费升级与居民收入增长息息相关，而日益攀升的中国居民收入持续刺激着中国消费升级。2000年中国人均GDP仅为美国的2.64%，2010年提升到9.39%，2020年又进一步提升到16.52%[①]。

围绕着互联网中的消费者，消费品制造企业有以下改变：第一，供应模式改变。消费者利用互联网的交互式属性主动分享其对不同产品的诉求，促使大量消费品制造企业要充分关注需求的拉动作用。第二，生产模式改变。消费者利用互联网的开放属性突破物理空间限制，在网络端组成小众社群（罗珉和李亮宇，2015），形成规模化的长尾需求（Anderson，2006），促使大量消费品制造企业由刚性生产扩展到柔性生产。第三，组织模式改变。互联网提升了信息的传输速度，使得消费者对时间的耐性大大降低。为了缩短产品的响应时间，大量消费品制造企业逐渐由长链条的链式生产转为扁平化的模块生产。

在利用互联网提升全要素生产率方面，中国消费品制造企业低于非消费品制造企业。其原因可能为：消费品制造主要面向消费者，而消费者利用互联网的交互式属性组成很多小众社群，在网络端集结长尾需求，促使消费品制造呈现定制化、柔性化趋势[②]，进而造成消费品制造企业牺牲一定的生产效率。与其他国家相比，中国消费品制造的生产效率牺牲更强，主要是因为中国不仅拥有世界上最多的人口、最多的网民，而且中国汉字的统一和普通话的普及还能扫除小众社群内部的沟通障碍（相比欧盟的多种文字语言体系、美国的多种移民文化体系），使得中国更容易形成规模化的小众长尾需求，从而造成更多的生产效率牺牲。

在利用互联网创造新产品产值方面，中国消费品制造企业低于非消费品制造企业。其原因可能为：第一，中国不可持续的较低端需求。在中国互联网起步阶段，中国人均收入相对较低，绝大多数中国消费者处在世界金字塔的较低层（Prahalad，2012），在互联网的交互式、共享性、开放性

---

① 资料来源：世界银行WDI数据。
② 比如，过去销量50万件的纯色标准版型西装，现在变为销量55万件的不同类型西装。其中，30万件纯色标准版型西装（被稀释了20万件）、10万件修身西装、8万件九分袖西装、5万件撞色西装、2万件文化涂鸦西装。

属性之下，较低层特殊需求很快被挖掘，中国市面上出现了名目繁多的劣质"神器"（如电动自行车雨棚）、山寨商品（如山寨手机）、非主流文化商品（如非主流火星文）等。虽然这些新产品种类繁多，但通常只是昙花一现。市场是检验产品创新成果的试金石，并不是所有的新产品都长期广受市场青睐。由于缺少中产阶级的持续性支撑，这些低端需求产品逐渐被市场淘汰。比如，品类众多的山寨手机（周江华等，2012）很快消失于中国市场[①]。第二，中国难以上位的小众需求。在过去，受儒家中庸之道的潜意识以及集体主义氛围的影响，中国小众需求很难上位为准大众需求、大众需求，表现为：大众需求的单一化高品质产品创新与小众需求的多元化低品质产品创新孤立存在，缺少位于中间的准大众需求。事实上，中国的传统观念也在发生改变，越来越多的年轻消费者开始注重个性化塑造，突出与众不同。近些年，一部分小众需求开始借助互联网的传播（互联网充当传播媒介或者广告媒介），在中国迅速上位为准大众需求。比如，中国嘻哈文化通过《中国新说唱》《这就是街舞》等节目不断壮大，带动周边棒球帽、大T恤、垮裆裤等产品创新；中国动漫文化通过哔哩哔哩（bilibili）等网站不断壮大，带动周边cosplay服饰等产品创新；2001年中国加入WTO，很多制造企业抓住商机，利用互联网的开放性、共享性属性迅速开展国外业务，深度嵌入全球价值链分工（程大中，2015）。受制于装备制造的高技术门槛和原材料制造的资源局限，很多中国制造企业采用来料加工模式，进口装备及原材料，出口消费品。同时，中国出口退税政策进一步加剧了消费品制造企业的出口内卷，一度以极低的价格向全球倾销低端消费品。比如，定位中低端细分市场，生产中低档品质的玩具（李昭华和蒋冰冰，2009）、打火机（周勤和田珊珊，2010）等。

---

① 在联发科手机芯片交钥匙解决方案和中国降低手机牌照发放门槛的背景下，山寨手机大量充斥中国市场，几乎可以满足金字塔底层的不同消费群体的各类小众需求，有的音量更大，有的拍照更好，有的双卡双待，有的外壳仿造名牌手机，等等。但是在后期，小米手机很好地抓住了金字塔底层的大众需求，迅速淘汰了这类山寨手机。

6.5 企业实例*

6.5.1 消费品制造企业实例——青岛啤酒有限公司

1. 企业简介

青岛啤酒有限公司（以下简称"青岛啤酒"）的前身"青岛啤酒厂"成立于1903年，是历史悠久的啤酒制造商。青岛啤酒有限公司于1993年成立，并分别在中国香港和上海上市，成为首家在两地上市的国内公司。截至2022年底，青岛啤酒在全国20个省（自治区、直辖市）拥有近60家啤酒生产企业。青岛啤酒已建立了全国营销网络，基本完成了全国性的战略布局。公司不仅赢得了1949年新中国成立以来举行的啤酒质量评比的所有金奖，还是国际市场上最知名的中国品牌。2021年，品牌价值达到1985.66亿元，跻身世界500强品牌和世界第五大啤酒生产商。啤酒生产规模、总资产、品牌价值、产销量、销售收入、利税总额、市场份额、出口额和外汇收入均居国内行业首位。

2. 互联网化升级背景

（1）互联网背景驱动，技术升级，数字化转型成企业战略核心选择。

随着互联网技术的发展，人工智能、物联网、云计算、大数据、区块链等数字化技术重塑着人类的生活方式，同时也改变着企业的生产方式和创新模式。因此，数字化转型已经成为众多企业长期部署和发展的核心战略。

（2）竞争对手积极数字化转型，凸显战略重要性。

在消费升级的背景下，众多食品行业企业通过智能采购加速自身数字

---

* 资料来源：本节的案例由研究团队成员基于各企业官网、新闻稿、行业研报、企业财报、中国工商管理案例库、公司管理人员采访等材料进行整理和撰写。

化转型、落地产业互联网的进程,在线上建立起数字化平台,统一采购、统一对账、统一结算、统一开票,大大推动了供应链管理的降本增效,并利用数字化运营对接消费者数据,提升消费者体验。

3. 互联网化升级过程

(1) 建设智能制造工厂,提升产品柔性生产效率。

为了实现全流程的智能化和自动化,青岛啤酒将全生产体系进行了数字化升级,构建了智能生产线管理信息系统、智能诊断系统、智能化包装生产线、自动化立体仓库管理系统、智能物流系统等系统在内的智能制造工厂。基于该智能制造工厂,青岛啤酒实现了更加敏捷精准的物料供应、订单生产、仓储发运和产品追溯。进一步地,智能制造背景下的生产线柔性帮助青岛啤酒大幅提升了生态效率,并从传统的生产方式转变成为小批量和快速转单的新型生产方式,进而更好和更快地响应和满足了现代消费者的多元化、个性化需求。

(2) 数据驱动快速配送,优化消费者服务体验。

青岛啤酒实现了"网上下单,次日到"的服务效果,而这种效果背后是数字化和网络化的支撑。基于数字化技术,青岛啤酒将"线上下单—智能仓分—智能仓储—快递—送货上门—经销商收入"的全流程可视化,每个节点也都由数字化驱动,整个数字化驱动流程大大提高了线上服务的速度和灵活度。比如,疫情期间公司的线下渠道难度增大,青岛啤酒立即调整经营策略,充分发挥线上销售平台优势,在全国320多个城市推出了无接触配送地图小程序,保障了企业在特殊时期的正常运营,提高了对不确定性的应对能力。

(3) 智慧工厂支撑私人个性化定制,透明流程赢得消费者。

随着消费者对产品的个性化需求和消费过程体验感的要求逐渐提高,啤酒领域新的消费趋势也逐步出现。为了积极适应新的消费趋势,迎合年轻消费者,青岛啤酒开始设计多元化的满足个人偏好的私人订制产品。而在私人订制产品的生产过程中,智能工厂起到了至关重要的作用。为了承载不同瓶型、不同品类、不同客户的订单,青岛啤酒设计了智能生产线,实现了灌装、分拣、包装和仓储多个环节的智能化赋能，实现"小瓶化、多频次、多品种"的生产经营效果。

(4) 工业互联网平台优化产业生态，营造啤酒饮料群。

啤酒行业面临着产业结构老化、上下游企业小而散等问题，而青岛啤酒利用工业互联网平台优化了产业生态，实现啤酒行业的区域共建。在此过程中，作为啤酒行业的龙头企业，青岛啤酒充分利用了当地条件，引导优化了啤酒行业生态。由于青岛市政府正在着力打造"工业互联网之城"，青岛啤酒的互联网应用得到了很大的促进作用，当地拥有的智能制造、供应链管理、大数据、物联网等应用基础和实践，使青岛啤酒具备了良好的数字化本地基础。基于此，青岛啤酒努力打造全国首个啤酒饮料行业工业互联网示范基地，提升企业供应链效率，并以打造啤酒行业互联工厂为起点，实现从大规模生产到大规模定制的数字化转型，将上下游企业都接入到这个平台，从产品升级、模式转型和平台转型三个方面实现共建。

(5) 互联网赋能物流，降低供应链成本，提升供应链整体效率。

一方面，青岛啤酒借助数字技术的力量，实现对消费者需求的掌握和预测；另一方面，着手打造一个能快速覆盖到所有消费者的仓储体系，解决"最后一公里"，将产品以最快的速度送到消费者手中。基于此，青岛啤酒探索全产业链数字化发展解决方案，通过数字化降低供应链成本，提升供应链整体效率。2020年，青岛啤酒成立青岛智链顺达科技有限公司，秉承"物流、供应链的未来一定是科技的未来"的理念，智链顺达成立之初便立足科技化平台的打造，基于阿帕数字数据平台、业务集成以及大物流平台智链顺达完成一体化的信息架构、网络货运平台的搭建、"主干道"城市配送智能调度系统的不断迭代升级，为青岛啤酒业务发展提供系统支撑。青岛智链顺达科技紧跟国家发展战略，积极实施数字化转型。以"互联网＋物流"作为底层架构、以生态贸易作为流量支持、以绿色城市共同配送作为核心能力、以供应链金融进行商业赋能，对内赋能青岛啤酒主业、助力公司高质量跨越式发展，对外向快消行业提供从上游原材料采购到下游终端配送等的全链路供应链一体化解决方案。

6.5.2　消费品制造企业实例——韩都衣舍电子商务集团有限公司

1. 公司简介

韩都衣舍电子商务集团有限公司（以下简称"韩都衣舍"）成立于2008年，主要从事自有品牌互联网快时尚服装的销售，并为其他品牌提供电子商务销售和运营服务。作为一家快速时尚的互联网公司，韩都衣舍主要经营女装、男装、童装、中老年服装、相关配件和服务。此外，韩都衣舍还提供电子商务服务，包括品牌推广、产品运营、摄影和客户服务、仓储供应链等相关服务。经过十多年的发展，韩都衣舍自己的销售额已经连续多年领先，并拥有20个自有品牌和52个战略合作品牌。

2. 互联网化升级过程

（1）搭建商业智能系统，优化企业决策和经营。

韩都衣舍研发了十几个完整适配韩都电商发展的业务系统：订单管理系统（OMS）、仓储管理系统（WMS）保证订单快速准确处理；供应链管理系统（SCM）、韩都电商下一代业务支撑系统（HNB）全面支撑公司小组制、柔性供应链的整体业务开展。通过对智能分析系统HBI中各数据模型的精确计算，优化运营过程中涉及的各个资源配置节点，更好地服务于经营决策，使决策更加科学合理。现在，韩都衣舍形成的以商务智能集成系统为核心的一系列信息系统，包括供应商管理协作系统、供应链系统、订单处理系统、仓库管理系统、物流管理系统、规划运营管理系统、活动管理系统等的协调运行，正不断提升公司的经营效率。

（2）生产制造采取外协方式，构造轻资产供应链模式。

韩都衣舍的所有产品都是外包生产的。为了尽可能缩短快时尚产品的生命周期，韩都衣舍与供应商形成了"小批量、多批次、多款式"的订单生产合作模式化。各"产品小组"根据企划部对小组的定位，设计出具体的服装款式和结构，生产中心根据产品团队设计的服装款式和结构设计，本着"款式多，数量少"的原则向供应商下单，供应商在公司确定的面料厂家范围内采购相关服装面料，直接与其面料厂家结算。供应商完成相关产品的加工后，公司以一定的价格向供应商买断。

（3）建立评分数据模型，实现精细化运营。

韩都衣舍建立了一套销量评价的数据模型，根据每款新品上架15天的销售结果进行分类，进而决策产品的后续处理方案，即产品小组根据相应指标来判断下一轮生产的订货量。数据模型会将所有产品分为四个等级，其中，热销的前两个等级可以接受返单，但是滞销的后两个等级必须立即打折促销。运用这种产品评价规则，能够有效反映市场的需求并应对市场的变化，使得每个商品都能保持较高的售罄率。而这种精细化的考核模式也能够降低运营成本，提高运营效率，进一步保证产品保持"款式多、更新快、性价比高"的优势。

（4）完善供应商管理系统，实现柔性供应链。

小批量、多批次的生产需要灵活的供应体系作保证。韩都衣舍首先通过供应链支持系统确定面料辅料；其次通过供应商管理协作系统进行端到端的订单分配；再次通过订单处理系统确定新的工作节奏；最后通过仓库管理系统确定返单情况。整个过程保证了供应链的完整柔性化工作。

3. 互联网赋能企业创新

（1）消费者数据驱动，实现单品全程运营体系。

韩都衣舍独创的"以产品小组为核心的单品全程运营体系（IOSSP）"是企业利用互联网提升运营效率的一个成功的新运营模式机制。这种新的运营模式机制是：首先，企业会收集不同产品小组的消费者数据，如消费者购买数据、产品咨询数据等，然后将海量的数据进行整合和梳理。其次，IT部门开展数据处理，分析出产品销售评价和消费者特征评价等结果。再次，IT部门将这些结论发送给产品团队，产品团队随后基于这些分析结果进行精确设计和库存管理。例如，韩都衣舍将在每年的11月和12月确定下一个春季和夏季的目标销售额，但最初只生产目标销售额的30%~

40%。最后，产品生产完成后，于次年3月上架销售15天，系统将对所有产品的销售额进行排名，如果产品卖得好，将会返单；如果产品销售不佳，则会打折并清仓。

（2）互联网赋能运营，业务缓解实现协同。

在"基于产品小组制的单品全流程运营体系"下，韩都衣舍每一款产品的设计、生产、销售都以产品团队为核心，各业务环节相互配合，实现全流程的数字化和精细化。为了支持全集团系统的顺利运行，韩都衣舍成立了多个支持服务部门，包括策划部、技术部、客服部等。这些支持服务部门在数据分析结果的帮助下各司其职。例如，企划部通过销售数据对整体产品结构进行宏观调控，解决产品小组过多时对内部资源的竞争，降低团队间过度竞争导致的库存成本和滞销风险。

6.5.3 非消费品制造企业实例——协鑫集团有限公司

1. 企业简介

协鑫集团有限公司（以下简称"协鑫集团"）于1990年成立，是一家以新能源业务为主，相关多元化发展的科技型综合能源企业，主营业务涉及电力、光伏制造、天然气、产业园、集成电路材料、移动能源等多个领域。协鑫集团拥有环保火电、光伏、风力、生物质及垃圾发电等多种类型的发电装机，拥有4家上市公司。公司规模连续多年位列全球新能源500强企业前三、中国企业500强新能源行业第一位。2020年居中国企业500强第213位、战略性新兴产业领军企业第24位、中国民营企业500强第56位。

2. 互联网化升级背景

（1）光伏产业政策驱动，精细化、智能化运营成趋势。

2018年，国家六个部门联合印发了《智能光伏产业发展行动计划（2018—2020年）》，明确鼓励大数据、物联网、互联网、人工智能等技术手段和光伏产业的深度融合发展。同年5月，国家发改委、财政部、国家能源局又联合发布了《关于2018年光伏发电有关事项的通知》，促使光伏产业加速平价上网进程，即光伏电站传输给电网时，价格与火电、水电价格持平。在该政策的推动下，光伏产业由高速增长转向高水平质量发展，运营服务由粗放化向精细化、智能化转变。

（2）疫情重塑行业竞争格局，企业升级塑造竞争优势。

新冠疫情暴发之后，中国的制造企业大多经历了生产中断、产业链断裂、复工复产等过程。行业竞争格局有望在疫情下被重塑。以网联和智能制造驱动的制造业数字化转型成为各大企业的重要任务。当前，推进实现数字化转型，实现自动化与智能化技术的创新应用，成为协鑫集团提高盈利能力、建立差异化竞争优势、应对激烈竞争的必由之路。

3. 互联网化升级过程

（1）OA赋能业务协作，探索数字化财务体系。

协鑫协同办公室自动化（OA）系统的实施范围为保利协鑫电力、保利协鑫硅材料、保利协鑫太阳能、徐州中能、南京中环、苏州置业，每个公司的应用点有所差异，对系统的灵活性要求极高。第一，流程管理。流程不仅是审批流，也是信息流和决策流。泛微实施顾问通过对协鑫的组织架构、人员信息等的分析，在此基础上帮助客户分析每个流程的业务环节，以及每个环节需要协同的要素，让流程审批变成了有效的内控手段。第二，知识管理。将协鑫集团的日常管理文件、新闻发布类文件、日常工作文件全面管理，包括工作流程模块中所产生的文档。按照统一规划原则设计系统知识管理目录，对于深圳、上海、徐州的需求进行分别调研，整合同类分类、保留个性分类。第三，门户管理。按照协鑫集团的内网风格设计集团、分公司、部门等门户，提供门户模板，针对不同使用者的门户内容进行调研和部署，提供个性化定制的个人办公平台。第四，外部信息抓取。通过关键词从网络上抓取信息进行推送和展现。第五，合同管理。与用友数字计算机控制（NC）及勤哲系统进行集成，实现协同管理。协同管理的录入、审批工作主要在OA进行，合同的监控在NC中进行，合同的预算在勤哲系统中运行。随后，协鑫集团在2020年完成了财务机器人流程自动化（robotic process automation，RPA）全面上线工作，首批试点100余家集团分子公司，整体效率提升85%以上。借助自动化及智能技术，协鑫集团不断释放人力，让财务人员投入更高阶的工作中，打造了人机协同的新业务模式。

（2）实现智能电站运维管理，提升故障诊断准确率。

协鑫新能源开发的人工智能（AI）模型，在PB级数据的基础上，利用物联网、知识库、实时专家诊断等技术，对日常设备故障实施智能诊断、预警等，帮助现场人员发现并进行设备故障检修，提供修复方案，对重大故障提供实时远程专家会诊，指导故障修复。通过深入研究AI技术，建立了基于人工智能的光伏电站运维管理系统，解决了光伏电站管理的诸多痛点。作为光伏电站智慧运维领域领先的运营品牌，协鑫新能源依托协鑫集团30余年电力资产运营管理的实战经验，以运营科技公司为服务平台，在取得质量、环境、职业健康安全、信息安全管理体系认证和运维服务认证等多重认证后，成为全国首家"5A"级认证运维服务单位。

（3）与阿里云合作，实现透明化生产，提升产品良品率。

为了长期且低价格地保存生产数据，协鑫集团选择了阿里云的服务。而除了保存数据之外，阿里云还能够帮助协鑫集团分析已有的大量数据，并建立适合的数据分析模型，促使协鑫集团对生产数据进行多维度的分析，进而实现对生产过程的监控和预警。具体来讲，阿里云为协鑫光伏提供了包括关键参数监控模型、良品率预测、备件损耗分析、BI分析等在内的解决方案，在此基础上，协鑫光伏结合自身的生产经验，建设了一个较为完整的企业级数据分析平台。

（4）打造信息系统和数据基础，建设自动化智能化车间。

协鑫集成已实施的信息化系统有：制造执行系统（MES）、企业资源计划系统（ERP）、仓库管理系统（WMS）、产品数据管理（PDM）、先进摄影系统（APS）、客户管理系统（CRM）、供应商关系管理（SRM）、紧急广播系统（EBS）等，从研发设计到生产制造再到销售管理已实现全流程的信息系统支持，并且协鑫集成在光伏行业率先导入了阿里云大数据以及智能制造系统，截至2021年，拥有4个智能车间，通过工业大数据智慧大脑和定制开发的工厂自动控制系统，实现自动导引车（AGV）自动调度上料，自动传递组件身份标识号码（ID）、自动焊接、自动装框、自动分档等一系列智能化生产过程。随着协鑫集成对智能制造的重视和不断投入，新建造的组件工厂或车间已是高度自动化和智能化的工厂，MES系统也升级到更加智能化的 ACS–MES 系统，这类工厂光是人力成本节省这一项就非常可观，以往的普通工厂一条生产线白夜加起来共需要56位员工，而现在智能工厂一条生产线只需12位员工，节省了44位员工。以一个车间3条生产线计算，每年节省的人力成本超过千万元。

6.5.4 非消费品制造企业实例——哈尔滨森鹰窗业股份有限公司

1. 企业简介

哈尔滨森鹰窗业股份有限公司（以下简称"森鹰窗业"）成立于1998年，是国内率先引进德国节能铝包木门窗成套技术和生产线的企业。主要业务包括节能铝包木门窗、阳光房和幕墙的研发、设计、生产和销售。森鹰窗业已经发展成为国家高新技术企业、国家林业重点龙头企业、国家级技术创新示范企业。

2011年，森鹰窗业获得欧盟 CE 认证，公司的产品获得进入欧盟相关国家市场的销售通行证；2014年，森鹰窗业成为中国门窗业首家"新三板"挂牌企业；截至2019年底，森鹰窗业为众多工程项目提供的门窗定制服务超过550万平方米，在国内铝包木窗市场占有率达到27%；到2020年底，森鹰窗业产品已出口美国、英国、加拿大、俄罗斯、澳大利亚、日本等十几个国家和地区。

森鹰窗业在哈尔滨和南京拥有两大生产基地、三座工厂，其中，森鹰双城工厂为被动式建筑，于2018年9月20日荣获吉尼斯世界纪录颁发的"最大的被动式工厂"称号。哈尔滨、南京两地三家工厂总人数1400多人，全国有200多家专卖店，多半坐落于居然之家、红星美凯龙等高端家具建材城，

2019年销售收入9.8亿元，是国内节能木制门窗细分产业的龙头企业。

2. 互联网升级组织管理调整

（1）负责部门职责调整，创造互联网转型组织环境。

六年间，森鹰窗业的转型部门从最初的企业资源计划（ERP）项目组变成信息技术（IT）部，后又改为互联网数据中心（IDC）部门。这意味着要从原先只是基于技术支持的IT部，转变为用数据服务各个部门的IDC。IT部原来的职责是运维，保证服务器运转、网络畅通等；IDC部则改为运营，参与到企业管理的方方面面，与其他部门之间的关系也从弱连接发展到现在的强关联，成为加速企业升级转型的推动者。

（2）多部门协同参与，提升项目交付效率。

企业内部重大项目和技改问题均需要IT部门来参与，协同合作，快速高效地完成项目交付。如MES，就是生产车间的管理系统，IDC部门虽然略懂生产过程，但并不真正清楚每个工序、每个工序下面的小组、每个员工的操作。同时对于工人来说，软件技术又太深奥，让他们理解确实有难度。因此IDC部门负责选型和实施，生产部门负责提出需求和过程参与，以及验收，最终实现平稳交付。

3. 互联网赋能企业发展

（1）互联网赋能产品全周期管理，打造一体化信息架构。

森鹰窗业在重构销售价值链的同时，开始探索公司的整体数字化转型。IT部门作为企业数字化转型的重要动力，产品设计到生产的全生命周期管理作为中台的大脑，将App设计软件与门窗设计软件（KLAES）打通，打造了一体化的信息构架，进而推动全业务链条数字化。其中包括三部分：第一，德国专业的KLAES设计软件，负责主要信息的产出和下达，物料清单（BOM）通过物资需求计划（MRP）运算后产生的物料需求，通过ERP的供应链系统得以满足，KLAES的MES系统将最终数据传递给ERP进行产成品的完工和入库、发货，真正实现业务、财务一体化；第二，OA协同办公系统，以致远中台为主，以人为中心，连接人、事务和业务,森鹰窗业在这里搭建大量的复杂应用,如零售订单平台、工程项目管理、商机管理、合同管理、服务商店面管理等,对森鹰窗业1400多名员工、全国200多家专卖店进行管理,具体用于连接内部员工与外部经销商、设计师;第三,对全公司大量的进口数控机床(CNC)设备进行联机,主要负责计算机辅助制造,即软件驱动生产,大脑设计的窗型传输到翅膀直接生产,也就是从计算机辅助设计(CAD)到计算机辅助制造(CAM)的无障碍输出。

(2)互联网赋能精细化管理,实现数据协同。

为了配合产品设计软件KLAES,森鹰窗业上线了用友新世纪(new-century,NC)的ERP系统。NC支撑了订单、供应链、生产和财务等的精细化管理,一方面是订单的生产、发货、收款等事项,另一方面是由订单所引发的MRP运算、清购单和采购单到货、质检、入库、应付、财务的成本核算作为核心组成系统,三大系统连接中台进行数据互补的相关工作。

(3)互联网赋能协同办公,提升企业管理效率。

森鹰窗业的IT治理架构,主要体现在协同运营中台上。2018年起,森鹰窗业开始逐步开发、完善其OA协同办公系统。2020年底,除了经销商管理平台之外,森鹰还基于协同运营中台,搭建了零售订单平台、工程项目管理、商机管理、合同管理、服务商店面管理等系统应用。协同运营中台给森鹰窗业带来的最大价值是实现了全程、全域、全端的连接、融合和智能,其包括门户及消息平台、工作流BPM引擎、集成引擎、表单引擎、组织结构和主数据、权限控制、业务定制平台等。借助协同运营中台,森鹰窗业实现了工作流与业务流的一体化,让整个企业管理效率得到极大提升。另外,协同运营中台还集成了智能数据分析,让企业对于数据处理和利用更加便捷。

(4)互联网赋能设备管理,实现软件驱动生产。

通过对进口数控机床(CNC)设备进行联机,以技术手段将加工设备连接到KLAES系统,在产品设计完成后发送至CNC设备进行直接操作,实现从计算机辅助设计到计算机辅助制造的过程。在软件驱动生产的过程中,车间的主机手只负责将物料放到CNC的夹具上,然后到设备的屏幕上查找 IDC 部给的订单包，点击运行后，机器自动进行切、削、磨、铣、钻孔等动作，程序完成后，主机手移动物料并检查，如果做错了或者出现了技术问题，与工人无关，IDC 部的人员会负责处理和赔偿损失。

（5）互联网赋能数据分析和展示，便于工作质量追溯。

商业智能系统运用智能分析和大数据制作报表。运用 BI 软件制作的车间看板可以使每个员工通过大屏幕看到每日的工作任务、工作数量、完成时间、质量检测等内容。森鹰窗业借助大数据实现了无纸化车间管理，技工完全不用看图纸，其根据专属条码精准接单后按照系统提示逐步进行作业，MES 车间管理系统大幅提高了工作质量与效率，便于进行工作质量的追溯。

（6）互联网赋能销售模式，实现多方共赢。

森鹰窗业开发了基于手机等移动设备开发的零售订单平台 App，直击传统加盟店销售模式的痛点，帮助企业重构销售价值链，借助数字化手段建立起新的产品销售过程与服务模式，将用户端、销售端到生产端的数据连接到一起，提高了整体价值链的效率，在为客户创造价值的同时也为企业带来了新的资源与能力优势。

6.6 小结

在利用互联网提升全要素生产率方面，中国消费品制造企业劣于非消费品制造企业，而在利用互联网创造新产品产值方面，中国消费品制造企业同样劣于非消费品制造企业。由此可见，在信息化时代，中国要想实现创新驱动发展战略，不应将过多资源倾向消费品制造领域，而应倾向非消费品制造领域。事实上，为了获取消费端的诱人市场，过去中国很多制造企业选择放弃长周期的装备研发，沦为产业链末端的短周期加工、组装工厂。而在加入 WTO 之后，面对突然开放的国际市场，一大批中国企业扎堆冲了出去，并在中国出口领域形成激烈内卷模式，在国际前沿技术企业的技术锁定下，步入并深陷来料加工、来件装配、来样加工等全球价值链低端领域，亟须摆脱这种困境。

第7章

多元化与专业化制造企业

本章主要研究互联网对中国多元化与专业化制造企业的差异化影响。现代化企业发展到一定阶段，通常会面临着多元化与专业化的选择。通过多元化经营，企业可以扩大业务范畴，并在一定条件下实现可观的范围经济。通过专业化经济，企业可以深耕某一专业领域，甚至成为细分领域的隐形冠军。

7.1 多元化与专业化企业的基本特征

在企业类型方面，相比中国专业化企业，中国多元化企业中拥有更多的国有企业、出口企业和园区企业；而在垄断属性方面，相比中国专业化企业，中国多元化企业拥有更低的垄断势力、更高的市场占有率，以及更弱的市场竞争环境（见表7-1）。

表7-1　　　　　　　　中国不同类型企业各项指标均值

指标	类型	
	多元化企业	专业化企业
state	0.1188	0.0812
export	0.2851	0.2144
park	0.2012	0.1629

续表

指标	类型	
	多元化企业	专业化企业
markup	1.4205	1.7467
market	0.3671	0.1908
hhi	0.0199	0.0156

注：hhi 表示赫芬达尔指数，赫芬达尔指数越低，市场竞争越激烈。
资料来源：根据中国工业企业数据计算所得。

在价值判断层面，多元化与专业化两者并不存在孰优孰劣的问题，两者只不过是企业战略发展的一种选择。多元化的优势在于企业经营范围广泛，能够有效化解行业风险，多个业务之间还可以形成协同效应；而劣势在于企业往往难以形成核心竞争能力，多线经营容易被不同的行业龙头各个击破，陷入大而不强的困境。专业化的优势在于企业可以在某一专业领域深耕精作，在细分市场形成竞争能力；而劣势在于企业的抗行业风险能力较差，容易形成路径依赖，难以转型发展。

那么，在互联网的影响下，中国制造企业在多元化经营与专业化经营方面又有何差异？是多元化的全要素生产率更高，还是专业化的全要素生产率更高？是多元化的新产品市场反馈更好，还是专业化的新产品市场反馈更好？

7.2 研究设计

一方面，我们以全要素生产率指标衡量制造企业的全要素生产率；另一方面，我们以新产品产值指标衡量制造企业的新产品市场反馈。通过这两个指标，研究互联网在多元化经营与专业化经营之间的差异化影响。本章的数据来源为：1996~2013 年中国工业企业数据库、《中国统计年鉴》、《中国人口和就业统计年鉴》、《中国工业经济统计年鉴》、第五次全国人口普查、2005 年全国 1% 人口调查等。

7.2.1 基准计量模型

$$\begin{aligned}\text{innovate}_{it} = &\beta_0 + \beta_1 \text{internet}_{it} + \beta_2 \text{diversity}_{it} + \beta_3 \text{diversity}_{it} \times \text{internet}_{it} \\ &+ \beta_4 \text{Control}_{it} + \lambda_1 i.\text{year}_t + \lambda_2 i.\text{prov}_i + \lambda_3 i.\text{industry}_i + \varepsilon_{it}\end{aligned}$$

$$(7-1)$$

其中，innovate、internet、diversity 分别表示企业创新、互联网、多元化；Control、i.year、i.prov、i.industry 分别表示不含因子变量的控制变量组、年份因子变量、省份因子变量、行业因子变量；ε 表示随机扰动项；下标 i、t 分别表示企业个体、年份。

7.2.2 被解释变量

（1）全要素生产率（tfp）。同第 2 章。
（2）新产品产值（new）。同第 5 章。

7.2.3 核心解释变量

（1）互联网（internet）。同第 2 章。
（2）多元化（diversity）。如果企业的产品数量大于 1，则 diversity 取值为 1；否则 diversity 取值为 0。互联网时代经常出现"打败你的不是同行，而是跨界"的现象，这意味着互联网背景下的企业更容易也更愿意去尝试多元化经营。

7.2.4 控制变量

（1）研发投入（rd）。同第 5 章。
（2）国有控股（state）。同第 2 章。
（3）出口（export）。同第 2 章。

(4) 垄断势力 (markup)。同第 2 章。

(5) 市场占有率 (market)。同第 2 章。

(6) 园区 (park)。同第 2 章。

(7) 行业年龄 (age_ind)。同第 2 章。

(8) 资产流动性 (liquid)。同第 2 章。

(9) 融资成本 (finance)。同第 2 章。

(10) 补贴 (subsidy)。同第 2 章。

此外，控制变量还包括省份因子变量 (i. province)、年份因子变量 (i. year)、行业因子变量 (i. industry) 等。

7.2.5 描述性统计

主要变量及描述性统计结果如表 7-2 所示。

表 7-2　　　　　　　　　　描述性统计

变量	变量说明	样本量	均值	标准差
tfp	全要素生产率：由 OP 法测算	2241320	103.2368	336.6382
new	新产品	2908364	2.4953	12.7787
rd	研发投入	1354677	1.4753	863.6447
internet	互联网	2436390	0.1279	0.3340
diversity	多元化	4192934	0.2607	0.4390
state	国有控股	3852413	0.0921	0.2892
export	出口	4167354	0.2322	0.4222
markup	垄断势力：由 LP 法测算	3234091	1.6561	2.7948
market	市场占有率：百分比变量	4166327	0.2377	1.4404
park	园区	3909016	0.1725	0.3778
age_ind	行业年龄：四分位行业	4214236	11.0742	4.5401
liquid	资产流动性：百分比变量	4135730	55.7861	27.1357
debt	资本负债率：百分比变量	4158511	69.9945	125.0355
finance	融资成本：百分比变量	3303273	6.7814	1293.7490
subsidy	补贴：百分比变量	404335	7.6599	881.1622

注：所有涉及价格的变量均已作不变价调整。

7.3 实证分析

为了直观地显示多元化制造企业与专业化制造企业的差异，我们单独对多元化制造企业样本、专业化制造企业样本进行工具变量法计量回归，计量回归结果如表7-3所示。其中，模型（1）采用多元化制造企业样本，被解释变量为lntfp；模型（2）用专业化制造企业样本，被解释变量为lntfp；模型（3）用多元化制造企业样本，被解释变量为new；模型（4）采用专业化制造企业样本，被解释变量为new。

表7-3　　　　　　　　工具变量法计量回归结果

解释变量	模型（1） lntfp	模型（2） lntfp	模型（3） new	模型（4） new
internet	0.1234*** (6.32)	0.0908*** (6.38)	3.5752*** (7.78)	2.7629*** (7.46)
L1.rd	—	—	0.5411*** (5.43)	0.4161*** (6.09)
state	-0.1003*** (-4.58)	-0.1784*** (-9.56)	1.0188** (2.25)	0.5820* (1.71)
export	0.1558*** (12.23)	0.0770*** (8.74)	4.1539*** (13.10)	3.3941*** (15.04)
L1.lnmarkup	0.4079*** (47.58)	0.3764*** (67.90)	0.7196*** (4.53)	0.4349*** (4.36)
market	0.0446*** (7.68)	0.1049*** (9.27)	0.3833*** (3.75)	0.8069*** (5.70)
park	0.0417*** (2.77)	0.0663*** (6.46)	-0.1470 (-0.39)	-0.2552 (-1.03)
lnage_ind	1.2125*** (5.00)	0.9226*** (4.95)	-12.9851** (-2.18)	-14.4381*** (-2.83)
$\ln^2$age_ind	-0.2258*** (-4.73)	-0.1750*** (-4.67)	2.9685** (2.50)	2.9975*** (2.80)
liquid	0.0101*** (30.68)	0.0100*** (47.10)	-0.0239*** (-4.20)	-0.0274*** (-7.45)

续表

解释变量	被解释变量			
	模型（1）lntfp	模型（2）lntfp	模型（3）new	模型（4）new
debt	-0.0027*** (-3.66)	-0.0036*** (-20.23)	-0.0074** (-2.12)	-0.0108*** (-3.90)
finance	-0.0000*** (-3.90)	-0.0009 (-1.18)	0.0002** (2.14)	0.0016 (1.20)
subsidy	-0.0003*** (-6.49)	-0.0008 (-1.42)	-0.0379** (-2.48)	-0.0049 (-1.43)
i. province	Yes	Yes	Yes	Yes
i. year	Yes	Yes	Yes	Yes
i. industry	Yes	Yes	Yes	Yes
样本	多元化制造企业	专业化制造企业	多元化制造企业	专业化制造企业
方差	稳健	稳健	稳健	稳健
观测值	27596	52888	18677	36796
组内 R^2	0.1450	0.1025	0.0917	0.0649

注：圆括号内为 t 值，"*"表示 $p<0.1$，"**"表示 $p<0.05$，"***"表示 $p<0.01$。

在表7-3中，模型（1）的 internet 系数大于模型（2）的 internet 系数；模型（3）的 internet 系数也大于模型（4）的 internet 系数。这似乎表明：在利用互联网提升全要素生产率方面，中国多元化制造企业优于专业化制造企业；在利用互联网创造新产品产值方面，中国多元化制造企业也优于专业化制造企业。

为了进一步验证以上结论的稳健性，我们又采用了全样本数据，加入多元化（diversity）、多元化与互联网（diversity × internet）两个变量，进行工具变量法计量回归，回归结果如表7-4所示。其中模型（5）的被解释变量为 lntfp，模型（6）的被解释变量为 new。

表7-4　　　　　　　　　全样本计量回归结果

解释变量	被解释变量	
	模型（5）lntfp	模型（6）new
internet	0.0695*** (4.65)	2.9219*** (7.11)

续表

解释变量	被解释变量	
	模型（5） lntfp	模型（6） new
diversity×internet	0.0756*** (2.79)	0.3256 (0.47)
diversity	-0.0058 (-0.58)	0.4084* (1.94)
L1. rd	—	0.4687*** (7.90)
state	-0.1463*** (-10.02)	0.9155*** (3.24)
export	0.1074*** (14.58)	3.7733*** (20.18)
L1. lnmarkup	0.3827*** (81.35)	0.5364*** (6.27)
market	0.0623*** (9.67)	0.5320*** (5.56)
park	0.0542*** (6.36)	-0.2448 (-1.17)
lnage_ind	1.0121*** (6.69)	-15.5730*** (-4.17)
$\ln^2$age_ind	-0.1913*** (-6.32)	3.3746*** (4.39)
liquid	0.0100*** (54.06)	-0.0259*** (-8.38)
debt	-0.0032*** (-9.17)	-0.0098*** (-4.43)
finance	-0.0000*** (-2.75)	0.0000 (1.08)
subsidy	-0.0003*** (-4.04)	-0.0088** (-2.09)
i. province	Yes	Yes
i. year	Yes	Yes
i. industry	Yes	Yes
方差	稳健	稳健
观测值	80345	55466
组内 R^2	0.1294	0.0771

注：圆括号内为 t 值，"*"表示 $p<0.1$，"**"表示 $p<0.05$，"***"表示 $p<0.01$。

在表 7-4 中，模型（5）的 diversity×internet 系数在 1% 的水平上显著大于 0，与模型（1）、模型（2）横向对比的直觉结果基本一致；模型（6）的 diversity×internet 系数即使在 10% 的水平上也不显著，与模型（3）、模型（4）横向对比的直觉结果有所出入，但模型（6）的可信度更高。

更进一步，我们发现：在模型（5）中，diversity×internet 的系数显著大于 0，但 diversity 的系数不显著；而在模型（6）中，diversity×internet 的系数不显著，但 diversity 的系数在 10% 的水平上显著大于 0。这说明：第一，在使用互联网之前，中国多元化制造企业与专业化制造企业在全要素生产率方面几乎无差异，而在使用互联网之后，中国多元化制造企业的全要素生产率显著高于专业化制造企业。第二，在使用互联网之前，中国多元化制造企业在创造新产品产值方面略微高于专业化制造企业，并且互联网的使用并没有显著改变这种情况，即互联网的优势在于提升中国多元化制造企业的全要素生产率。

7.4　跨界、去中心及特殊中国国情

为什么中国多元化制造企业更能有效利用互联网提升全要素生产率？其原因可能为以下三点。

（1）互联网催生跨界。互联网作为一种通信工具，可以有效协调不同产品线进行高效率生产。多元化制造企业，其内设机构及内部员工通常较多、较散，企业内部的分工、协作、权责、利益分配等需要多方面协调，从而企业内部管理难度较大。而利用互联网的交互式属性可以实现即时有效的协调及沟通，进而更好地提高多元化制造企业的全要素生产率。因此，在互联网交互式属性的影响下，很多企业更愿意选择多元化制造模式，甚至是完全的跨界制造模式。

（2）互联网的去中心化属性使得企业管理科层减少、管理结构扁平化，促使企业从纵向一体化、横向一体化的集权模式转向事业部制的分权模式。通过设立区别于原业务的事业部，可以有效降低科层沟通成本，从而更好地进行多元化经营。在某种程度上，互联网无疑是打破中国官本位

企业管理结构的一剂良药，可以加速中国制造企业的现代化改造进程。

（3）特殊的中国国情。第一，中国制造企业正处在摆脱效率低下以及互联网蓄势待发的特殊历史交汇期。20世纪末，大面积中国制造企业陷入了效率低下的困境。在中央关于国有企业三年脱困的号召下，一些制造企业开始挣脱低效率、不盈利、重复建设的传统制造项目，抽调更多财力、物力在富有发展前景的新领域，从而形成阶段性的多元化结构。同一期间，互联网技术的广泛应用起到了相当大的推动作用。21世纪初，第一批"吃螃蟹"的中国制造企业借助国际互联网的开放性、共享性属性，消化吸收国际先进生产、管理及专利技术，在传统项目以外的新领域实施现代化企业生产，逐步提高企业全要素生产率。需要说明的是，中国制造企业改革是以增量改革为主、存量改革为辅，这意味着增量改革下将大概率涉及企业跨领域的多元化生产（至少包括传统制造领域与增量改革新制造领域）。因此，在特殊历史时期，中国多元化制造企业相比专业化制造企业，利用互联网提升全要素生产率更高效。第二，中国当前的市场制度相对不够健全。由于中国正处在体制转轨阶段，市场机制尚不完善，所以由互联网自身所产生的新兴产业，其所需的各项要素很难通过现有市场机制实现高效配置。相比于不健全的市场，同期的中国大型企业却在资本汇集、人才吸引、关系网络等方面具有先天优势，所以大型企业组织替代了市场整合，进而表现为内部企业多元化比外部市场专业化更高效的阶段性现象。

7.5　企业实例[*]

7.5.1　多元化制造企业实例——美的集团股份有限公司

1. 企业简介

美的集团股份有限公司（以下简称"美的集团"）1968年成立于中国

---

[*] 资料来源：本节的案例由研究团队成员基于各企业官网、新闻稿、行业研报、企业财报、中国工商管理案例库、公司管理人员采访等材料进行整理和撰写。

广东顺德，是一家生产经营消费电器、暖通空调、机器人与自动化系统、智能供应链、芯片、电梯等广泛产品的科技产业集团。美的集团的业务主要包括五个板块：第一是以厨房家电、冰箱和洗衣机为主的消费电器业务；第二是以家用空调、中央空调为主的暖通空调业务；第三是以美的机器人公司等为核心的机器人及工业自动化系统业务；第四是以安得智联为集成解决方案服务平台的智能供应链业务；第五是芯片业务。美的集团在世界范围内拥有约 200 家子公司、60 多个海外分支机构及 10 个战略业务单位。

2020 年，美的集团在《财富》世界 500 强中列第 307 位；累计专利申请量已突破 10 万件，连续四年在家电领域保持全球第一；2020 年营收达到 2857 亿元；2012~2020 年，美的集团的收入从 1000 多亿元增长到 2800 亿元左右，利润从 33 亿元增长到 240 亿元。

2. 互联网化转型背景

（1）市场红利不断消失，消费升级带来客户新需求。

以往家电市场增长主要依靠家电规模效应和廉价劳动力，中国劳动力已经不再低廉，传统供应链和资源链接很难再为品牌提供有效保障。在消费升级的大背景下，消费者需要更加智能化的家电。此外，美的集团经营收入保持高速增长，但盈利水平却不容乐观，电器销售毛利率逐年下滑、非净利润率一直在不到 4% 的低水平徘徊，2009~2011 年甚至出现增收不增利的局面。

（2）家电形态发生变化，产品创新压力大。

家电智能化成为趋势，和美的集团当前家电形态完全不一样，销售和服务方式也完全不一样，美的集团必须变革才能生存和发展。产品数字化成为必需，硬件产品本身的智能化越来越普遍，用户交互、服务都需要数字手段，如果保守原来的产品形态，用户流失概率大，所以美的必须做好产品的数字化。

（3）经营效果受线上电商冲击，供应链管理效果差。

随着门店客户流失到线上，美的集团门店的经营受到了较大冲击，同时，在线流量成本高，带来较高的获客成本。与此同时，供应链条长、周期长、资金效率低等原因也导致供应链整合不力，稳定性较弱。

3. 互联网化赋能过程

（1）重构整合信息系统，建立统一化数据标准。

在 2012 年之前，美的集团是高度分权的组织，以至于所有信息系统高度离散化，光 IT 系统就有 100 多套，这使得流程不统一、管理方式不统一、数据不统一。2012 年美的集团上市，由原来较为分散的二级产业集团统一为集团。美的集团做了重大决定，将建立多年并稳定运行的信息系统推倒重来，拉开数字化转型的序幕，定下"一个美的、一个系统、一个标准"的变革决心。基于这个战略，美的集团重构了所有的流程、IT 系统，统一数据的标准，这是美的集团数字化转型的基础。这个工作到 2015 年上半年才全部完成。

（2）确立双智战略，实现产品和制造智能化。

迎合"互联网+"时代，美的集团确定"双智"战略，开始布局和推进智能产品和智能制造，建立智能制造工厂、大数据平台，并将所有系统移动化，将互联网能力赋能到美的集团内部。

（3）构建过程支撑性系统，实现制造和供应链升级。

2016 年以后，美的集团业务开展了重大变革，将以前层层分销、以产定销的模式转变成以销定产的模式，这也使得原来的大订单供应模式变成了碎片化的订单模式。面对碎片化订单模式带来的不确定性，对交付的柔性与效率提出了很高的要求，由结果管理型系统，变成了过程支持型系统，因为只有过程支持型才能够释放出数据的效益，用数据来驱动运营。

（4）家电产品联网化，根据客户数据实现精准研发。

2018 年开始，随着物联网技术的成熟，美的集团开始着手让单机版的家电联网化。通过美居 App 让空调、冰箱等产品可以被消费者集中控制，并能够场景化应用。同时通过采集数据了解消费者的行为，从而更加精准地开发产品，为客户提供更好的服务。

(5) 全面实现数字化和智能化，优化经销商服务。

2019～2020年，美的集团完成了工业互联网、全面数字化、全面智能化，产品的智能化功能也在这个阶段完成。美的集团为经销商提供一个共同的平台，作为其数字化最后一站的重点，美的集团以平台方式将返点政策和订单库存都透明化，从而推动经销商更好服务，同时让他们能够在销售中迅速地采取必要的调整和决策。

4. 互联网赋能企业创新

(1) 改变工作方式，迎合时代趋势。

互联网极大地改变了美的集团的所有员工，包括合作伙伴、上游下游相关者以及与美的集团相关的人员，使他们能够采用符合时代趋势的工作方式。用户在手机上动动手指就可以完成安装程序，供应商在手机上也可以完成所有的交易、供货等，很多流程都发生了变化。

(2) 提升企业运作效率，改善业务方法。

在许多情况下，互联网极大地改变了企业的运作效率。企业效率的提升将直接改善现金周期，提高周转效率，加快市场反应速度，缩短企业产品开发周期，提高盈利能力。美的集团的互联网应用改善了公司做生意的方法，或者称为业务方法。实际上做生意就是如何生产、开发产品，并将产品卖给零售商、用户。互联网的应用使这些过程变得更加扁平、快速。

(3) 优化产品研发流程，促进企业创新。

家电行业已经不再是硬件研发驱动，创新研发需基于用户场景驱动研发。比如，空调在用户的客厅，用户是怎么使用的；不同时间段、不同人群、不同空间，空调怎样用才能用得更好。

(4) 实现智能制造模式，提升创新产品生产能力。

智能制造有效地提升了生产效率，优化了订单排产系统，并提升了柔性生产能力，为美的集团创新产品生产提供平台与基础，进一步促进了创新绩效。

(5) 优化供应链协作体系，降低创新产品生产速度。

供应商的生产情况、品质情况、物流情况都在平台上用数字化手段透明化，同时美的集团的送货指令非常及时，这样协作效率得到了有效提升。

(6) 改善渠道管理问题，集中精力设计产品。

到 2022 年，美的集团的渠道不需要备库存，都在物流仓库里，商品到了仓库之后，再送装一体化到用户家里，渠道库存下降非常多，物流的效率也更高。经过变革，渠道精力全部集中在如何服务好用户、如何卖好、如何吸引用户到店来体验。

7.5.2　多元化制造企业实例——创维集团有限公司

1. 企业简介

创维集团有限公司（以下简称"创维集团"）成立于 1988 年，到 2023 年，公司主要从事四大业务领域：第一是多媒体（智能电视、内容运营业务），第二是智能家电（冰箱、洗衣机），第三是空调、厨房电器等，第四是智能系统技术、现代服务。创维集团拥有创维集团（00751.HK）和创维数码（000810）两家上市公司，以及多家高新技术企业。创维集团在行业中的技术先进，拥有国家级企业技术中心和国家级工业设计中心。2006年，创维集团被政府确定为首批"中国制造 2025"示范单位，连续多年跻身中国电子企业百强。创维集团是个国际化的企业，首先，其总部位于深圳市南山高新技术园区，在国内设有 40 个分公司、200 多个办事处；其次，创维集团还拥有美国硅谷研究室、香港研发中心、深圳数字研究中心等七大科研机构，并在全球范围内设置了营销机构。因此，创维集团也逐渐摸索出了国际化的经营模式，将研究开发放在了美国，把应用开发和生产设置在深圳，最终向全球进行销售。

2. 互联网化升级背景

（1）万物互联时代来临，屏幕成为最佳载体。

据英特尔预测，到 2025 年全球的物联网设备数量将达到 1000 亿台，而到 2035 年物联网端口数量将达到 1 万亿台。在这个过程中，由于屏幕具有"可视化"的天然优势，屏幕已成为物联网的最佳载体。因此，创维集团的参与更加积极。

(2) 消费者运营业务难度大，客户拉新成本日趋提高。

由于创维集团将智能家电的全球竞争力作为其战略定位，需要进行快速的业务扩张，完善高质量的运营管理。然而近年来，创维集团的消费运营面临失速困境。这主要是由于以下两个原因：第一，中国的主要消费者在消费和教育背景方面存在很大差异。消费群体、消费渠道和消费者注意力高度分散，这将导致需求分层多样和分类多元。因而，较难有效满足不同类别消费者需求。第二，随着市场的日益饱和，线上广告对消费者的效果越来越不尽如人意，当广告投放出去后，很难获得理想的网络流量。即流量成本变得越来越高，使得拉新的广告效果也逐步低下，为企业带来了发展难题。

(3) 业务部门独立运营，难以实现部门间的协同效应。

由于创维集团为个人用户提供了17种产品和工具，其所有的成员信息和用户数据是数以亿计的，因此，创维有着极其丰富的用户数据。但是，这种数据是来自6个不同的营销部门和10多个子系统。但2020年以前，创维集团还未设置整体运营的用户运营部分，所有的业务部门都是独立运营且采用独立负责制。这种情况下，部门和系统之间的数据和业务规则不统一，很难实现业务部门之间的协作。

3. 互联网化升级过程

(1) 互联网化升级营销体系，实现消费者精细化运营。

为了处理海量的会员信息，创维集团需要采用数字系统实现会员的精细化运营。通过建立数据标签与标准、汇总与清洗沉淀数据、打通各子系统数据，创维集团逐步建立起了会员运营的数字化和标准化。具体来讲：首先，创维集团通过统一身份管理，将旗下所有产品的数据都融合到了数据中台，其中包含了直营商城、第三方商城、微信、会员系统、活动系统等渠道。而在数据中台，创维集团可以看到所有会员的标准化数据。其次，营销中台对会员或潜在客户进行统一的账户管理，并通过列等级、贴标签、打积分等行为对会员进行精细化运营。这种运营方式能够帮助引导潜在客户注册会员，还能帮助会员变得更加活跃，进而激发出更多的购买行为。最后，随着数据汇总和运营系统的精细化，创维可以将该系统赋能于经销商，帮助经销商提高主动营销的能力，进而增加销售收入。

（2）打造智能产品，寻找智能化产品的应用场景。

深圳创维智慧科技有限公司（创维智慧）成立于 2012 年，是创维集团旗下专注 TOB、TOG 智慧业务的子公司，拥有完善的产品研发、制造生产、质量管理、市场营销和服务体系，产品覆盖了 LCD 拼接屏、LED、监视器等显示终端，智慧黑板、会议一体机、信息交互屏等智能终端，以及与终端配套的行业软件系统。创维智慧以自有 ABD 技术（AI 人工智能、BIGDATA 大数据、DISPLAY 超高清传显）为核心，以数据为主线，融合特色的行业软件，打造会思考、有智慧、有内涵的终端。同时，为集成商、代理商等合作伙伴提供"终端+系统+场景"的解决方案支撑，重点构筑五大类应用场景（城运、园区/社区、教育、医疗、展示），为最终客户提供触手可及的智慧服务。同时，创维智慧结合集团战略，以智慧终端为依托，以数据为纽带，创新性地提出了建设"触手可及的智慧城市"的构想，破解了当前智慧城市建设中普遍存在"重城市管理，轻服务感知"的问题，更关注智慧城市服务的下沉、体验与使用效果，更紧密地连接人与城市。

（3）实现上下游对接升级，提升企业供应链效率。

在采购端，创维集团构建了从下单、送货、确认、发票到结算的全数字化流程，为提升企业效率、密切供应商关系起到了很好的效果。在家电行业，供应商与下游企业大多采取先货后款的采购供货模式，所以创维集团有条件建立一个以自身为核心的电子结算科技服务平台。2018 年，创维集团选择了第三方解决方案提供商联易融，共同打造全流程电子结算科技解决方案。将 ERP 系统与供应链金融科技平台进行对接，将所有的结算电子化、可视化，并迁移到区块链之上。通过联易融提供的 SaaS 产品，多层级的供应商均能凭借创维的信用状况，从渣打银行、中国银行、工商银行等多家银行取得低成本融资，构建了创维确权，联易融提供区块链技术、银行提供资金共同服务小微实体经济的模式，相关做法获得了有关监管机构的高度认可。截至 2020 年 12 月 31 日，创维集团已实现超供应商线上结算近 50 亿元，支付效率提升 50%。

7.5.3 专业化制造企业实例——浙江吉利控股集团

1. 企业简介

浙江吉利控股集团（以下简称"吉利集团"）于 1986 年成立，1997 年进入汽车行业，是一家涉及汽车整车、动力总成和关键零部件设计、研发、生产、销售和服务，并涵盖出行服务、数字科技、金融服务等业务的科技企业集团。集团总部位于杭州，旗下拥有吉利、领克、极氪和沃尔沃等品牌，在新能源科技、共享出行、车联网、智能驾驶、激光通信等前沿技术领域不断提升能力，积极布局智慧出行生态。

吉利集团是一家国际化的公司，在中国、美国、英国、瑞典、比利时、白俄罗斯、马来西亚建有世界一流的现代化整车和动力总成制造工厂，拥有销售网点 4000 多家。吉利集团在中国的上海、杭州、宁波等城市，在瑞典的哥德堡、英国考文垂、西班牙巴塞罗那、美国加利福尼亚州、德国法兰克福、马来西亚吉隆坡等地建有造型设计和工程研发中心，拥有大量发明专利。

2. 互联网化转型背景

（1）子业务数据分散，无法实现数据整合。

汽车行业经过 30 多年的发展，车企内部的系统林立，潜客管理系统、应用程序（App）、数据管理系统（DMS）、呼叫中心、车机端等多端系统中，积累了大量的数据，这些分散在各个子业务领域的数据，对车企的营销运营、网络建设、投放决策都有着重要的意义，但现实却呈现分散和割裂的状态，无法真正发挥其价值，阻碍其转型之路。

（2）工业 4.0 背景驱动，数字化工厂成为趋势。

工业 4.0 背景下，要想实现智能制造，企业需要将智能工厂、生产原料、物流配送和消费者四个部分与工业互联网紧密联系。因此,众多企业和工厂积极开展转型,以期达到"消费者移动终端下单——网络传递订单到智能工厂启动生产——智能工厂网络配送交付给消费者"的智能生产过程。在此过程中,智能工厂成为关键核心要素。智能制造对企业的智能工厂有着较高的要求:首先,企业需要以数据为基础,结合应用仿真技术、虚拟现实技术等完成传统制造工厂向数字化工厂的转型;其次,企业需要进一步结合人工智能等技术,将数字化工厂中所有的真实生产活动虚拟化,并对制造过程进行仿真、试验、分析和优化,进而实现智能制造。

3. 互联网赋能创新

(1) 搭建高质量用户数据平台,释放全生命周期价值。

为了真正让数据驱动业务决策,吉利汽车携手神策数据共同整理其数据资产,根据数据资产现状和业务目标,搭建一个可以满足不同业务部门、不同业务场景、随时取用的数据运营平台。同时,吉利集团进一步打通各数据源,建立统一的 ID 体系,沉淀高价值的数据资产。例如,售后数据主要关注点有工单数据、结算单数据、配件数据等;用户数据关注点有车主数据、联系人数据、用车人数据等。数据互通后利用 ID-Mapping 的方法,完成用户线上线下行为的唯一识别,实现用户看车、购车、用车、聊车、玩车、换车全生命周期覆盖,以持续的运营行动赋能用户增长、销售转化与忠诚建立,将车主用户的全生命周期价值更大地释放出来。并且吉利汽车的业务人员还可以基于业务目标,结合数据资产使用不同的数据模型,分析用户在不同端、不同业务触点、不同业务系统的行为数据,完成对业务价值的赋能。同时,还可以构建车主画像,区分不同用户群体的特征,通过不同的运营动作实现用户分层运营,为精细化运营与营销提供坚实的基础,实现数据闭环。

(2) 全渠道线索精细化管理,优化广告投放策略。

潜客管理一直是汽车行业非常重要的业务板块。汽车品牌在公域流量通过广告投放进行拉新时,常常遇到以下问题:投放出去的渠道转化效果缺乏有效跟踪,转化情况无法回传匹配线上数据,无法从长期转化链路中洞悉渠道用户真实的质量表现与投放策略匹配度。吉利汽车在后续垂直类媒体或主流渠道进行广告投放或拉新活动时，通过神策数据细化各渠道卖点实现快速洞察，并基于渠道管理功能生成不同的投放链接，将各渠道的投放数据与后续用户行为数据进行有效关联和打通，对不同渠道的转化效果进行实时分析和效果追踪。一方面，可以进行各渠道用户画像对比，分析转化群体的共同特征，并研究各渠道投放效果，甄别自身品牌真正目标用户群；另一方面，可以帮助吉利汽车业务人员第一时间洞察投放效果，判别优质渠道，及时调优投放策略。通过对比各渠道转化效果，全面提升渠道投放的质与量，进而帮助吉利汽车实现降本增效。

（3）开发智能制造技术，打造数字化工厂。

2015年，吉利集团研发出了中国第一套全流程汽车仿真生产系统。公司随后成功将这套系统应用在领克与沃尔沃共线生产的亚欧工厂，进而推广到余姚、杭州湾等制造基地。传统的生产线规划设计主要依靠经验和平面布局，缺少三维空间分析和实时运行仿真模拟，难以适应现代化装备制造系统。针对这种状况，吉利采用Tecnomatix数字平台开展虚拟制造，利用数字化仿真技术在真实工厂之前实现对设备的集成测试、工艺验证和虚拟试生产，通过这种方式实现了产品设计、工厂规划、工艺设计验证同步进行，在产品设计完成的同时，工厂规划、工艺验证也同步完成。在真实工厂集成安装开始前规避了80%以上的设计问题。

（4）研发生产运营数字化系统，形成精准对标，提升制造质量。

2019年，吉利集团结合行为识别（BI）技术设计研发了汽车行业生产运营数字化系统，并成功应用在领克05生产制造基地余姚工厂。为了实现指标的智能管控，吉利集团以质量地图的形式分析关键工位影响的过程指标，明确信息上传路径和使用的信息系统。通过智能制造，吉利集团可以从各种信息系统中捕捉和整合各种关键信息，呈现在管理驾驶舱上，进行分级管理、精准对标、质量预测和管控、快速决策和响应，从而形成PDCA循环（质量管理按计划、实施、检查、处理的顺序进行）。

7.5.4 专业化制造企业实例——福耀玻璃工业集团股份有限公司

1. 企业简介

福耀玻璃工业集团股份有限公司（以下简称"福耀集团"）成立于1985年，1987年在中国福州注册，1993年在上海证券交易所挂牌上市，是一家生产汽车安全玻璃和工业技术玻璃的科技企业。

福耀集团是一家规模大、技术水平高的汽车玻璃生产供应商。福耀集团在中国已经形成了一套完整的生产销售网络体系，截至2016年，已在福建福清、吉林长春、广东广州以及上海、重庆、北京建立了汽车玻璃生产基地，并在福建福清、吉林双辽、内蒙古通辽、海南海口等地建立了浮法玻璃生产基地。福耀集团还在中国香港、美国等地设立了子公司，并在日本、韩国、澳大利亚、俄罗斯以及西欧和东欧设立了办事处，是一家名副其实的跨国公司。

2. 互联网化升级背景

（1）汽车市场转向存量竞争，汽车玻璃生产企业受影响。

福耀集团能够在国内外市场高歌猛进，开疆拓土，凭借的是其高品质的产品、优异的研发中心、完善的产品线加上巨大产能。不过，万事万物的发展都有峰有谷，汽车行业也不例外。近年来，大部分国家汽车市场低迷，汽车行业从高速增长转向存量竞争，国内市场销量连续下滑，汽车玻璃生产企业也受到了影响，单纯依靠销量的增长已经不能满足企业的发展。福耀集团因而转向以生产高附加值产品为主，希望由此提升单品的价值及利润率。

（2）传统产品降低成本压力大，玻璃创新在产业的地位凸显。

福耀集团的客户由于汽车销售整体下滑，所面临的形势更加严峻，由此产生了两个方面的迫切需求：一是降低传统产品的售价；二是希望借汽车玻璃产生的亮点推动新车销售。比如，自加热玻璃、防紫外线玻璃、可投射仪表盘数据的玻璃等。

3. 互联网化升级过程

（1）规范数据资产，智能化改造生产线，实现企业的数字化、透明化。

第一，以信息为基础，根据规范运营。通过主数据治理（MDM）项目的建设，规范企业内核心数据资产，定义核心基础数据的维护、审核、发布标准，统一信息系统之间、信息系统与设备、与人的沟通语言，为人、机器与系统的协同奠定数据基础；通过企业服务总线（ESB）项目的建设，为数据的传递修建"高速公路"，并监控数据交互效率，保障数据能够准确、及时、可靠地到达指定的终端，并为企业内的纵向集成奠定基础。第二，设备升级，可管可控。通过对车间内关键生产线的智能化改造，升级核心生产设备的控制程序及安装传感器，实时获取设备的运行参数及运行状态，并通过安灯系统的自动启动紧急信号功能，对有故障的设备及时进行维修。第三，MES建设，车间透明。通过MES系统建设，在车间内实现生产计划、物流、设备、质量的整体协同。通过与主机厂订单的协同，实现客户订单对福耀中转库、生产及供应送料的拉动。第四，业务系统升级，实现管理透明化。通过对CRM、PLM、ERP、SRM、CAPP系统的建设与升级，实现研发与设计、工艺、采购、内部资源以及销售的数字化协同，完成相关工作的纵向集成。

（2）部署流程管理平台，实现端到端价值链流程的智能化协同。

福耀集团运用SOA架构思想，将岗位能力定义为可配置的信息服务，并通过流程管理平台（BPM）的部署，将单一信息系统中分段的业务流程贯通，打破"部门墙"，实现以客户为中心的端到端业务流程的贯通。公司通过BPM连接CRM、PLM、ERP系统，实现客户洞察到产品组合流程、客户线索到客户订单流程、客户订单到客户交付流程、客户投诉到问题解决流程的完全贯通。通过这四个流程的贯通，实现对客户各种需求的快速响应，真正建立起以客户价值为导向，以流程KPI提升为目标的精益管理体系，不断提升核心竞争力。其中，四个端到端流程的宗旨是从客户中来，到客户中去，通过四个流程的驱动，福耀集团不仅实现了跨越筹备部门的协作，还形成了新产品开发闭环：新产品开发流程就是从客户的市场调研开始，开发新产品，直到推荐给客户，从而落实了从客户处获得需求，再反馈给客户的原则。

（3）打造大数据平台和云平台，实现定制化大规模生产平台。

在基本实现企业内外部效率高协同的基础上，一方面，利用积累的大量内外部核心数据资产及大数据分析平台不断挖掘有价值的信息，为高层的科学决策提供支撑；另一方面，利用福耀集团对上下游资源的聚合效应，逐渐打造福耀八朵云，即研发云、采购云、生产云、营销云、客户云、财务云、知识云、企业内外部社交云。

经过4年的大规模建设，福耀集团已经基本完成了与客户的产品设计协同、订单交付协同以及大部分国家生产营运的可视化，不仅与客户建立了良好的协作关系，而且降低了企业的日常运营成本，提升了企业的整体运营能力，实现了20%的净利润率，取得了良好的效果。

7.6 小结

在利用互联网提升全要素生产率方面，中国多元化制造企业优于专业化制造企业，而在利用互联网创造新产品产值方面，中国多元化制造企业与专业化制造企业无显著差异。我们并不建议对多元化与专业化进行价值判断，因为这两种经营模式只不过是不同企业的不同战略选择。

第8章

互联网提高了制造企业的全要素生产率吗

从人们的切身感受来看，似乎无所不在的互联网理应提高制造企业的全要素生产率。但是，这种主观感知并不一定与客观现实相一致。一方面，如果人们从现实世界获取信息做判断，那么由于感知范围的局限性很容易造成以偏概全。比如，现实中最容易被感知的企业通常是与日常生活息息相关的、经营相对成功的、规模相对较大的企业，而远离人们日常生活的、经营濒临破产的、规模相对较小的企业更容易被忽视。另一方面，如果人们从网络世界获取信息做判断，那么将很容易被带偏误导。因为这些网络信息通常都是被信息上传者、网络监管者等筛选、过滤的，或被人出于某些目的二次加工过的，所以基于此类网络信息所作的判断往往也是有问题的。因此，学者们倾向于采用客观、权威、科学的统计数据，用事实数据而不是主观感受，去判断以互联网为代表的信息通信技术（information and communications technology，ICT）是否真的提高了全要素生产率。大量研究显示，虽然互联网对全球各领域发展的推动作用肉眼可见，但在统计方面却并不完全是这样。即企业在信息通信技术方面投入大量资源，但从生产率角度看却不都是正向提升的。由于这种现象有悖于直觉判断，所以被称作信息技术生产率悖论，简称生产率悖论（productivity paradox）。

8.1 信息技术生产率悖论

在国际上，信息技术生产率悖论是一个迷人且充满争议的话题。虽然 20 世纪 90 年代中期以后，美国的生产率悖论逐渐消失，但在其他主要经济体中依然存在（Basu et al.，2003）。巴苏和费尔南多（Basu & Fernald，2007）发现该时期美国全要素生产率提高主要集中在使用信息通信技术的行业而非生产信息通信技术的行业，还发现 21 世纪初美国全要素生产率与 20 世纪 90 年代的信息通信技术投资之间呈现正相关。类似文献，埃德奎斯特和翰林克森（Edquist & Henrekson，2017）利用瑞典各行业数据，发现虽然信息通信技术与全要素生产率之间不存在显著的正相关，但信息通信技术滞后 7~8 年后两者之间存在显著的正相关。也就是说，信息通信技术投资效果的滞后性可以部分解释生产率悖论现象。卡多纳等（Cardona et al.，2013）梳理信息通信技术和全要素生产率的大量经典文献之后，发现大多数文献支持信息通信技术与全要素生产率之间呈现正相关，还发现宏观数据表明美国与欧洲之间存在显著的信息通信技术效应差异，但微观数据却表明国别之间不存在显著差异。在学者们逐渐开始倾向认为生产率悖论不具有普遍性之时，阿西莫格鲁等（Acemoglu et al.，2014）十分冷静地指出，生产率悖论并未消失，并认为美国全要素生产率的提升源于制造企业应用了先进的制造设备，而并非信息技术设备。此外，布林约尔松等（Brynjolfsson et al.，2019）从人工智能（artificial intelligence，AI）切入，发现人工智能技术在越来越多的领域被应用，但其带来的收益也没有反映到国家统计的数据中，并认为这是现代版的生产率悖论。

8.1.1 中国生产率悖论的研究难点

本书作为一本严谨的著作，有必要从科学的角度探讨中国是否存在信息技术生产率悖论，而不是先验假定互联网一定提高全要素生产率。客观地讲，研究中国生产率悖论的难度要高于研究主流发达国家生产率悖论的难度。

首先，主流发达国家的制造企业，其所处的营商环境及所遵循的制度规则相对比较稳定；而同期的中国制造企业，由于一直处在经济体制转轨时期，所以所处的营商环境及所遵循的制度规则是复杂多变的。

其次，生产率悖论需要全局性的数据作支撑，区域性的生产率悖论结论并不能推广为全局性的生产率悖论结论。这是因为信息技术生产率悖论的一个关键元素为信息通信，信息通信（尤其是以互联网为代表的现代信息通信）的主要任务就是跨区域沟通，而这种跨区域的外部性因素使得区域性的结论不易扩大到全局性。因此，研究中国制造企业的生产率悖论必须要用中国全局性的数据作支撑。相比日本、德国、法国、英国等主流发达国家，中国的制造企业数量众多，数据样本更大，数据处理也更难。与此同时，中国国家统计局早期收集的制造企业数据，由于收集方法不够成熟完善，数据质量欠佳，这无疑也增加了中国生产率悖论的研究难度。

8.1.2 中国生产率悖论的研究现状

截至2022年底，关于中国生产率悖论研究的文献少之又少，更多的是研究互联网对中国社会各个领域的影响。在国内研究生产率悖论的文献中，与本章研究比较接近的是郭家堂和骆品亮（2016）的文献。这两位作者利用中国省级宏观数据，研究互联网是否促进中国全要素生产率的提高。此外，还有一些文献也与本章研究较为接近。其中，何小钢等（2019）利用世界银行收集的2005年中国11999家企业调查截面数据，从人力资本结构角度，研究企业员工计算机普及率（以之表示信息通信技术）对企业人均工业增加值（以之表示企业生产率）的影响[①]。朱秋

[①] 虽然该文献题目包含"破解'信息技术生产率悖论'之谜"这类颇具吸引力的关键语句，但该文献构造的两个关键指标都不是国际上公认的指标。关于生产率悖论、信息技术生产率悖论或信息通信技术生产率悖论，其最狭义的生产效率实际是指全要素生产率，而非该文献所构造的企业人均工业总产值；同时，该文献使用企业员工互联网普及率表示信息通信技术，同样也不是国际同行的普遍做法。因此，该文献严格意义上并没有研究生产率悖论，其本质上研究的是员工使用互联网对员工人均产值的影响。

博等（2019）利用我国农村固定观察点的农户数据以及农村信息化的调查数据，聚焦研究信息化对我国农业全要素生产率的影响；沈悦和郭品（2015）利用36家商业银行的面板数据，研究了互联网金融对我国商业银行全要素生产率的影响；肖利平（2018）则利用省级面板数据，研究了"互联网+"对我国装备制造业全要素生产率的影响；而陈维涛等（2019）利用上市公司数据，重点分析了电子商务对我国企业全要素生产率的影响；黄群慧等（2019）将宏观数据和微观数据集合起来，从城市、制造业和企业三个纬度，研究城市互联网综合发展指数对全要素生产率的影响。

迎难而上，关于中国信息生产率悖论的研究将会是本书"浓墨重彩的一笔"。本章将从根本上正面回答：中国是否存在信息技术生产率悖论？如果答案是否定的，那么中国将符合索洛（Solow）所讽刺的生产率悖论，即信息通信技术的大量应用未带来统计上的全要素生产率增长；如果答案是肯定的，那么不仅会打破生产率悖论，还能给出驱动中国全要素生产率增长的另一关键因素——互联网。

目前，关于中国生产率悖论的研究主要存在以下问题：第一，大多数文献并未直面国际上最狭义的生产率悖论——信息技术生产率悖论，而是研究其他领域的生产率悖论，其中以研究出口生产率悖论居多。第二，即使在信息技术生产率悖论的研究文献之中，多数文献要么聚焦研究某一细分领域（Lee et al.，2011；王艾敏，2015），要么基于 DEA、SFA、Granger 因果关系等方法笼统研究宏观层面（邵宇开等，2007；姜涛等，2010；黄群慧等，2019），要么利用"剔除原则"下的"小样本""残样本"微观数据或"小样本"调查数据研究整个制造业（何小钢等，2019；朱秋博等，2019），要么利用不具代表性的上市公司数据研究各类社会问题（任娟，2011；范晓男等，2020），等等。不难看出，国内关于信息技术生产率悖论的研究存在不少问题，尤其是在学界关注的重点领域——制造业。由于中国制造企业微观数据大而杂，所以在某种意义上绝大多数情况都是运用正确的方法去分析劣质的数据。实际上，只有高精度地修复制造企业的微观数据，才有可能给出证据确凿的研究判断。为此，本书迎难而上，选择极具挑战性的中国工业企业数据库，大规模系统性精准修复与之相关的各类关键指标，尤其是与互联网相关的指标，在全方位高精度修复的基础上给出中国生产率悖论的可靠研判。

8.1.3　生产率悖论的关键指标

目前来看，最狭义的生产率悖论通常要涉及两个尤为重要的变量：一个是全要素生产率（TFP）；另一个是以互联网为代表的信息通信技术（ICT）。

对于关键指标全要素生产率，多数学者（何兴强等，2014；沈悦和郭品，2015；Zhu et al.，2018；刘华军和曲惠敏，2019）采用 DEA 方法测算，其优点是可以将全要素生产率分解为技术进步变化和技术效率变化，并且无须指定投入产出的生产函数形态；其缺点是测算值属于相对概念，并且不适用于大样本下的超多线性方程计算。少数学者（陈维涛等，2019；黄群慧等，2019）采用 OP 法（Olley & Pakes，1996）或 LP 法（Levinsohn & Petrin，2003），其优点是能够精准对位到微观企业，测算值属于绝对概念，其缺点是微观全要素生产率难寻与之对应的微观互联网指标。本章主要采用 OP 法，借鉴杨汝岱（2015）分行业测算企业全要素生产率的思路，优化王贵东（2017）关于企业 ID 识别的交叉识别法程序，对中国制造企业全要素生产率进行重新测算，这种处理方式大大提升了全要素生产率的测算精度。

对于另一关键指标互联网，本章主要借鉴里奇和特里恩费蒂（Ricci & Trionfetti，2012）、亚达夫（Yadav，2014）等学者的处理方式，采用企业网址、企业邮箱代表互联网变量。同时，为了提高企业网址、企业邮箱数据的精度，本章构造了大量正则法则对其进行系统性修复及手工修复。在梳理经典文献时，卡多纳等（Cardona et al.，2013）曾指出，方法是否恰当将会影响生产率悖论的准确判断。这意味着全要素生产率、互联网的测算精度将会影响中国信息技术生产率悖论的最终研判。

8.2 研究设计

本章数据主要来源于 1996~2013 年的中国工业企业数据库，样本量达到 4286822。该数据库是当前国内最为权威的微观企业数据库，具有样本量大、指标较多、时间较长等优点（聂辉华等，2012），但也具有口径多变、缺失值较多、规模以上、匹配识别困难等缺陷（陈林，2018）。毫无疑问，这些缺陷大概率会对实证结果造成一定影响，但多数情况下这种影响不足以从根本上改变实证研究的结论，所以很多文献较少讨论中国工业企业数据库各类缺陷对其实证结果的影响。与大多数研究其他社会问题的文献不同，生产率悖论的研究对数据质量相对敏感。即本章利用中国工业企业数据库研究生产率悖论时，必须要有高质量的数据作保障；否则，低质量的数据不仅会降低全要素生产率的测算精度，还会将这种精度丧失带入到下一步——互联网对全要素生产率的实证分析中。因此，如何高质量地修复该数据库中的关键指标显得至关重要。

另外，在数据处理中，本章还有一些数据来源于《中国统计年鉴》、《中国人口和就业统计年鉴》、《中国工业经济统计年鉴》、第五次全国人口普查，以及 2005 年全国 1% 人口调查等。

8.2.1 基准计量模型

$$\ln tfp_{it} = \beta_0 + \beta_1 internet_{it} + \beta_2 Control_{it} + \lambda_1 i.year_t + \lambda_2 i.prov_i \\ + \lambda_3 i.industry_{it} + \varepsilon_{it} \quad (8-1)$$

其中，tfp、internet、Control、i.year、i.prov、i.industry 分别表示全要素生产率、互联网、不含因子变量的控制变量组、年份因子变量、省份因子变量、行业因子变量；ε 表示随机扰动项；下标 i、t 分别表示企业个体、年份。

8.2.2 全要素生产率

详见附录 H。

8.2.3 互联网

详见附录 I。

8.2.4 控制变量

（1）国家资本（state）。同第 2 章。

（2）垄断势力（markup）。同第 2 章。

（3）市场占有率（market）。同第 2 章。

（4）出口（export）。同第 2 章。

（5）园区（park）。同第 2 章。

（6）行业年龄（age_ind）。同第 2 章。

（7）资产流动性（liquid）。同第 2 章。

（8）资产负债率（debt）。同第 2 章。

（9）多元化（diversity）。同第 2 章。

（10）融资成本（finance）。同第 2 章。

（11）补贴（subsidy）。同第 2 章。

此外，控制变量还包括省份因子变量（i.province）、年份因子变量（i.year）、行业因子变量（i.industry[①]）等。多组因子变量的应用，可以最大限度地"综合覆盖"本章可能遗漏掉的关键解释变量，尤其是遗漏后会造成 internet 内生性的关键解释变量。

[①] 二分位行业。

8.2.5 描述性统计

本章所用的主要变量及其描述性统计结果如表 8-1 所示。不难发现：本章的绝大多数变量为"相对值"变量。比如，百分比变量、哑变量。这与一些文献采用"绝对值"变量有所不同。比如，何小钢等（2019）采用人均工业总产值、营业收入、人力资本、港口成本等"绝对值"变量研究生产率悖论。由于"绝对值"变量在非平稳时间序列上可能存在伪回归[①]，所以本章采用严谨苛刻的"相对值"变量，这样可以消除学者们关于伪回归的疑虑。

表 8-1　　　　　　　　描述性统计

变量	变量说明	样本量	均值	标准差
tfp	全要素生产率：由 OP 法测算	2241320	103.2368	336.6382
internet	互联网	2333779	0.1326	0.3391
markup	垄断势力：由 LP 法测算	3234091	1.6561	2.7948
market	市场占有率：百分比变量	4166327	0.2377	1.4404
state	国家资本	3322184	0.1340	0.3406
export	出口	4167354	0.2322	0.4222
park	园区	3909016	0.1677	0.3736
age_ind	行业年龄：四分位行业	4214236	11.0742	4.5401
liquid	资产流动性：百分比变量	4135730	55.7861	27.1357
debt	资本负债率：百分比变量	4158511	69.9945	125.0355
diversity	多元化	4193273	0.2632	0.4404
finance	融资成本：百分比变量	3303273	6.7814	1293.7490
subsidy	补贴：百分比变量	404335	7.6599	881.1622

注：所有涉及价格的变量均已作不变价调整。

---

① 即使本章所用面板数据的时间跨度并不大，但为了最大限度地提高计量回归精度，本章尽量避免这些可预见的干扰因素。

8.2.6 工具变量构造

详见附录 J。

8.3 计量结果

表 8-2 为基准计量回归结果。在表 8-2 中，模型（1）采用工具变量面板回归，为本研究的基准计量模型。而模型（2）采用与之相对照的普通面板回归。其中，模型（1）的第一列为 2SLS 的第一阶段回归，被解释变量是内生变量 internet；模型（1）的第二列为 2SLS 的第二阶段回归，被解释变量是 lntfp。不难看出：在模型（1）的第一阶段回归中，工具变量 L1.internet、internet_super_neighbor 的系数均在 1% 水平上显著为正。即实证数据表明两个工具变量均满足相关性。另外，在模型（1）的过度识别检验中，其 Sargan – Hansen 统计量对应的 p 值是 0.5461，意味不能拒绝零假设"所有工具变量都是外生"[1]。即实证数据表明两个工具变量都满足外生性。此外，对于关键解释变量 internet，在模型（2）中的估计系数为 0.0709，而在模型（1）中的估计系数为 0.1014。两个系数存在显著差异，这在一定程度上表明工具变量法的必要性。总之，基准计量模型（1）中的工具变量组是有效的。

---

[1] 需要说明的是，在纯理论分析方面，internet_super_neighbor 是基本满足外生性要求的。这是因为微观企业几乎难以影响到省级、行业级 internet，更何况这个省级指标还不是出自企业所在省。即本章满足过度识别检验的大前提"至少存在一个工具变量为外生"。在过度识别检验时，Sargan-Hansen 统计量对应的 p 值为 0.5461，意味着除 internet_super_neighbor 之外，其他工具变量（L1.internet）也为外生。不得不提的是，如果没有选择合理的控制变量，L1.internet 将大概率不满足外生性，而本书基准模型中的 L1.internet 经检验满足外生性，这也意味着本章所选取的控制变量是合理的，基本上将可能会被遗漏的重要解释变量"覆盖"。

表8-2　　　　　　　　　　　　基准计量回归结果

解释变量	被解释变量		
	模型（1）	模型（2）	
	internet	lntfp	lntfp
L1. internet	0.6384*** (150.04)	—	—
internet_super_neighbor	0.1686*** (3.82)	—	—
internet	—	0.1014*** (8.76)	0.0709*** (12.01)
i. province	Yes	Yes	Yes
i. year	Yes	Yes	Yes
i. industry	Yes	Yes	Yes
方差	稳健	稳健	稳健
观测值	80303	80303	138680
组内 R^2	—	0.1300	0.1640

注：圆括号内为t值，"***"表示$p<0.01$。

通过在数据端的高精度多维度修复、方法端的创造性工具变量构造、操作端的大量学者处理思路借鉴，本章基本上可以给出关于中国生产率悖论的可靠研判：中国整体上不存在信息技术生产率悖论。与此同时，基准计量回归结果显示：一方面，互联网大约贡献了中国制造企业10%的全要素生产率增长。如果考虑到web和mail漏报漏录、错报错录的下限作用，那么可以更为严谨地表述为：在21世纪第一个十年，互联网至少贡献了中国制造企业10%的全要素生产率增长。另一方面，由于模型（1）控制了垄断势力、市场占有率、出口、行业年龄及其二次项、资产负债率、多元化等变量，所以本章关于信息技术生产率悖论[①]的研判，已基本剔除垄断、规模效应、出口生产率悖论、行业周期、杠杆、多元化等因素的干扰。即在对一些因素进行控制之后，互联网对中国制造企业全要素生产率增长的"净"贡献至少为10%。

[①] 当文中并列出现其他类型的生产率悖论时，本章将会采用生产率悖论的全称——信息技术生产率悖论作区分。

8.4 稳健性检验

8.4.1 内生性问题

由于本研究基准计量模型（1）本身就已经采用了工具变量法，所以此处不作过多展开。

8.4.2 自选择问题

从处理效应的视角来看，是否使用互联网主要由企业依据自身情况自己决定，这将会导致自选择（self-selection）问题。即使控制了各种可观察的企业特征，也很难确定使用互联网的企业与不使用互联网的企业之间是否具有可比性（李兵和李柔，2017）。事实上，不管怎样，严谨的学者们似乎总可以找到一些理由去支持这种猜疑。本章对企业自选择问题暂时保持中立态度，不妨用最客观的事实数据说话，直接比较国有企业的互联网使用率和非国有企业的互联网使用率。如果二者存在显著差异，那么确实企业的自选择问题较为严重。考虑到 2004 年和 2008 年为经济普查年，所以这两年的企业数据最全面、最准确。在 2004 年、2008 年的经济普查混合数据中，国有企业中 11.53% 的企业拥有网站，而非国有企业的该数值为 10.33%；国有企业中 13.91% 的企业拥有邮箱，而非国有企业的该数值为 13.11%[①]。不难发现，互联网的自选择问题并没有想象中那么严重。但出于学术严谨性，本章依然会给出关于企业自选择问题的两种解决方案。

第一种，间接采用倾向得分匹配方法。具体参数：处理变量为 internet，协变量[②]为 L1.lnmarkup、market、state、export、park、lnage_ind、$\ln^2$age_ind、

[①] 这里的国有企业是指实收资本中含有国家资本金的企业，而非国有企业是指实收资本中不含国家资本金的企业；资料来源：全国经济普查数据。

[②] 相比基准计量回归模型（1），subsidy 并未进入模型（3）的协变量组，这是因为加入 subsidy 后的 PSM 法会报错。

liquid、debt、diversity、finance、i. province、i. year、i. industry3[①]，结果变量为 lntfp，使用 logit 函数估计倾向得分，匹配范围为共同取值范围，在卡尺 0.03 范围内寻找 10 个近邻进行匹配。计量模型如下：

$$\widehat{ATT} = \frac{1}{N_1} \sum_{i:\text{internet}_i = 1} (\text{lntfp}_i - \widehat{\text{lntfp}_{0i}}) \quad (8-2)$$

$$\widehat{\text{lntfp}_{0i}} = \sum_{j:\text{internet}_j = 0} w(i,j) \text{lntfp}_j \quad (8-3)$$

其中，ATT 表示企业使用互联网的平均处理效应；i 代表使用互联网的企业；j 代表未使用互联网的企业，企业 j 基于 L1. lnmarkup、market、state、export、park、lnage_ind、$\ln^2$age_ind、liquid、debt、diversity、finance、i. province、i. year、i. industry3 匹配企业 i；$N_1 = \sum_i \text{internet}_i$ 为使用互联网的企业个数；w(i,j)表示用于配对(i,j)的权重。

详细计量回归结果如表 8-3 所示。在模型（3）中，各个协变量的标准化偏差均在正负 10% 范围之内，并且非共同取值只占了 0.28% 的样本范围，说明样本损失较少，所以总体上该 PSM 方法是有效的。模型（3）显示，互联网的参与者平均处理效应（average treated effect on the treated，ATT）为 0.0827，其对应的 t 值（21.36）远大于 1.96，这表明互联网确实提高了中国制造企业的全要素生产率。此外，未匹配之前处理组与对照组之间的 lntfp 相差 0.1392，高于匹配之后（0.0827），意味着不经过匹配而采用最直接的作差法将会高估 internet 的作用。

表 8-3　　　　　　　　稳健性检验结果

解释变量	被解释变量				
	模型（3）		模型（4）	模型（5）	模型（6）
	internet	标准化偏差	internet	lntfp	lntfp_LP	lntfp
internet	—	—	—	0.1290*** (14.66)	0.0206*** (5.74)	
web	—	—	—	—	—	0.0889*** (7.07)

---

① 3 表示三分位行业。

续表

解释变量	被解释变量					
	模型（3）		模型（4）	模型（4）	模型（5）	模型（6）
	internet	标准化偏差	internet	lntfp	lntfp_LP	lntfp
L1. lnmarkup	-.0933*** (-23.07)	0.6%	—	0.4593*** (127.98)	0.0536*** (32.77)	0.3847*** (81.50)
rd	—	—	—	—	—	—
market	0.0755*** (32.03)	1.2%	0.0235*** (6.34)	0.0688*** (39.02)	0.0536*** (32.77)	0.0612*** (9.76)
state	0.4633*** (36.33)	1.4%	—	-0.0538*** (-5.80)	-0.0168*** (-4.05)	-0.0921*** (-7.35)
export	0.7802*** (106.98)	0.8%	0.3425*** (23.89)	0.1727*** (26.66)	0.0339*** (13.53)	0.1119*** (15.23)
park	0.2044*** (25.16)	-0.8%	0.0661*** (3.76)	0.0501*** (6.56)	0.0160*** (5.39)	0.0576*** (6.73)
lnage_ind	2.2371*** (10.73)	1.6%	—	0.8865*** (5.43)	0.0530 (1.11)	1.0522*** (6.97)
$\ln^2$age_ind	-0.4730*** (-11.27)	—	—	-0.1583*** (-4.85)	-0.0031 (-0.32)	-0.2009*** (-6.66)
liquid	-0.0032*** (-19.33)	-0.5%	—	0.0096*** (65.96)	0.0013*** (21.12)	0.0100*** (54.15)
debt	-0.0001 (-0.74)	-0.5%	-0.0007*** (-2.59)	-0.0039*** (-39.07)	-0.0009*** (-12.14)	-0.0033*** (-9.21)
diversity	0.6756*** (99.60)	0.6%	0.2257*** (15.98)	0.0197*** (3.30)	-0.0019 (-0.86)	0.0149** (2.19)
finance	0.0000 (0.18)	0.1%	—	-0.0000*** (-2.88)	-0.0000 (-0.97)	-0.0000*** (-2.79)
subsidy	—	—	—	-0.0003*** (-8.59)	-0.0001*** (-2.65)	-0.0003*** (-3.97)
L1. internet	—	—	2.7036*** (168.67)	—	—	—
internet_super_neighbor	—	—	2.6687*** (21.06)	—	—	—

续表

解释变量	被解释变量					
	模型（3）		模型（4）		模型（5）	模型（6）
	internet	标准化偏差	internet	lntfp	lntfp_LP	lntfp
i. province	Yes	—	Yes	Yes	Yes	Yes
i. city	—	—	—	Yes	—	—
i. year	Yes	—	Yes	Yes	Yes	Yes
i. industry	—	—	Yes	—	Yes	Yes
i. industry3	Yes	—	—	Yes	—	—
lambda	—	—	—	-0.0169** (-2.48)	—	—
PSM 之前处理组 与对照组之差	0.1392*** (39.16)	—	—	—		
PSM 之后 ATT	0.0827*** (21.36)	—	—	—		
观测值	902307		80303		81655	80303
R^2	Pseudo: 0.1504		Pseudo: 0.5356		组内: 0.1928	组内: 0.1300

注：圆括号内为 t 值，"**"表示 $p<0.05$，"***"表示 $p<0.01$。

第二种，直接采用处理效应方法。具体参数为：处理变量为 internet，该处理变量的解释变量为 market、export、park、debt、diversity、internet_super_neighbor、L1. internet、i. industry；结果变量为 lntfp，该结果变量的直接解释变量为 L1. lnmarkup、market、state、export、park、lnage_ind、$\ln^2$ age_ind、liquid、debt、diversity、finance、i. city①、i. year、i. industry3②；使用两步法进行计量回归，计量模型如下所示。

$$\text{lntfp}_{it} = \beta_1 \text{L1. lnmarkup}_{it} + \beta_2 \text{market}_{it} + \beta_3 \text{state}_{it} + \beta_4 \text{export}_{it} + \beta_5 \text{park}_{it}$$
$$+ \beta_6 \text{lnage\_ind}_{it} + \beta_7 \ln^2 \text{age\_ind}_{it} + \beta_8 \text{liquid}_{it} + \beta_9 \text{debt}_{it} + \beta_{10} \text{diversity}_{it}$$
$$+ \beta_{11} \text{finance}_{it} + \lambda_1 \text{i. city}_{it} + \lambda_2 \text{i. year}_t + \lambda_3 \text{i. industry3}_{it}$$
$$+ \gamma \text{internet}_{it} + \varepsilon_{it} \quad (8-4)$$

---
① i. city 表示城市因子变量。
② 3 表示三分位行业。

$$\text{internet}_{it} = \mathbf{1} \begin{pmatrix} \delta_1 \text{market}_{it} + \delta_2 \text{export}_{it} + \delta_3 \text{park}_{it} + \delta_4 \text{debt}_{it} + \delta_5 \text{diversity}_{it} + \\ \delta_6 \text{internet\_super\_neighbor}_{it} + \delta_7 L1.\text{internet}_{it} + i.\text{industry}_{it} + u_{it} \end{pmatrix}$$

(8-5)

其中，**1**(·)为示性函数。

详细计量回归结果如表8-3模型（4）所示。模型（4）显示，lambda的系数在5%的水平上显著不为0，所以该处理效应模型是合理的。此外，在第一阶段internet的probit回归方程中，L1. internet、internet_super_neighbor的回归系数在1%的水平上显著为正，这也在一定程度上支持了本章基准模型（1）工具变量的有效性。

8.4.3 极端值问题

由于本章针对中国工业企业数据库中的web、mail、企业ID等关键指标进行了高精度修复，所以错误型的极端值几乎可以忽略不计。另外，在高精度测算全要素生产率之后，本章还针对企业全要素生产率的极端值进行了修复，具体为：如果某企业某年的全要素生产率大于该企业整条时间序列中位数的10倍，或者小于该企业整条时间序列中位数的0.1倍，那么本章将其替换为空值；如果某企业某年的全要素生产率大于该年整个行业中位数的100倍，或者小于该年整个行业中位数的0.01倍，那么本章也将其替换为空值。需要说明的是，这些关键指标的修复工作以及全要素生产率的极端值处理工作都已反映到基准计量模型（1）之中。

8.4.4 替换被解释变量、关键解释变量

（1）替换被解释变量。我们的研究还试图将OP法测算的全要素生产率tfp，替换为LP法测算的全要素生产率tfp_LP，回归结果如表8-3模型（5）所示。不难发现，解释变量internet的系数也依然在1%的水平下显著为正。

(2) 替换关键解释变量。考虑到企业网站（web）相比企业邮箱（mail），其申请难度更大、维护成本更高、信息含量更高，从而更能反映企业使用互联网的情况，所以本章将互联网（internet）还原为企业网站（web）重新进行计量回归，回归结果如表 8-3 模型（6）所示。不难发现，解释变量 web 的系数在 1% 的水平下显著为正，表明中国整体上不存在信息技术生产率悖论。

8.5 小结

通过利用正则法则、逻辑判断、多指标协助等手段，在数据端系统性修复企业网址、企业邮箱、企业 ID 等指标，以之生成高精度的互联网指标；又通过交叉识别法匹配企业 ID，利用 OP 法分行业测算出高精度的企业全要素生产率；创造性地采用跨省人口迁移数据构建互联网工具变量，解决其内生性问题。最终，在交叉识别、微观 OP、微观 LP、面板工具变量组、间接倾向得分匹配、直接处理效应等多个方法之下，本章得出最终研判：中国整体上不存在信息技术生产率悖论。

第9章 结论与启示

9.1 结论

本书聚焦于探究互联网对中国制造企业的差异化影响。基于中国制造企业的特性及共性,我们将其划分为:国有与非国有制造企业、园区与非园区制造企业、高外销与低外销制造企业、装备与非装备制造企业、消费品与非消费品制造企业、多元化与专业化制造企业,而这种多维划分可以更好地研究,得出有价值的结果。本书的主要发现有以下六个方面。

1. 关于国有与非国有制造企业

计量实证表明:互联网不仅有助于中国国有制造企业提升创新效率,还可以扭转国有制造企业创新效率低于非国有制造企业(民营制造企业)的困局。国有企业凭借之前的人才储备优势,并背负"以市场换技术"的隐性要求,所以国有企业更倾向利用互联网消化、吸收国外先进技术。而中国体制转轨时期的过渡性、短期性、不确定性、非均衡性等特点使得民营企业长期游走在政策法规的禁区与非禁区之间的边缘地带,多数民营企业通过政治关联等方式生存及发展,这种背景下的中国民营企业具有较高的机动性。随着中国加入 WTO 以及互联网的普及，大量民营企业参与全球化产业分工，民营企业的高机动性正好与生产性补贴政策相碰撞，再加上历史形成的人才结构劣势以及储备了大量原国有企业淘汰的老旧设备，这些都会促使多数中国民营企业逐渐陷入全球价值链的低端。总之，中国国有企业更倾向利用互联网进行技术交流，而中国民营企业更倾向利用互联网寻求市场机遇，最终表现为：中国国有制造企业在利用互联网提升创新效率方面优于中国非国有制造企业。

2. 关于园区与非园区制造企业

计量实证表明：在广义园区概念下，相比中国非园区制造企业，互联网更有助于中国园区制造企业提高全要素生产率。但仅就"集聚"而言，在互联网对企业全要素生产率影响方面，中国集聚制造企业与中国非集聚制造企业之间并无显著差异。即互联网在一定程度上抵消了中国园区制造企业的空间集聚效应。我们认为，集聚在本质上就是空间距离的拉近，而互联网在某种程度上恰恰又突破了空间距离的局限，两者是矛与盾的统一体。集聚效应可以为园区企业在全要素生产率方面至少带来以下三点好处：一是规模经济，主要是指园区之内多个相似生产单元超越企业边界，在更大范围内组成一个生产整体，从而实现规模经济。二是范围经济，主要是指园区之内多个互补生产单元通过相互协助，来提高整体生产效率。三是外部经济，主要指园区拉近了多个生产单元，使得生产单元之间的技术外溢、知识外溢等能被更有效吸收。互联网也可以达到由集聚所带来的以上三点好处：对于规模经济，互联网可以跨越物理空间，在网络端汇聚多个相似生产单元形成社群，从而提高社群内部的生产效率。对于范围经济，互联网早已在很多领域形成模块化生产格局，模块化本身就具有复杂生产流程下的范围经济属性。对于外部经济，互联网采用的光纤等传输介质，其传输速度几乎和光速处于同一数量级，意味着互联网通过"以时间换空间"的方式突破物理空间限制，从而让外部经济的辐射范围更大。

3. 关于高外销与低外销制造企业

计量实证表明：中国外销企业的出口密度与全要素生产率呈现负相关（即出口生产率悖论），并且互联网强化了这种负相关。造成中国出口生产率悖论的因素颇多，这些因素中哪些因素会在与互联网结合的过程中发挥更大负作用？结合基础调研及文献梳理，我们猜测：追求短期利益的外销企业（以非国有企业为主），受特殊时期中国出口导向政策、国际前沿企业技术碾压等多因素影响，更倾向于利用劳动力密集的比较优势，借助互联网在国际市场寻求贸易商机（而非交流技术）。在外受技术俘获、内有内卷竞争的双重夹击下，被动嵌入全球价值链中低端，赚取微薄的出口政策红利，最终演变为"专注于出口的高外销企业"。由于互联网在高外销企业中更多是用于寻求贸易商机，而不是用于技术交流提升企业核心竞争力，所以表现为中国高外销企业并未有效利用互联网提升全要素生产率。

4. 关于装备与非装备制造企业

计量实证表明：在利用互联网提升全要素生产率方面，中国装备制造企业与非装备制造企业并无太大差异，而这与"互联网对装备制造企业全要素生产率的促进作用应当显著高于互联网对非装备制造企业全要素生产率的促进作用"的正常认知有悖。我们猜测其原因可能为：中国的装备制造大而不强，主要是低端装备制造。由于装备制造具有参数化、标准化属性，所以企业之间的竞争主要是技术层面。一方面，互联网的数字化、交互式属性会加深不同装备制造社群之间的技术鸿沟；另一方面，互联网的开放性、共享性属性会造成装备制造企业在国际市场强者愈强、弱者愈弱。较为不幸的是，中国装备制造是竞争弱者，并在国际互联网催化剂作用下加速被淘汰，难以形成规模化的生产安排，从而表现为即使利用互联网向全球推介中国装备制造，也难有全球市场份额的扩大，更别提规模化的量产提效。计量实证还表明：在利用互联网推陈出新方面，中国装备制造企业比非装备制造企业更有动力及优势。这个发现在我们的意料之中，这是因为：互联网经济下的装备制造主要采用模块化生产方式，在稳定架构下可以将创新高度集成于模块之中。由于装备制造主要面向全球市场中的少数厂家，这些厂家基本都是专业领域的大客户而非普通消费者，所以装备制造相对比较容易找到需求下家。这使得获利的装备制造企业有足够的动力去不断研发新装备。通过利用互联网的交互式通信技术，装备制造企业可以对客户购买的装备进行及时有效的远程升级及维护；与此同时，互联网的数字化技术也保证了新产品在推介、升级及维护过程中数据传输的安全性。这些都可以增加客户黏性，进一步开拓并巩固新产品的市场份额。

5. 关于消费品与非消费品制造企业

计量实证表明：在利用互联网提升全要素生产率方面，中国消费品制造企业低于非消费品制造企业。结合基础调研及文献梳理，我们猜测：消费品制造主要面向消费者，而消费者利用互联网的交互式属性组成很多小众社群，在网络端集结长尾需求，促使消费品制造呈现定制化、柔性化趋势，进而造成消费品制造企业牺牲一定的生产效率。与其他国家相比，中国消费品制造的生产效率牺牲更强，主要是因为中国不仅拥有世界上最多的人口、最多的网民，而且中国汉字的统一和普通话的普及还能扫除小众社群内部的沟通障碍（相比欧盟的多种文字语言体系、美国的多种移民文化体系），使得中国更容易形成规模化的小众长尾需求，从而造成更多的生产效率牺牲。计量实证还表明：在利用互联网创造新产品产值方面，中国消费品制造企业低于非消费品制造企业。结合基础调研及文献梳理，我们猜测：第一，中国不可持续的低端需求。在中国互联网起步阶段，中国人均收入相对较低，绝大多数中国消费者处在世界金字塔底层，在互联网的交互式、共享性、开放性属性之下，底层特殊需求很快被挖掘，中国市面上出现了名目繁多的劣质"神器"。虽然这些新产品种类繁多，但通常只是昙花一现。市场是检验产品创新成果的试金石，并不是所有的新产品都广受市场青睐。由于缺少中产阶级的持续性支撑，这些低端需求产品逐渐被市场淘汰。第二，中国难以上位的小众需求。在过去，受儒家中庸之道潜意识以及集体主义氛围影响，中国小众需求很难上位为准大众需求、大众需求，表现为：大众需求的单一化高品质产品创新与小众需求的多元化低品质产品创新孤立存在，缺少位于中间的准大众需求。这与美国、日本、欧盟有所不同，美国嘻哈文化、日本动漫文化、欧盟足球文化等基本处于准大众需求地位，其对应的周边创新产品极为丰富且大有市场。第三，全球价值链低端锁定。2001年中国加入WTO，很多制造企业抓住商机，利用互联网的开放性、共享性属性迅速开展国外业务，深度嵌入全球价值链分工。受制于装备制造的高技术门槛以及原材料制造的资源局限，很多中国制造企业采用来料加工模式，进口装备及原材料，出口消费品。同时，中国出口退税政策进一步加剧了消费品制造企业的出口内卷，一度以极低的价格向全球倾销低端消费品。比如，定位中低端细分市场，生产中低品质的玩具、打火机等。

6. 关于多元化与专业化制造企业

计量实证表明：中国多元化制造企业更能有效地利用互联网提升全要素生产率。结合基础调研及文献梳理，我们认为主要有以下四个原因：（1）互联网催生跨界。互联网作为一种通信工具，可以有效协调不同产品线高效率生产。多元化制造企业，其内设机构及内部员工通常较多、较散，企业内部的分工、协作、权责、利益分配等需要多方面协调，从而企业内部管理难度较大。而利用互联网的交互式属性可以实现即时有效的协调与沟通，进而更好地提高多元化制造企业的全要素生产率。因此，在互联网交互式属性的影响下，很多企业更愿意选择多元化制造模式，甚至是完全的跨界制造模式。（2）互联网的去中心化属性使得企业管理科层减少、管理结构扁平化，促使企业从纵向一体化、横向一体化的集权模式转向事业部制的分权模式。通过设立区别于原业务的事业部，可以有效地降低科层沟通成本，从而更好地进行多元化经营。在某种程度上，互联网无疑是打破中国官本位企业管理结构的一剂良药，可以加速中国制造企业的现代化改造进程。（3）特殊中国国情：中国制造企业正处在摆脱效率低下以及互联网蓄势待发的特殊历史交汇期。20世纪末，中国制造企业陷入了大面积效率低下的困境。在中央关于国有企业三年脱困的号召下，一些制造企业开始挣脱低效率、不盈利、重复建设的传统制造项目，抽调更多财力、物力在富有发展前景的新领域排兵布阵，从而形成阶段性的多元化结构。同一期间，互联网技术的广泛应用起到了相当大的推动作用。21世纪初，中国互联网蓄势待发。第一批"吃螃蟹"的中国制造企业，借助国际互联网的开放性、共享性属性，消化吸收国际先进生产、管理及专利技术，在传统项目以外的新领域实施现代化企业生产，逐步提高企业全要素生产率。需要说明的是，中国制造企业改革是以增量改革为主、存量改革为辅，这意味着增量改革下将大概率涉及企业跨领域的多元化生产（至少包括传统制造领域与增量改革新制造领域）。因此，在特殊历史时期，中国多元化制造企业相比专业化制造企业，表现出更高效地利用互联网提升全要素生产率。(4) 特殊中国国情：中国当前的市场制度相对不够健全。由于中国正处在体制转轨阶段，市场机制尚不完善，所以由互联网自身所产生的新兴产业，其所需的各项要素很难通过现有市场机制实现高效配置。相比于不健全的市场，同期的中国大型企业却在资本汇集、人才吸引、关系网络等方面具有先天优势，所以大型企业组织替代了市场整合，进而表现为内部企业多元化比外部市场专业化更高效的阶段性现象。

我们除了对中国不同类型制造企业的差异化进行研究，还研究了中国在整体上是否存在信息技术生产率悖论的问题。通过采用面板工具变量组、间接倾向得分匹配、直接处理效应等多个方法，最终得出较为稳健的结论：中国整体上不存在信息技术生产率悖论。

9.2 启示

基于以上研究结果，对于我国互联网与制造业的融合发展，可得到以下启示和对策建议。

（1）互联网是促进国有企业提高效率的有效途径。我们的研究显示，互联网更有助于中国国有制造企业提高全要素生产率。因此，各级政府应当大力推动互联网与国有制造企业的融合；国有制造企业本身也应该更加重视互联网和数字技术在企业各个环节的应用,从而健康、快速地提升全要素生产率。在推进制造企业与互联网融合的工作中,要充分重视数字人才的作用,采取有效的引进、培养和激励措施。

(2)在互联网时代,依然要充分发挥好园区对制造企业的促进作用,同时要淡化园区的"集聚效应"。我们的研究指出,相比中国非园区制造企业,互联网更有助于中国园区制造企业提高全要素生产率。这说明,在互联网时代,园区对制造企业的促进作用依然存在,不能忽视。同时研究也显示,就"集聚"而言,在互联网对企业全要素生产率影响方面,中国集聚制造企业与非集聚制造企业之间并无显著差异。即互联网在一定程度上抵消了中国园区制造企业的空间集聚效应。这说明,我们以前在建设园区时特别强调的"园区的集聚效应"可能随着互联网的发展会变得不那么重要了,可以适当淡化。

(3)为了出口创汇而制定的出口退税等传统政策可能需要重新审视。中国的出口生产率悖论已在学界引起了广泛讨论,而我们的研究发现互联网在某种程度上还强化了中国的出口生产率悖论,这是一个重要的信号。在其背后的众多影响因素中,中国的出口退税政策难辞其咎。在全球化技术革命中,技术落后的企业要么被国际前沿技术企业技术俘获、低端锁定,要么被市场直接淘汰。然而,中国一些技术落后企业却在出口退税政策下继续存活,甚至一部分企业还不断扩大规模。出口退税成为这部分企业的利润主要来源,互联网成为这部分企业开拓全球低端市场的重要工具,在无形中形成一套"生态微循环"。但是,随着全球低端市场逐渐饱和以及全球人均收入的不断提高,这种"生态微循环"不可长久维系。因此,中国政府应当及时调整出口政策及策略,减少对技术落后企业的"扶弱输血",加大对关键技术领域出口企业的战略性倾斜,在投入端增加对技术创新的支持,在产出端适度降低出口补贴。

(4)中国制造业的核心竞争力提升和高质量发展要走新路径。现在关于中国的工业(制造业)体系有一些误解。在工业门类方面,中国至少存在两个问题:一是工业门类齐全假象。由于与互联网(数字经济)相关的新兴行业通常滞后于国际标准产业分类(最新版为 2008 年的 ISIC Rev

4.0）以及国民经济行业分类（最新版为 2017 年的 GB/T 4754—2017），并且很大一部分被归为不同门类下的"其他"，所以传统工业居多但新兴工业不足的中国很容易被认定为工业门类齐全的国家。但事实上，中国可能只是轻微涉及这些特殊门类下的"其他"。二是加法原则和减法原则的战略性选择问题。一国的资源、要素及精力是有限的，过于注重工业门类齐全（加法原则）反而会导致对重点关注不足。在未来，中国在保持主要工业（制造业）门类体系的前提下，应当适度将某些低附加值的工业门类转移至其他国家（减法原则），集中精力在高附加值的关键领域发展核心技术。通过适度结构性减少低附加值工业门类，将更多资源向高附加值工业门类倾斜，提升中国工业的核心竞争力及整体实力。

（5）互联网只是一项中性工具，其好坏价值取决于如何去使用。制造企业要充分重视探寻如何将互联网运用于企业的业务工作之中。如果微观企业偏向于使用互联网（数字技术）提升业务流程、交流技术，那么相当于做大做强"蛋糕"，将有助于全行业的整体创新发展；如果微观企业偏向于使用互联网扩大市场份额，那么相当于争夺分割"蛋糕"，较难促进全行业的创新发展。

参考文献

[1] 曹虹剑，贺正楚，熊勇清. 模块化、产业标准与创新驱动发展：基于战略性新兴产业的研究 [J]. 管理科学学报，2016，19 (10)：16 – 33.

[2] 曹培杰. 未来学校的变革路径："互联网 + 教育"的定位与持续发展 [J]. 教育研究，2016 (10)：46 – 51.

[3] 陈林. 中国工业企业数据库的使用问题再探 [J]. 经济评论，2018 (6)：140 – 153.

[4] 陈维涛，韩峰，张国峰. 互联网电子商务、企业研发与全要素生产率 [J]. 南开经济研究，2019 (5)：41 – 59.

[5] 程大中. 中国参与全球价值链分工的程度及演变趋势：基于跨国投入—产出分析 [J]. 经济研究，2015，50 (9)：4 – 16，99.

[6] 戴觅，余淼杰. 企业出口前研发投入、出口及生产率进步：来自中国制造业企业的证据 [J]. 经济学（季刊），2012，11 (1)：211 – 230.

[7] 董洁林，陈娟. 无缝开放式创新：基于小米案例探讨互联网生态中的产品创新模式 [J]. 科研管理，2014，35 (12)：76 – 84.

[8] 董香书，肖翔. "振兴东北老工业基地"有利于产值还是利润？：来自中国工业企业数据的证据 [J]. 管理世界，2017 (7)：24 – 34，187 – 188.

[9] 杜传忠，陈维宣，胡俊. 信息技术、所有制结构与电子商务产业集聚：产业集聚力影响因素的实证检验 [J]. 现代财经（天津财经大学学报），2018，38 (12)：82 – 95.

[10] 范剑勇，冯猛. 中国制造业出口企业生产率悖论之谜：基于出口密度差别上的检验 [J]. 管理世界，2013 (8)：16 – 29.

［11］范晓男，孟繁琨，鲍晓娜，等．人工智能对制造企业是否存在"生产率悖论"［J］．科技进步与对策，2020，37（14）：125－134．

［12］冯华，陈亚琦．平台商业模式创新研究：基于互联网环境下的时空契合分析［J］．中国工业经济，2016（3）：99－113．

［13］盖庆恩，朱喜，程名望，等．要素市场扭曲、垄断势力与全要素生产率［J］．经济研究，2015，50（5）：61－75．

［14］高峰，吴谣，芮意，等．数据驱动技术、企业估值与业绩：来自A股的实证研究［J］．投资研究，2020，39（11）：29－45．

［15］郭家堂，骆品亮．互联网对中国全要素生产率有促进作用吗？［J］．管理世界，2016（10）：34－49．

［16］郭鹏，林祥枝，黄艺，等．共享单车：互联网技术与公共服务中的协同治理［J］．公共管理学报，2017（3）：1－10，154．

［17］郭铁成．中国制造2025：智能时代的国家战略［J］．人民论坛·学术前沿，2015（19）：54－67．

［18］何小钢，梁权熙，王善骝．信息技术、劳动力结构与企业生产率：破解"信息技术生产率悖论"之谜［J］．管理世界，2019（9）：65－80．

［19］何兴强，欧燕，史卫，等．FDI技术溢出与中国吸收能力门槛研究［J］．世界经济，2014，37（10）：52－76．

［20］胡晓鹏．从分工到模块化：经济系统演进的思考［J］．中国工业经济，2004（9）：5－11．

［21］黄群慧，余泳泽，张松林．互联网发展与制造业生产率提升：内在机制与中国经验［J］．中国工业经济，2019（8）：5－23．

［22］黄先海，诸竹君，宋学印．中国出口企业阶段性低加成率陷阱［J］．世界经济，2016，39（3）：95－117．

［23］黄阳华．德国"工业4.0"计划及其对我国产业创新的启示［J］．经济社会体制比较，2015（2）：1－10．

［24］黄益平，黄卓．中国的数字金融发展：现在与未来［J］．经济学（季刊），2018（4）：1489－1502．

［25］江积海，李琴．平台型商业模式创新中连接属性影响价值共创的

内在机理：Airbnb 的案例研究［J］．管理评论，2016，28（7）：252-260．

［26］姜涛，任荣明，袁象．我国信息化与区域经济增长关系实证研究：基于区域差异的面板数据分析［J］．科学学与科学技术管理，2010，31（6）：120-125．

［27］蒋大兴，王首杰．共享经济的法律规制［J］．中国社会科学，2017（9）：141-162，208．

［28］蒋洪德，任静，李雪英，等．重型燃气轮机现状与发展趋势［J］．中国电机工程学报，2014，34（29）：5096-5102．

［29］鞠雪楠，赵宣凯，孙宝文．跨境电商平台克服了哪些贸易成本？：来自"敦煌网"数据的经验证据［J］．经济研究，2020（2）：181-196．

［30］康叶钦．在线教育的"后 MOOC 时代"：SPOC 解析［J］．清华大学教育研究，2014，35（1）：85-93．

［31］蓝伯雄，郑晓娜，徐心．电子商务时代的供应链管理［J］．中国管理科学，2000（3）：2-8．

［32］黎继子，库瑶瑶，刘春玲，等．众包与供应链耦合：众包供应链演化与驱动模式［J］．科研管理，2020，41（7）：42-49．

［33］黎志成，刘枚莲．电子商务环境下的消费者行为研究［J］．中国管理科学，2002（6）：89-92．

［34］李兵，李柔．互联网与企业出口：来自中国工业企业的微观经验证据［J］．世界经济，2017，40（7）：102-125．

［35］李春顶，尹翔硕．我国出口企业的"生产率悖论"及其解释［J］．财贸经济，2009（11）：84-90，111，137．

［36］李春顶．中国出口企业是否存在"生产率悖论"：基于中国制造业企业数据的检验［J］．世界经济，2010，33（7）：64-81．

［37］李坤望，蒋为，宋立刚．中国出口产品品质变动之谜：基于市场进入的微观解释［J］．中国社会科学，2014（3）：80-103，206．

［38］李廉水，石喜爱，刘军．中国制造业40年：智能化进程与展望［J］．中国软科学，2019（1）：1-9，30．

［39］李平，狄辉．产业价值链模块化重构的价值决定研究［J］．中

国工业经济，2006（9）：71-77.

[40] 李维安，吴德胜，徐皓. 网上交易中的声誉机制：来自淘宝网的证据［J］. 南开管理评论，2007（5）：36-46.

[41] 李文莲，夏健明. 基于"大数据"的商业模式创新［J］. 中国工业经济，2013（5）：83-95.

[42] 李燕. 工业互联网平台发展的制约因素与推进策略［J］. 改革，2019（10）：35-44.

[43] 李昭华，蒋冰冰. 欧盟玩具业环境规制对我国玩具出口的绿色壁垒效应：基于我国四类玩具出口欧盟十国的面板数据分析：1990—2006［J］. 经济学（季刊），2009，8（3）：813-828.

[44] 刘兵，李嫄，许刚. 开发区人才聚集与区域经济发展协同机制研究［J］. 中国软科学，2010（12）：89-96.

[45] 刘复兴. 论教育与机器的关系［J］. 教育研究，2019（11）：28-38.

[46] 刘根荣. 共享经济：传统经济模式的颠覆者［J］. 经济学家，2017（5）：97-104.

[47] 刘华军，曲惠敏. 黄河流域绿色全要素生产率增长的空间格局及动态演进［J］. 中国人口科学，2019（6）：59-70，127.

[48] 刘满凤，李圣宏. 基于三阶段DEA模型的我国高新技术开发区创新效率研究［J］. 管理评论，2016，28（1）：42-52，155.

[49] 刘奕，夏杰长. 共享经济理论与政策研究动态［J］. 经济学动态，2016（4）：116-125.

[50] 鲁晓东，连玉君. 中国工业企业全要素生产率估计：1999—2007［J］. 经济学（季刊），2012（2）：541-558.

[51] 吕越，陈帅，盛斌. 嵌入全球价值链会导致中国制造的"低端锁定"吗？［J］. 管理世界，2018，34（8）：11-29.

[52] 罗珉，李亮宇. 互联网时代的商业模式创新：价值创造视角［J］. 中国工业经济，2015（1）：95-107.

[53] 马丽，严汉平. 产业聚集与园区经济发展相关性分析［J］. 西北大学学报（哲学社会科学版），2015，45（1）：118-123.

[54] 马文彦. 数字经济 2.0：发现传统产业和新兴业态的新机遇 [M]. 北京：民主与建设出版社, 2017: 244-248.

[55] 孟陆, 刘凤军, 陈斯允, 等. 我可以唤起你吗：不同类型直播网红信息源特性对消费者购买意愿的影响机制研究 [J]. 南开管理评论, 2020, 23 (1): 131-143.

[56] 孟小峰, 慈祥. 大数据管理：概念、技术与挑战 [J]. 计算机研究与发展, 2013, 50 (1): 146-169.

[57] 聂辉华, 江艇, 杨汝岱. 中国工业企业数据库的使用现状和潜在问题 [J]. 世界经济, 2012, 35 (5): 142-158.

[58] 牛泽东, 张倩肖. 中国装备制造业的技术创新效率 [J]. 数量经济技术经济研究, 2012, 29 (11): 51-67.

[59] 欧光军, 刘思云, 蒋环云, 等. 产业集群视角下高新区协同创新能力评价与实证研究 [J]. 科技进步与对策, 2013, 30 (7): 123-129.

[60] 钱海章, 陶云清, 曹松威, 等. 中国数字金融发展与经济增长的理论与实证 [J]. 数量经济技术经济研究, 2020, 37 (6): 26-46.

[61] 邱泽奇, 张樹沁, 刘世定, 等. 从数字鸿沟到红利差异：互联网资本的视角 [J]. 中国社会科学, 2016 (10): 93-115, 203-204.

[62] 任娟. IT 投资对我国机械制造业上市公司技术效率的影响分析 [J]. 技术经济, 2011, 30 (5): 69-76.

[63] 任曙明, 吕镯. 融资约束、政府补贴与全要素生产率：来自中国装备制造企业的实证研究 [J]. 管理世界, 2014 (11): 10-23, 187.

[64] 任曙明, 张静. 补贴、寻租成本与加成率：基于中国装备制造企业的实证研究 [J]. 管理世界, 2013 (10): 118-129.

[65] 茹玉骢, 李燕. 电子商务与中国企业出口行为：基于世界银行微观数据的分析 [J]. 国际贸易问题, 2014 (12): 3-13.

[66] 邵宇开, 刘宏超, 王浣尘. 区域经济增长与信息化因果关系的实证分析 [J]. 科研管理, 2007 (3): 53-56.

[67] 沈国兵, 袁征宇. 企业互联网化对中国企业创新及出口的影响 [J]. 经济研究, 2020, 55 (1): 33-48.

[68] 沈悦, 郭品. 互联网金融、技术溢出与商业银行全要素生产率 [J]. 金融研究, 2015 (3): 160-175.

[69] 盛丹, 王永进. 中国企业低价出口之谜: 基于企业加成率的视角 [J]. 管理世界, 2012 (5): 8-23.

[70] 施炳展, 李建桐. 互联网是否促进了分工: 来自中国制造业企业的证据 [J]. 管理世界, 2020, 36 (4): 130-149.

[71] 石超. 区块链技术的信任制造及其应用的治理逻辑 [J]. 东方法学, 2020 (1): 108-122.

[72] 宋航. 万物互联: 物联网核心技术与安全 [M]. 北京: 清华大学出版社, 2019.

[73] 苏振东, 洪玉娟, 刘璐瑶. 政府生产性补贴是否促进了中国企业出口?: 基于制造业企业面板数据的微观计量分析 [J]. 管理世界, 2012 (5): 24-42, 187.

[74] 苏中滨, 郭媛媛. 基于物联网的乳制品溯源系统编码技术研究 [J]. 东北农业大学学报, 2014, 45 (8): 110-117.

[75] 孙其博, 刘杰, 黎羴, 等. 物联网: 概念、架构与关键技术研究综述 [J]. 北京邮电大学学报, 2010, 33 (3): 1-9.

[76] 陶飞, 刘蔚然, 刘检华, 等. 数字孪生及其应用探索 [J]. 计算机集成制造系统, 2018, 24 (1): 1-18.

[77] 陶飞, 张萌, 程江峰, 等. 数字孪生车间: 一种未来车间运行新模式 [J]. 计算机集成制造系统, 2017, 23 (1): 1-9.

[78] 王艾敏. 中国农村信息化存在"生产率悖论"吗?: 基于门槛面板回归模型的检验 [J]. 中国软科学, 2015 (7): 42-51.

[79] 王晨, 宋亮, 李少昆. 工业互联网平台: 发展趋势与挑战 [J]. 中国工程科学, 2018, 20 (2): 15-19.

[80] 王贵东. 中国制造业企业的垄断行为: 寻租型还是创新型 [J]. 中国工业经济, 2017 (3): 83-100.

[81] 王贵东, 周京奎. 中国制造业企业垄断势力测度: 兼论市场边界 [J]. 经济评论, 2017 (4): 30-44.

[82] 王建伟. 工业赋能：深度剖析工业互联网时代的机遇和挑战（第2版）[M]. 北京：人民邮电出版社，2021.

[83] 王金杰，郭树龙，张龙鹏. 互联网对企业创新绩效的影响及其机制研究：基于开放式创新的解释 [J]. 南开经济研究，2018 (6)：170-190.

[84] 王可，李连燕."互联网+"对中国制造业发展影响的实证研究 [J]. 数量经济技术经济研究，2018，35 (6)：3-20.

[85] 王岚，李宏艳. 中国制造业融入全球价值链路径研究：嵌入位置和增值能力的视角 [J]. 中国工业经济，2015 (2)：76-88.

[86] 王强，刘长春，周保茹. 基于区块链的制造服务可信交易方法 [J]. 计算机集成制造系统，2019，25 (12)：3247-3257.

[87] 王晓川，陈荣秋，江毅. 网络品牌社群中的创新活动及其前因与后效研究 [J]. 管理学报，2014，11 (4)：577-584.

[88] 王旭坪，陈傲. 基于电子商务的供应商评价与优化 [J]. 管理科学，2004 (4)：49-53.

[89] 王竹立，李小玉，林津. 智能手机与"互联网+"课堂：信息技术与教学整合的新思维、新路径 [J]. 远程教育杂志，2015，33 (4)：14-21.

[90] 文雁兵. 新官上任三把火：存在中国式政治经济周期吗 [J]. 财贸经济，2014 (11)：111-124.

[91] 吴晓求. 互联网金融：成长的逻辑 [J]. 财贸经济，2015 (2)：5-15.

[92] 吴一平，李鲁. 中国开发区政策绩效评估：基于企业创新能力的视角 [J]. 金融研究，2017 (6)：126-141.

[93] 项后军，巫姣，谢杰. 地方债务影响经济波动吗 [J]. 中国工业经济，2017 (1)：43-61.

[94] 肖利平."互联网+"提升了我国装备制造业的全要素生产率吗 [J]. 经济学家，2018 (12)：38-46.

[95] 谢科范，赵湜，陈刚，等. 网络舆情突发事件的生命周期原理

及集群决策研究 [J]. 武汉理工大学学报（社会科学版），2010，23（4）：482–486.

[96] 谢莉娟. 互联网时代的流通组织重构：供应链逆向整合视角 [J]. 中国工业经济，2015（4）：44–56.

[97] 谢平，邹传伟. 互联网金融模式研究 [J]. 金融研究，2012（12）：11–22.

[98] 谢莹，李纯青，高鹏，等. 直播营销中社会临场感对线上从众消费的影响及作用机理研究：行为与神经生理视角 [J]. 心理科学进展，2019，27（6）：990–1004.

[99] 谢子远，鞠芳辉. 产业集群对我国区域创新效率的影响：来自国家高新区的证据 [J]. 科学学与科学技术管理，2011，32（7）：69–73.

[100] 邢春冰. 经济转型与不同所有制部门的工资决定：从"下海"到"下岗" [J]. 管理世界，2007（6）：23–37，171.

[101] 徐业坤，钱先航，李维安. 政治不确定性、政治关联与民营企业投资：来自市委书记更替的证据 [J]. 管理世界，2013（5）：116–130.

[102] 徐艺乙. 手工艺的传统：对传统手工艺相关的知识体系的再认识 [J]. 装饰，2011（8）：54–59.

[103] 许鑫，章成志，李雯静. 国内网络舆情研究的回顾与展望 [J]. 情报理论与实践，2009，32（3）：115–120.

[104] 杨汝岱. 中国制造业企业全要素生产率研究 [J]. 经济研究，2015，50（2）：61–74.

[105] 姚锡凡，于淼，陈勇，等. 制造物联的内涵、体系结构和关键技术 [J]. 计算机集成制造系统，2014，20（1）：1–10.

[106] 叶江峰，任浩，甄杰. 中国国家级产业园区30年发展政策的主题与演变 [J]. 科学学研究，2015，33（11）：1634–1640，1714.

[107] 余明桂，潘红波. 政治关系、制度环境与民营企业银行贷款 [J]. 管理世界，2008（8）：9–21，39，187.

[108] 余文涛，吴士炜. 互联网平台经济与正在缓解的市场扭曲 [J]. 财贸经济，2020，41（5）：146–160.

[109] 曾润喜. 网络舆情管控工作机制研究 [J]. 图书情报工作, 2009, 53 (18): 79-82.

[110] 张豪, 张建华, 何宇, 等. 企业间存在全要素生产率的溢出吗?: 基于中国工业企业数据的考察 [J]. 南开经济研究, 2018 (4): 102-119.

[111] 张威. 中国装备制造业的产业集聚 [J]. 中国工业经济, 2002 (3): 55-63.

[112] 张文红, 赵亚普. 转型经济下跨界搜索战略与产品创新 [J]. 科研管理, 2013, 34 (9): 54-63.

[113] 张骁, 吴琴, 余欣. 互联网时代企业跨界颠覆式创新的逻辑 [J]. 中国工业经济, 2019 (3): 156-174.

[114] 张岩. "互联网+教育"理念及模式探析 [J]. 中国高教研究, 2016 (2): 70-73.

[115] 赵建彬, 景奉杰. 在线品牌社群氛围对顾客创新行为的影响研究 [J]. 管理科学, 2016, 29 (4): 125-138.

[116] 赵剑波, 杨震宁, 王以华. 政府的引导作用对于集群中企业创新绩效的影响: 基于国内科技园区数据的实证研究 [J]. 科研管理, 2012, 33 (2): 11-17, 78.

[117] 赵晔琴. 从毕业分配到自主择业: 就业关系中的个人与国家: 以1951—1999年《人民日报》对高校毕业分配的报道为例 [J]. 社会科学, 2016 (4): 73-84.

[118] 赵振. "互联网+"跨界经营: 创造性破坏视角 [J]. 中国工业经济, 2015 (10): 146-160.

[119] 郑联盛. 中国互联网金融: 模式、影响、本质与风险 [J]. 国际经济评论, 2014 (5): 6, 103-118.

[120] 周济, 李培根, 周艳红, 等. 走向新一代智能制造 [J]. Engineering, 2018, 4 (1): 28-47.

[121] 周济. 智能制造: "中国制造2025"的主攻方向 [J]. 中国机械工程, 2015, 26 (17): 2273-2284.

[122] 周江华, 仝允桓, 李纪珍. 基于金字塔底层（BoP）市场的破坏性创新: 针对山寨手机行业的案例研究 [J]. 管理世界, 2012 (2): 112-130.

[123] 周黎安. 中国地方官员的晋升锦标赛模式研究 [J]. 经济研究, 2007 (7): 36-50.

[124] 周勤, 田珊珊. 技术性贸易壁垒、质量管制和产业成长: 基于欧盟 CR 法案对温州打火机行业影响的案例分析 [J]. 产业经济研究, 2010 (3): 1-9.

[125] 朱东华, 张嶷, 汪雪锋, 等. 大数据环境下技术创新管理方法研究 [J]. 科学学与科学技术管理, 2013, 34 (4): 172-180.

[126] 朱建平, 章贵军, 刘晓葳. 大数据时代下数据分析理念的辨析 [J]. 统计研究, 2014, 31 (2): 10-19.

[127] 朱秋博, 白军飞, 彭超, 等. 信息化提升了农业生产率吗? [J]. 中国农村经济, 2019 (4): 22-40.

[128] Acemoglu D., Dorn D., Hanson G. H., et al. Return of the solow paradox? IT, productivity, and employment in US manufacturing [J]. American Economic Review, 2014, 104 (5): 394-399.

[129] Anderson C. The long tail: Why the future of business is selling less of more [M]. Hachette Books, 2006.

[130] Baldwin C., Von Hippel E. Modeling a paradigm shift: From producer innovation to user and open collaborative innovation [J]. Organization Science, 2011, 22 (6): 1399-1417.

[131] Basu S., Fernald J. G., Oulton N., et al. The case of the missing productivity growth, or does information technology explain why productivity accelerated in the United States but not in the United Kingdom? [J]. NBER Macroeconomics Annual, 2003, 18: 9-63.

[132] Basu S., Fernald J. Information and communications technology as a general-purpose technology: Evidence from US industry data [J]. German Economic Review, 2007, 8 (2): 146-173.

[133] Bernard A. B., Eaton J., Jensen J. B., et al. Plants and productivity in international trade [J]. American Economic Review, 2003, 93 (4): 1268 – 1290.

[134] Bernard A. B., Jensen J. B. Exceptional exporter performance: Cause, effect, or both? [J]. Journal of International Economics, 1999, 47 (1): 1 – 25.

[135] Bernard A. B., Jensen J. B., Lawrence R. Z. Exporters, jobs, and wages in US manufacturing: 1976 – 1987 [J]. Brookings Papers on Economic Activity. Microeconomics, 1995: 67 – 119.

[136] Bernard A. B., Wagner J. Exports and success in German manufacturing [J]. Weltwirtschaftliches Archiv, 1997, 133 (1): 134 – 157.

[137] Brandt L., Van Biesebroeck J., Zhang Y. Creative accounting or creative destruction?: Firm-level productivity growth in Chinese manufacturing [J]. Journal of Development Economics, 2012, 97 (2): 339 – 351.

[138] Brynjolfsson E., Rock D., Syverson C. I. Artificial intelligence and the modern productivity paradox: A clash of expectations and statistics [M]. University of Chicago Press, 2019.

[139] Cachon G. P., Swinney R. The value of fast fashion: Quick response, enhanced design, and strategic consumer behavior [J]. Management Science, 2011, 57 (4): 778 – 795.

[140] Cai H., Liu Q. Competition and corporate tax avoidance: Evidence from Chinese industrial firms [J]. Economic Journal, 2009, 119 (537): 764 – 795.

[141] Cardona M., Kretschmer T., Strobel T. ICT and productivity: Conclusions from the empirical literature [J]. Information Economics and Policy, 2013, 25 (3): 109 – 125.

[142] Cassiman B., Golovko E., Martínez-Ros E. Innovation, exports and productivity [J]. International Journal of Industrial Organization, 2010, 28 (4): 372 – 376.

[143] Castellani D. Export behavior and productivity growth: Evidence

from Italian manufacturing firms [J]. Weltwirtschaftliches Archiv, 2002, 138 (4): 605 – 628.

[144] Clerides S. K., Lach S., Tybout J. R. Is learning by exporting important? Micro-dynamic evidence from Colombia, Mexico, and Morocco [J]. Quarterly Journal of Economics, 1998, 113 (3): 903 – 947.

[145] Dart R. The legitimacy of social enterprise [J]. Nonprofit Management and Leadership, 2004, 14 (4): 411 – 424.

[146] De Loecker J., Warzynski F. Markups and firm – level export status [J]. American Economic Review, 2012, 102 (6): 24, 37 – 71.

[147] Eckel C., Neary J. P. Multi – product firms and flexible manufacturing in the global economy [J]. Review of Economic Studies, 2010, 77 (1): 188 – 217.

[148] Edquist H., Henrekson M. Do R&D and ICT affect total factor productivity growth differently? [J]. Telecommunications Policy, 2017, 41 (2): 106 – 119.

[149] Ernst R., Kamrad B. Evaluation of supply chain structures through modularization and postponement [J]. European Journal of Operational Research, 2000, 124 (3): 495 – 510.

[150] Girma S., Greenaway D., Kneller R. Export market exit and performance dynamics: A causality analysis of matched firms [J]. Economics Letters, 2003, 80 (2): 181 – 187.

[151] Gobble M. A. M. Big data: The next big thing in innovation [J]. Research – technology Management, 2013, 56 (1): 64 – 67.

[152] Greenaway D., Kneller R. Exporting and productivity in the United Kingdom [J]. Oxford Review of Economic Policy, 2004, 20 (3): 358 – 371.

[153] Kimura F., Kiyota K. Exports, FDI, and productivity: Dynamic evidence from Japanese firms [J]. Review of World Economics, 2006, 142 (4): 695 – 719.

[154] Lee S., Xiang J. Y., Kim J. K. Information technology and pro-

ductivity: Empirical evidence from the Chinese electronics industry [J]. Information & Management, 2011, 48 (2-3): 79-87.

[155] Levinsohn J., Petrin A. Estimating production functions using inputs to control for unobservables [J]. Review of Economic Studies, 2003, 70 (2): 317-341.

[156] Melitz M. J. The impact of trade on intra-industry reallocations and aggregate industry productivity [J]. Econometrica, 2003, 71 (6): 1695-1725.

[157] Olley G. S., A. Pakes. The dynamics of productivity in the telecommunications equipment industry [J]. Econometrica, 1996, 64 (6): 1263-1297.

[158] Prahalad C. K. Bottom of the pyramid as a source of breakthrough innovations [J]. Journal of Product Innovation Management, 2012, 29 (1): 6-12.

[159] Ricci L. A., Trionfetti F. Productivity, networks, and export performance: Evidence from a cross-country firm dataset [J]. Review of International Economics, 2012, 20 (3): 552-562.

[160] Rochet J. C, Tirole J. Platform competition in two-sided markets [J]. Journal of the European Economic Association, 2003, 1 (4): 990-1029.

[161] Rosenkopf L., Nerkar A. Beyond local search: boundary-spanning, exploration, and impact in the optical disk industry [J]. Strategic Management Journal, 2001, 22 (4): 287-306.

[162] Van Biesebroeck J. Exporting raises productivity in sub-Saharan African manufacturing firms [J]. Journal of International Economics, 2005, 67 (2): 373-391.

[163] Wagner J. The causal effects of exports on firm size and labor productivity: First evidence from a matching approach [J]. Economics Letters, 2002, 2 (77): 287-292.

[164] Yadav N. The role of internet use on international trade: Evidence

from Asian and Sub – Saharan African enterprises [J]. Global Economy Journal, 2014, 14 (2): 189 – 214.

[165] Zhu N., Zhang N., Wang B., et al. What contributes to total factor productivity growth in the Chinese banking sector? [J]. Technological and Economic Development of Economy, 2018, 24 (2): 792 – 811.

附 录

附录 A　互联网在未来的若干重要技术

1. 生物植入

随着泛互联网软硬件对人类文明的深度浸透，人类越来越依赖自身肉体以外的先进信息通信工具去实现自我改造。这类设备不再是简单的电子穿戴，而是生物植入等更深层的人体融合技术。这些技术产品包括但不限于人体定位芯片、脑芯片、仿生机械手臂、仿生隐形眼镜、薄膜心脏起搏器、脊柱植入材料、人工耳蜗等。

2. 3D 打印

3D 打印，又称增材制造（additive manufacturing，AM）。与传统的减材制造相比，3D 打印不需要传统刀具、夹具等加工设备。在计算机辅助设计下，只需要一台设备即可快速制造出复杂形状的零件，实现零件的柔性制造，大大减少传统复杂加工工序。在材料利用率方面，3D 打印减少了材料损耗，有助于制造企业摆脱对上游材料供应商的过度依赖。3D 打印可被应用于复杂机械零部件、种植牙、义肢等个性化定制领域。

3. 工业互联网

工业互联网是继桌面互联网、移动互联网之后的又一重要互联网领域。工业互联网具有软件定义、数据驱动、平台支撑、服务增值以及智能主导等特点（王建伟，2021）。

4. 数字孪生

数字孪生，是指利用物理模型、传感器更新、运行历史等数据，集成多学科、多物理量、多尺度、多概率的仿真过程。相比传统实体工厂，利用数字孪生技术，企业可以再构一个虚拟工厂，既可以实现仿真分析、检测、预测，也可以实现产品全生命周期管理。数字孪生技术可被应用于工程建设、生物医学分析、车间建设管控等领域。

5. 元宇宙

元宇宙，是指利用科技手段进行链接与创造的，与现实世界映射与交互的虚拟世界，具备新型社会体系的数字生活空间。元宇宙与数字孪生的关系主要体现为：元宇宙是从现实世界到虚拟世界的一对多投影，而数字孪生是从现实世界到虚拟世界的一对一投影；元宇宙是超脱现实且"脑洞大开"的"多元宇宙"，而数字孪生是遵循现实且"完全同步"的"克隆宇宙"。

附录 B　中美互联网共享性差异

关于共享性，中国与美国有着巨大不同。在互联网第二阶段 NSFnet，美国主导的 NSFnet 具有典型的无偿共享特征，共享场景主要是高校、科研机构等。而在互联网第三阶段，中国掀起并主导了全球有偿共享的高潮。共享单车、共享充电宝、快递柜等现象级事物层出不穷，共享场景拓展至出行、电能、空间等互联网融合领域，并在某种程度上促进了单车、充电宝、箱柜等制造企业的发展。但是，我们对中国的共享性并不持乐观看法。透过现象看本质，不妨将科技二分为基础科学和应用技术。那么，美国最初的无偿共享更偏基础科学领域，高校、科研机构等成为互联网共享中的真正受益方，使得美国科技进步更具有基础性；而中国主导的商业共享更偏应用技术领域，商业企业及其背后的制造企业成为互联网共享中的真正受益方，使得中国科技进步更具有应用性。

进一步深挖不同共享生态下的制造格局，甚至可以发现"中国制造"在某种程度上是一个伪命题。一是"中国制造"更强调产品生产地在中国，但生产过程中所用的高端机床可能是从日本、德国、美国等数控机床强国进口。比如，一家中国企业从日本 MAZAK、美国 MAG 进口高端数控机床，然后在中国境内生产超高精度的汽车部件，那么这个汽车部件将会被打上"Made in China"的标记。于是，表面上为"中国制造"的产品，其实际上可能为"他国机床制造"。二是"中国制造"更强调最终产品是在中国组装，但很多关键技术的中间产品是从国外进口。比如，一家中国企业从日本松下、丹麦丹佛斯（Danfoss）等公司进口核心部件压缩机，然后在中国境内组装为高端冰箱，那么这台冰箱也会被打上"Made in China"的标记。于是，表面上为"中国制造"的产品，其核心部件可能为"他国制造",尤其是与高端芯片相关的产品,完全受制于美国。

总之,互联网加速了全球不同地区企业无形资产(专利权、商标权等)、有形资产的共享流通。但是,中国更侧重技术应用、产品组装等更接近消费者的领域,所以一定程度上形成"中国制造"看似很强的表象,而美国更侧重基础科研、核心部件等更远离消费者的关键领域,所以一定程度上形成美国制造看似空心化的表象。事实上,一旦中美技术封锁白热化,中国即使工业门类再全面,也抵不住美国在基础技术和关键技术的釜底抽薪。

附录 C 中国特色的互联网去中心化

关于去中心化，互联网在一定程度上改变或加速改变了中国制造企业的集中式组织结构。在计划经济及转轨经济前期，中国制造企业的内部组织结构主要为长链条的总分层级，这种科层结构与当时的中国行政级别是相对应的，在一定程度上减少了中国制造企业集中式管理的制度摩擦。随着中国经济体制改革不断推进及深化，以及受互联网去中心的催化作用，中国制造企业的总分层级开始被打散，逐渐向母子公司、集团公司、交叉持股等制度过渡。在互联网影响下，制造企业的经济业务突破地域限制，原本不同层级的制造企业开始处在同等地位，共同面对同一全国市场、同一全球市场。互联网的去中心化使得任何一个处在互联网节点的制造企业分公司都有成为"经济业务中心"的可能，当"经济业务中心"与企业的"总分结构中心"相背离时，这些"经济业务中心"开始从总公司中分离，成为总公司的控股子公司、或总公司的平行公司（重组为集团公司或交叉持股）、或总公司的控股母公司、或完全独立的全新公司。

中国制造企业与欧美制造企业有着本质上的不同，其具有鲜明的中国特色。在过去，中国制造企业几乎是清一色的国有企业，而民营企业较少涉及工业制造领域，更多是以小商贩形式在商业贸易领域中机动性存活。当时的国有制造企业具有大而全的特点，在单位机关的统筹下，厂房、医院、学校、食堂、住房、文工团等在单位内部自成体系，并且还扶植了大量厂办大集体。企业职工的日常生活基本被框定在企业内部，与外面的接触更多是以广播、电视等单向传导方式，所以对外界知之甚少。随着社会生产关系的不断进步，国有制造企业这种高度中心化的组织形式逐渐瓦解，大量国有制造企业破产、重组，名下的医院、学校、食堂、文工团等被地方政府或中央政府择优收编，职工的住房由公房有偿转为商品房，下属的厂办大集体大部分自谋出路。在某种程度上，互联网的去中心化使得原国有制造企业内部树立的绝对权威受到冲击，企业的信息流不再以低频的内部自上而下传导为主，而是呈现高频的多向传导，包括内部上下层级之间的双向传导、内部与外部之间的双向传导等。如果将1978年改革开放作为中国的一次大规模思想解放，那么1994年接入国际互联网可以算是中国的另一次大规模思想解放。第一批吃互联网螃蟹的制造企业，可以方便地从互联网的多个临时中心获取前所未有的海量信息，并且信息质量也明显优于原单位机关。一方面，企业家、劳动力、资本等不断跳出国有制造企业框架；另一方面，国有制造企业也不断从外部俘获更适合自身发展的人才、技术等要素。借助互联网，制造企业实现企业之间错综复杂的资源重配，在市场经济浪潮中开垦一个又一个中心，而这些中心可能又会被其他新的中心取代，维系着中国经济的动态良性重构。每一个中心背后都包含着至少一家龙头企业，除了显性的新龙头制造企业，中国还涌现了一大批隐形冠军企业，包括京东方面板、大族激光、福耀玻璃、海康威视安防、大疆无人机、光启隐身超材料、加西贝拉压缩机等。

附录 D 中国互联网交互式的两面性

关于交互式，互联网可以说是一把双刃剑，其关键在于企业如何运用互联网，以及对互联网的态度。不妨从生产周期、位置选择、供应模式三个领域作解释。

以生产周期为例，在互联网出现之前，中国制造企业由于信息相对闭塞，与本行业企业、上下游企业交流较少，不能及时获取市场动态和前沿技术，被动地以库存方式应对市场变化，一定程度上造成了中国制造企业的长周期现象。然而，长周期带来的并不都是负面结果。在制造企业长周期已成既定事实且短期内无法改变时，再加上信息闭塞使得中国制造企业认不清其与国际前沿技术企业的技术鸿沟，反而促使有些企业静下心来"闭门造车"搞创新。进入互联网主导的信息化时代之后，在交互式通信技术下，中国制造企业可以方便、即时地与本行业企业、上下游企业交流，及时获取市场动态及前沿技术，缩短企业生产周期。同样，短周期带来的不一定都是正面结果。面对秀色可餐的庞大市场需求，很多中国制造企业完全沉溺于全球产业链分工带来的"快钱"好处，同时这些企业也深知其与国际前沿技术企业的巨大技术鸿沟，放弃在技术上的"慢工"挣扎，逐渐被国际前沿技术企业俘获，最终成为没有核心技术支撑的"伪大企业"。

以位置选择为例，在互联网出现之前，中国制造企业的工厂选址更为集中，大量的分厂集聚在较小的范围空间内，尤其是存在同城出现多个分厂的现象。在互联网交互式通信技术之下，分厂之间的协调沟通成本不断降低，使得分厂的选址范围逐渐扩大。有些分厂主动迁出原厂址进驻新的城市，有些总厂直接在各地设置新的分厂，更有些制造企业布局境外成为跨境制造企业。但是，互联网交互式通信技术在将制造企业厂址布局分散化的同时，也在一定程度上造成了中国各地重复性建设的问题，大量重复性建设的制造企业开始出现产能过剩，倒逼中国在供给侧实施去产能、去库存改革。

以供应模式为例，在互联网出现之前，中国制造企业主要呈现以纵向链状分工为主的标准化、大批量有序线性生产。尤其是在计划经济时期，几乎清一色的国有制造企业生产听指令、销售靠指标。制造企业更像是"两耳不闻窗外事"的黑匣，使得供应模式主要表现为制造企业主导的推式供应。随着互联网的普及，其交互式通信技术使得制造企业与消费者之间的互动增加，制造企业能够及时有效地满足消费者需求，使得供应模式主要表现为消费者主导的拉式供应。推式供应与拉式供应有着本质区别，传统推式供应更强调企业生产效率，企业通常是集中时间连续生产标准化商品，但在消费者福利方面有所舍弃；而互联网下的拉式供应显著增加了消费者福利，由于在非固定时间断断续续生产非标准化产品，所以生产效率通常低于推式供应。

附录 E 中国特色的互联网数字化

关于数字化，大国相比小国更具迫切需求性。大国地域广阔，数据传输线路更长，信号更容易被噪声干扰，也更容易被中途截取。同时，大国的社会经济活动也更频繁、更复杂。因此，大国更需要对信息进行集约式存储及传输。这意味着中国、美国等国家相比欧洲各个小国更依赖互联网的数字化技术。事实上，中国、美国是世界上最大的两个互联网大国，美国在互联网底层技术及前沿技术领域处于领先地位，而中国在互联网技术应用领域处于领先地位。某种程度上讲，数字化极大地推动了全球从工业经济向信息经济转变，数字化本身就是对信息的集约式标准化处理。中国不仅从"模拟转向数字"方面取得信息经济的爆炸式增长，还从"条形码转向二维码"方面实现信息经济的弯道超车。单纯从技术层面来看，数字对模拟，以及二维码对条形码，其本身就是一种高维向低维的降维打击。值得一提的是，当世界主流发达国家还沉浸在条形码、信用卡构建的稳定框架时，中国早已从二维码、移动支付等互联网应用场景中异军突起。

中国制造企业的数字化具有典型的中国标签。客观上，中国是世界人口最多的国家，这意味着中国制造企业所面对的最终消费端相比其他国家更为复杂。中国人数众多，而由人创造的数据更多。假设有 n 个自然人，那么单个自然人可创造 C_n^1 套数据，每两个自然人成组可创造 C_n^2 套数据，每三个自然人成组可创造 C_n^3 套数据，以此类推，最终可创造 $C_n^1 + C_n^2 + \cdots + C_n^n = 2^n$ 套数据。这表明数据量的累计与人口并非线性关系，而是爆炸式的指数关系。因此，中国拥有全世界不可比拟的大数据优势，并且这个优势主要集中在制造企业所面对的最终消费端。

在数字化形成的海量数据背后，中国极易形成各式各样的长尾需求。

长尾需求本身就是把"双刃剑"。在产品制造端,由于需求量较少不利于制造企业形成规模效应,从而导致生产效率相对低下;在产品消费端,消费者因为满足了长尾需求而使自身福利有所增加。庞大的人口基数使得中国更容易形成规模化的长尾需求,从而形成中国互联网商业模式特有的标签。横向对比世界各国,不难发现 C2C 唯独在中国极为发达,而国外更多是以 B2C 为主。其主要原因在于,中国拥有太多的规模化长尾需求。"食之无味,弃之可惜"。很多正规的中国制造企业出于生产效率担忧,更专注标准化大规模生产,而不是个性化中小规模生产。于是,一些小型企业(含个人企业)甚至自然人见缝插针,极具机动性地介入长尾需求产品的制造环节,催生出别具中国特色的 C2C 商业模式。甚至以 C2C 著称的淘宝网被称为"万能的淘宝",能够满足消费者各种千奇百怪的中低端长尾需求。由于这些非正规的制造企业基本只为满足长尾需求而生,极少涉及产品创新,所以一度使得"中国制造"成为劣质品的代名词。在淘宝平台最混乱的时期,山寨手机、非常规渠道账号(网易邮箱账号、QQ 社交账号等)、地平线摩托车、高仿名牌服装等负能量产品不断充斥,当然也不乏一些正能量产品(如非标口径的水管配件等)。之后,阿里巴巴针对淘宝平台进行了多番整顿升级,令淘宝平台脱胎换骨。然而,死灰复燃的负能量产品又将阵地转移到了拼多多平台。事实上,平台的纵容非常不利于中国制造形成业内良好的格局,这是中国各大互联网平台以及中国监管部门应给予重视的。

附录 F　中美互联网开放性差异

在开放性方面，中国互联网与美国互联网有所不同，主要体现在以下两个方面。

其一，由语言文字造成的实际开放性差异。中国是汉语体系国家，而美国是英语体系国家。由于英语在全球的覆盖范围更广，所以基于英文的美国互联网在全球范围内拥有更多的受众群体，如风靡全球的 Google、Meta（即 Facebook）、WhatsApp、Amazon。而基于汉字的中国互联网，其受众群体相对较小，如业务范围集中在中国境内的百度、微信、抖音（海外版为 TikTok）、京东。

其二，由防火墙造成的开放性差异。防火墙在绝大多数国家都是客观存在的，只不过有的"墙"高，有的"墙"低。为了保护国家信息安全、遏制网络舆情恶意煽动、预防西方不良意识形态渗透、培育壮大国内互联网产业，中国设置了相对较高的"墙"——长城防火墙。由于美国互联网技术相对比较成熟，并主导世界网络舆情，同时还是世界上最大的意识形态输出国以及文化输出国，所以美国对本国防火墙的设置相对较松。鉴于中国拥有更为严格的防火墙，所以中国互联网的开放程度低于美国。就长城防火墙的目前效果来看，一定程度上保证了中国国民经济与社会发展的稳定性，阻击了美国的棱镜计划（Prism）[①]，对中国网民隐私以及国家信息安全形成了有效保护。

[①] 棱镜计划，是指 2007 年美国实施的绝密电子监听计划，直接在美国网际网络公司（Microsoft、Yahoo、Google、Apple 等）的中心服务器中挖掘数据、收集情报。该绝密监听事件由斯诺登于 2013 年冒着生命危险而主动揭露。

附录 G 产品、生产流程及商业模式创新

总体上,互联网可从产品、生产流程、商业模式三个方面影响中国制造企业的创新及创新发展。

1. 产品创新

(1) 由互联网直接引起的产品创新。包括且不限于:①互联网设备。比如,无线路由器、手机 5G 天线模块、电力猫等。②互联网物联产品。比如,小米通过互联网调动整个社会集思广益,合力推出无缝开放式创新产品(董洁林和陈娟,2014),通过米家 App 网络平台,将空调、洗衣机、冰箱、热水器、微波炉、猫眼门铃、吸顶灯、空气净化器、电视、音响、人体传感器、门窗传感器、温湿度传感器等家用设备物联起来,实现家用设备的远程操控、语音操控、感应操控。③互联网相关衍生产品。比如,网络动漫《十万个冷笑话》线下手办、全民 K 歌录歌神器、抖音文化鱼头套、比特币挖矿机等。

(2) 由互联网间接促成的产品创新。包括且不限于:①互联网小众社群的长尾需求产品。比如,张小泉公司迎合左撇子需求推出左撇子菜刀;爱奇艺公司迎合嘻哈小众文化推出《中国新说唱》,促使嘻哈文化更具中国风,并带动嘻哈周边产品开展关于中国风的创新。②大数据、物联网、区块链等互联网技术生产的创新产品。比如,可溯源的高品质牛奶(苏中滨和郭媛媛,2014)。③互联网媒体带来的增量创新产品。在过去,企业只能通过电视、广播、报纸、杂志等传统媒体投放广告。由于这些媒体信息承载量很低,所以企业只能集中投放少数几款产品的广告。在"广告决定销售,销售决定生产"的思路下,单个企业的产品种类呈现少量化趋势(某种程度上正好迎合全球价值链分工)。随着互联网用户爆炸式增长,互

联网媒体开始彻底颠覆传统媒体。相比电视、广播的排他性频道占用时间"硬"成本,以及报纸、杂志的印刷纸质占用版面"硬"成本,互联网的复制粘贴超链接几乎接近零成本①。同时,互联网具有更大的信息承载量,可以将所有款式全部进行广告投放。在"广告决定销售,销售决定生产"的思路下,单个企业的产品种类呈现丰富化趋势,即更多的创新产品。④互联网交互式通信技术带来的增量创新产品。互联网通过交互式通信技术,提高企业内部研发人员之间(封闭式创新),以及企业内部研发人员、企业外部研发人员、消费者三者之间(开放式创新)的沟通效率,加快企业研发进度,从而在短时间内推出更多创新产品。最典型的就是跨国公司通过互联网跨境高效率沟通,在东道国不断研发本土化产品,如大众公司②针对中国本土推出奥迪 A6L 创新车型。

2. 生产流程创新

在互联网出现之前,人类的工业生产流程至少取得三次重大突破:1798 年 Whitney 的标准化、1913 年 Ford 的流水线、1952 年 Parsons 的数控化。这三次重大突破促使早期工业呈现为:以纵向链状分工为主的标准化、大批量有序线性生产。但是,随着互联网不断融入工业生产领域,传统的企业生产流程正在发生改变。

(1) 互联网汇集小众社群的个性化需求,促使企业由刚性制造转向柔性制造(Eckel & Neary,2010)。由于传统刚性制造侧重"少品种大批量生产",所以难以适应互联网经济下的个性化定制;而柔性制造更好地迎合了个性化需求,侧重"多品种小批量生产",与互联网经济下的拉式供应(谢莉娟,2015)、众包供应(黎继子等,2020)兼容。从静态视角来看,柔性制造的生产效率低于刚性制造。但从动态视角来看,柔性制造的生产效率提升速度快于刚性制造。这是因为柔性制造企业可以生产多种产品,企业之间竞争激烈;而刚性制造企业只生产单一产品,企业之间缺乏

---

① 根据实际流量,互联网已经衍生出一套精准计费方式,如单机点击(cost per click,CPC)、千次曝光(cost per mille,CPM);而利用大数据,互联网还能实现"以消费者为中心"的广告精准投放。

② 大众企业在中国被本土化为一汽大众。

竞争。在优胜劣汰的市场竞争法则下，生产效率较低的企业将会被淘汰，最终表现为柔性制造企业群体的平均生产效率提升速度快于刚性制造企业群体。①

（2）互联网经济"唯快不破"，促使企业生产由传统纵向分工转向模块化生产。在互联网主导的快速消费时代，消费者对产品生产周期的容忍度相对较低，一旦企业产品更新换代有所放缓，就可能会被同行或跨界对手迅速超越（赵振，2015；张骁等，2019）。由于传统价值链主要以串联方式——衔接上下游企业，意味着单个工序的延迟将传导至后面所有工序，迫使下游企业大规模停工等待，增加整条价值链的响应时间，所以一些企业社群开始重新分解前后工序，基于架构（界面规则）将具有相似功能的工序模块化，以并联方式将价值链扁平化处理，大幅缩短产品交货周期（Ernst & Kamrad，2000）。快速消费时代的模块化生产，如同高峰期挤公交，有时并不是企业自己硬挤上公交，而是被左右两边（横向关联模块）及后边（纵向下游产业）硬夹硬推上公交。当某一模块成为短板时，不仅会拖累所有横向关联模块的最大性能发挥，还会对纵向下游产业造成木桶效应，所以横向关联模块及纵向下游产业会以各种方式赋能短板模块加快创新。这暗示着大多数模块是处于性能边界的。如果正处性能边界的模块龙头企业不顾全大局，放弃模块创新而只专注现有技术下的生产效率提升，那么横向关联模块及纵向下游产业将会对其"自私自利"行为施压阻止，甚至完全抛弃该企业。这种绑架式互补关系，使得模块化企业将响应时间放于首要位置，将生产效率放于次要位置。即模块化是一种允许浪费和重复建设的经济系统（胡晓鹏，2004）。此外，模块化还可以有效解

---

① 不妨以发动机制造为例。假设 A 市场有三家企业（A1、A2、A3），可以刚性制造汽车发动机、摩托车发动机、游艇发动机，由于三家企业不存在业务交叉，所以三者不存在竞争关系。又假设 B 市场也有三家企业（B1、B2、B3），可以柔性制造各类发动机，由于三家企业的业务高度重合，所以三者竞争激烈。经过第一轮竞争，B 市场淘汰效率最低的企业 B3，使得当前发动机行业（B1、B2）的平均生产效率比之前发动机行业（B1、B2、B3）有所提升；经过第二轮竞争，B 市场继续淘汰效率较低的企业 B2，使得当前发动机行业（B1）的平均生产效率比之前发动机行业（B1、B2）继续提升。此外，由于 B1 的市场份额越来越大，所以受规模经济影响，B1 自身的生产效率也有所提升。然而，反观 A 市场，由于不存在竞争，所以 A 市场的平均生产效率一直保持不变。

决"生产稳定性"与"市场多变性"之间的矛盾（李平和狄辉，2006）。其中，架构可以确保模块制造企业（如英特尔）实现平稳生产及小幅增量创新，而模块组合企业（如惠普）则通过设计多种模块搭配方案快速满足市场多样化需求。当然，模块组合企业通常更专注高附加值的组合设计端，并将低附加值的组合装配端外包给第三方（如富士康）。

（3）互联网将独立寻址的物理对象组成物联网，促使企业生产迈向数字化、智能化。随着无线射频识别（radio frequency identification，RFID）技术逐渐商业化，以及微电子机械系统（micro-electro-mechanical systems，MEMS）在更高传感精度、更多传感功能等方面实现多轮技术突破，一些企业开始在设备终端应用 RFID、MEMS，采用 ZigBee、Bluetooth、Wi-Fi、LoRa、NB-IoT、Cellular 等管道技术，将传感信息上传至云端。通过互联网的分布式计算[①]，企业迅速获取运算结果，再根据运算结果结合场景做出决策。事实上，物联网通过机器对机器（machine to machine，M2M），已经超越传统企业边界，相当于转型为社会化企业（Dart，2004）。如果不考虑搭建物联网所需的软硬件成本，则物联网可以显著促进企业提高生产效率。包括但不限于：利用 MEMS 动态监控，企业可以对生产设备进行预测性维护，降低车间停机风险；利用网络云端超强运算能力，企业可以快速响应市场变化，如快速时尚行业（Cachon & Swinney，2011）；通过情景感知和信息融合，关联企业可以组成统一的制造云池，以最优方式调度分配制造资源，如小米生态链。

总之，柔性制造在静态上的生产效率低于刚性制造，但在动态上的生产效率增速高于刚性制造；模块制造出于绑架式互补关系，需要牺牲企业生产效率[②]来缩短价值链的响应时间；物联制造在不考虑物联成本时，物联网在很多方面都能显著促进企业提高生产效率。因此，互联网对企业生

[①] 分布式计算，是指将应用先分解成多个小程序，分配给多台计算机运算，再把这些运算结果综合起来得到最终结果。与之相对应的是集中式计算。比如，云计算属于分布式计算，实验室的超级计算机属于集中式计算。分布式计算的优点在于：以较低的成本充分调用网络闲置的计算能力，使之快速完成复杂运算。

[②] 曹虹剑等（2016）研究发现，模块化会降低战略性新兴产业的当期 TFP。

产效率的影响未必为正，这在一定程度上可以解释信息技术生产率悖论。当然，也有很多学者（Basu & Fernald，2007；Edquist & Henrekson，2017）将悖论的原因归为效果滞后。

3. 商业模式创新

其一，社群商业模式。物以类聚，人以群分。分散在世界各地但又拥有相同价值观的个体，在网络上进行交流、协作及感染，形成自组织、自运行的社群。基于共同文化、共同兴趣、共同信仰等，社群内部产生规模化的特殊需求。在过去这种特殊需求通常是被掩埋的，而互联网通过社群将其挖掘出来。为此，互联网释放了更多的需求。由于这种需求并非由单个消费者主动表达，也并非由企业通过广告等手段诱导培养，所以社群需求是一种互联网经济下的新型需求。这种需求通常由社群主动引导，企业按照社群要求进行定制化生产。在某种程度上，社群掌握的专业知识并不低于制造企业，并能一举打破传统商业模式下的消费者信息劣势。

其二，免费商业模式。在互联网经济中，免费成为一种打开财富密码的高频使用利器。免费涉及互联网的方方面面，包括但不限于即时通信工具的免费使用、短视频的免费观看、电子邮件的免费收发等。免费商业模式的逻辑主要包括：（1）用户价值变现。通过免费可以聚集大量网络用户，用户之间通过相互作用实现自身价值的再创造。比如，即时通信工具的用户基数越大，意味着之后每增加一名新用户，其基于人际关系所创造的边际价值越高。即以免费形式吸引用户加入阵营，当用户数量达到一定规模后，每一位用户都具有较高的保留价格，从而使得用户不会轻易撤离原阵营。围绕由用户相互作用所产生的价值，企业可以通过广告、流量、平台等多种形式向第三方企业收租变现。（2）流量渠道变现。在互联网经济中，消费者不需要亲自去实体店就可以获取产品的基本信息。这种低成本的产品信息获取模式，使得消费者以极高的频率穿梭于网络。当这些网络足迹在特定渠道中汇成可观流量时，关于流量渠道的商业价值开始产生。需要说明的是，传统流量渠道（线下超市、线下商场等）通常要占据一定的物理空间，所能容纳的潜在消费者数量有限，这意味着要想容纳更多潜在消费者，只能扩大实体渠道的空间规模。但是，空间规模的扩大通常又会导致土地资源更加稀缺,从而提高传统流量渠道的边际成本。然而,互联网流量渠道却不存在这些问题。互联网流量渠道没有物理空间的限制,甚至还具有边际成本递减的优势。因此,互联网流量渠道遵循"多多益善"原则。于是,大量互联网渠道不惜一切代价,彼此激烈竞争,以各种免费产品或服务(甚至倒贴钱)拉拢聚集人气,从而提高流量。比如,快手平台及主播通过各式各样的短视频吸引粉丝关注,在粉丝养成观看短视频的习惯时,也形成了巨大的流量。与此同时,围绕渠道流量变现,促使粉丝经济、直播营销现象级出现。

其三,跨界商业模式。虽然跨界并非互联网经济的专属,但跨界却是互联网经济中的寻常现象。互联网下的跨界商业模式主要体现为:(1)互联网融合传统行业,以跨界姿态冲击传统行业。比如,互联网与租车(滴滴打车)、婚介(世纪佳缘)、超市(天猫超市)、银行(支付宝)、单车(摩拜)、餐饮(美团)等融合,重构并颠覆原行业。(2)互联网生态圈对多个传统行业进行跨界整合。比如,小米通过植入物联芯片,将门铃、电灯、空调、洗衣机、电饭煲、空气净化器、加湿器等整合连接;阿里巴巴通过支付宝平台,将金融、外卖、电影、旅行等整合接入;腾讯通过微信平台,将社交、游戏、金融、出行等整合接入。

总体上,国内关于互联网与制造企业的相关研究主要集中在两个极端领域:一个是完全偏向理工的技术性分析,如物联网(孙其博等,2010;姚锡凡等,2014;宋航,2019)、数字孪生(陶飞等,2017,2018)、人工智能(周济等,2018;李廉水等,2019)、区块链(王强等,2019;石超,2020)等制造业新兴技术;另一个是完全偏向政策解读、政策建议的文字性分析,如工业4.0(黄阳华,2015;杜传忠和杨志坤,2015)、中国制造2025(周济,2015;郭铁成,2015)、工业互联网(王晨等,2018;李燕,2019)等概念。然而,折中领域则相对较少,尤其是互联网微观指标对中国制造业企业的定量研究。一直到2017年以后,国内一些权威文献才开始利用微观数据定量研究互联网对制造业企业的影响,这类文献主要使用中国工业企业数据库(李兵和李柔,2017;沈国兵和袁征宇,2020;施炳展和李建桐,2020)或其他微观数据库(王可和李连燕,2018)中的企业邮箱、企业网址构造互联网变量。

附录 H　全要素生产率测算

　　微观企业的全要素生产率（tfp），主要指除各传统生产要素之外的可影响产出的要素集合（主要包括技术进步、组织创新、制度环境和生产创新等）。国际上通常采用 OP 法和 LP 法测算微观企业的全要素生产率。由于 LP 法只能解决微观企业的同时性偏差问题，而 OP 法既能解决微观企业的同时性偏差问题，又能解决微观企业的样本选择偏差问题（鲁晓东和连玉君，2012），所以本书将选择更为精准的 OP 法测算微观企业 tfp。

　　相比国外研究，国内关于微观企业 tfp 的研究相对滞后。中国微观企业 tfp 的研究元年大约是 2012 年，这一年有两篇影响深远的文献。一篇是勃兰特等（Brandt et al.，2012）的文献，该文献采用序贯识别法系统性地整理了中国工业企业数据库，其处理方法及程序被国内绝大多数学者所借鉴。另一篇是鲁晓东和连玉君（2012）的文献，该篇文献全面介绍了中国工业企业 tfp 的测算方法。时隔三年，杨汝岱（2015）采用分行业测算企业 tfp 的思路，开始提高 tfp 的测算精度。随后，为了进一步提高 tfp 的测算精度，王贵东（2017）放弃虽带有缺陷但简单易用的序贯识别法，首次采用高技术门槛的交叉识别法[①]来匹配中国工业企业数据库中的企业 ID，这不仅可以提高所有基于面板数据估计方法的计量回归精度，还可以提高

---

　　① 聂辉华等（2012）在介绍中国工业企业数据库时，提到了企业 ID 匹配识别的两种方法：一种是序贯识别法，由于该方法相对简单，易于操作，所以几乎所有的国内文献均采用此方法处理中国工业企业 ID；另一种是交叉匹配法，由于该方法的逻辑嵌套非常复杂，需要较高的编程门槛才能实现，所以该方法提出后的相当长一段时间内都没有学者将其真正应用到实证计量回归之中。

OP 法中企业退出（exit）[①]的生成精度。具体而言，序贯识别法会把拥有相同名称而共享不同组织机构代码的企业识别为完全不同的两个企业，而交叉识别法则会弥补序贯识别法的先天性缺陷，把拥有相同名称但共享不同组织机构代码[②]的企业，以及共享不同名称且共享不同组织机构代码[③]的企业识别为同一企业。

此外，蔡和刘（Cai & Liu，2009）在处理中国工业企业数据库时，针对指标异常值采用了"剔除原则"[④]。但"剔除原则"并非全样本，而只是附有"正常属性"的部分样本（排除了债务危机、重组并购、濒临破产等"问题"企业）。并且，"剔除原则"还会降低数据质量，甚至产生错误数据[⑤]。为此，本书不再采用简单易用的"剔除原则"，而是采用较为复杂的"修复原则"，以之研究全样本下的一般规律。针对指标异常值，本书综合利用正则法则、逻辑判断、多指标协助等手段去批量修复、人工修复，如果确实无法修复，本书将其替换为空值。

需要特别强调的是，序贯识别法和"剔除原则"都将会造成面板数据"截面化"。前者将原本是同一企业的长时间序列数据生拆成多个碎片化的

[①] 由于 OP 法中 tfp 的测算精度取决于 exit 的精度，exit 的精度又强烈依赖于企业 ID 的连续性，企业 ID 的匹配识别又强烈依赖于企业组织机构代码（FRDM）、企业名称（name）等变量的准确性和连续性。鉴于此，为了最大限度地提高 tfp 的测算精度，本书综合利用正则法则、逻辑判断、多指标协助等手段更新了 FRDM 的缺失值（更新约 9 万个缺失值）。

[②] 比如，神龙汽车有限公司襄樊工厂共享了"QB5634191""707095488""QB5639451""QB5740250""751015721"5 个组织机构代码。如果按照序贯识别法，将会被错误地识别为至少 5 家企业，而按照交叉识别法，则会被正确地识别为 1 家企业。

[③] 比如，在西藏自治区内，共享着"西藏山南地区水泥厂""地区水泥厂""西藏山南地区雅砻水泥有限公司""山南雅砻水泥有限公司"四个名称，且共享"009914183""219662738""710912530"三个组织机构代码的企业，实则为同一企业。如果按照序贯识别法，将会被错误地识别为至少 3 家企业，而按照交叉识别法，则会被正确地识别为 1 家企业。

[④] 具体为：剔除关键指标（比如，总资产、职工人数、工业总产值、固定资产净值和销售额）缺失的观测值，剔除不满足"规模以上"标准的观测值（比如，固定资产净值低于 1000 万元，或销售额低于 1000 万元，或职工数低于 30 人），剔除明显不符合会计原则的观测值（比如，总资产低于流动资产、固定资产净值，或累计折旧低于当前折旧），剔除关键指标的极端值。

[⑤] 不妨假设：2008 年 A 指标存在异常值，但其他指标不存在异常值。如果因为 A 指标异常而直接剔除观测值，那么其他指标将会被"误伤"剔除；如果计量回归中采用的是 A 指标的滞后一期，则剔除 2008 年观测值意味着 2009 年的其他指标将不被计量回归所采用；如果 B 指标的生成强烈依赖企业 ID 的连续性，则剔除 2008 年观测值意味着 B 指标在整条时间序列上都将会是错误值；等等。

短时间序列数据或者纯截面数据；后者使得原本是同一企业的长时间序列数据出现多处中断，当这些中断时点恰好又是企业 ID 识别的关键节点时，这套完整的长时间序列数据将会被删减为多个空洞化的、碎片化的短时间序列数据或者纯截面数据。即很多学者在作计量回归时，真正利用的并不是全信息的"面板数据"，而是"截面化"的衰退版"面板数据"。因此，交叉识别法及"修复原则"，将会比序贯识别法及"剔除原则"提供更高质量的基础数据。

最终，本书采用 CD 生产函数测算企业全要素生产率，其对数化形式如下：

$$\text{lnadd\_val}_{it} = \alpha_L \times \text{lnlabor}_{it} + \alpha_K \times \text{lncapital}_{it} + \text{lntfp}_{it} \quad (H-1)$$

其中，add_val、labor、capital 分别表示工业增加值、劳动、资本，下标 i、t 分别表示企业个体、年份。在用 OP 法测算 tfp 时，还将用到投资（invest）和退出（exit）两个变量。其中，invest 由"当年固定资产 – 上年固定资产 + 本年折旧"计算而得；exit 在满足企业未出现在观察期末年且企业时间序列不中断时取值为 1，否则取值为 0。此外，在采用最少的生产要素测算最笼统的 tfp 时，为了提高精度，本书在企业 tfp 中内含了年份因子变量（i. year）。

附录 I 互联网相关指标整理

借鉴里奇和特里恩费蒂（Ricci & Trionfetti, 2012）、亚达夫（Yadav, 2014）、李兵和李柔（2017）、沈国兵和袁征宇（2020）、施炳展和李建桐（2020），本书利用中国工业企业数据中的企业网址（web）、企业邮箱（mail）生成关键变量互联网（internet）。

1. 企业网址与企业邮箱的数据特性

（1）早期的 web 和 mail 数据含有更多的互联网信息。在本书所掌握的中国工业企业数据中，汇报 web 和 mail 的年份分别为 2004~2009 年[①]、2001~2009 年。此时，中国三大工业互联网平台——阿里云（2011 年对外提供云计算服务）、腾讯云（2013 年面向社会全面开放）、华为云（2017 年成立公有云 Cloud BU）还未成型，而"互联网+"政策也未上升为国家战略（2015 年），甚至德国工业 4.0 概念（2013 年）都未出现。很显然，早期的中国制造企业更多是"亲自"涉入互联网，这意味着早期的 web 和 mail 指标在本质上含有更多的互联网信息。但是，后期随着中国三大互联网平台——阿里云、腾讯云、华为云逐步成型，以及沈阳机床 iSES-OL、徐工集团 XCMG-Cloud、富士康集团 BEACON、海尔集团 COSMO 等特色互联网平台不断涌现，制造企业可以直接接入这些专业化的第三方平台实现两化融合，而企业自身的 web 和 mail 已不再含有更多的互联网信息。因此，本书的 web 和 mail 数据是一个可以充分反映企业是否深度涉入互联网的较好指标。

---

① 由于本书全方位针对 web 指标进行修复，所以 web 数据可由 2004~2009 年扩充到 2001~2009 年。其中，2001~2003 年数据主要由其他指标辅助生成，尤其是 mail 指标中的错填项。

（2）企业谎报 web 和 mail 的可能性较低。现实中确实存在一些现象：企业为了避税而少报收入多报成本，或为了出口补贴而多报出口额（李兵和李柔，2017），或为了抵税而多报投资等。然而，企业是否拥有 web 或 mail 通常并不涉及税费及补贴等问题，所以企业谎报 web 或 mail 的可能性极低。这意味着虽然 web 和 mail 不是互联网的完美指标，但却是一个可信度较高的指标。

（3）可能存在漏报漏录 web 或 mail 的情况。由于本书所掌握的 web、mail 数据年份相对较早，而当时中国的工业互联网才刚刚起步，企业、社会及政府对工业互联网的重视程度远不及当今，所以可能会存在 web 或 mail 漏报漏录现象。①针对 web 和 mail 数据的漏报漏录，本书尽量利用计算机编程技术对漏报漏录数据进行批量修复，并辅以一定的人工修复。②即使不能完全修复漏报漏录的数据，但最终实证结果仍能表明互联网促进了中国制造企业全要素生产率，那么可以认为该实证结果是一个下限（李兵和李柔，2017），这意味着真实的促进作用可能更大。③再退一步，即使存在更为严重的错报错录现象，无论基于 web、mail 生成的 internet 的真实系数 β_1 是大于 0 或小于 0，那么错报错录在统计学上仅表现为 internet 的估计系数 $\hat{\beta}_1$ 的绝对值"向 0 衰减"（attenuation toward zero），这同样是一个实证结果的下限。

2. 企业网址与企业邮箱的系统修复

本书累计修复了 10.31% 的 web 数据，以及 5.52% 的 mail 数据，详细修复过程如表 I-1 所示。

表 I-1　　　　　　　web、mail 数据详细修复及示例

修复归类	说明	示例
小写化 web 和 mail	URL 中的协议、主机名、端口等，以及绝大多数邮箱的用户名一般不区分大小写	比如，将"Http""HTTP""http""hTTp"修复为"http"
半角化 web 和 mail	URL 中的协议、主机名、端口等，以及绝大多数邮箱的用户名一般只支持半角	比如，将"@126．ｃｏｍ"修复为"@126.com"

续表

修复归类	说明	示例
将无效的web和mail替换为空值	(1) 原数据以某些显性标记将web、mail标注为空值的情况。 (2) 原数据中的web、mail被错填为非企业网址、非企业邮箱数据的情况。	(1) 比如,把web和mail中标注为"无""null""0"的值替换为空值。 (2) 比如,莱州宏利非织布有限公司①在2006年的web被错填为原组织结构代码"16987458X";中山市汽车大修厂有限公司②在2005年的mail被错填为带前缀"y"③的原组织结构代码"y198077387"。 比如,广东海灵保健制品有限公司在2006年的web被错填为带前缀"y"的、残缺的原企业名称"y中山市海灵保健制品有";武汉精一印刷有限公司的web被错填为英文名称"wuhanreliance printing.co.ltd"。 比如,莱州市很多企业的web被错填为地级区划代码"06"④;上海市很多企业在2007年的web被错填为"台湾 h143""香港 h110""德国 h304""美国 h502""日本 h116""意大利 h307"等特殊代码。 比如,武汉东湖高新区很多企业的web被错填为dhgx_cld(前四位为"东湖高新"拼音首字母);中山市的很多企业的mail被错填为"bq石岐区""bq东升镇""bq板芙镇""bq小榄镇""bq东区"等⑤。
利用正则法则及逻辑判断去批量修复或人工修复web和mail中的typo错误	(1) 可利用多套正则法则、逻辑判断组合去批量修复的情况。 (2) 需要人工修复的情况。	(1) 比如,把"@""◎""·""#""a""α""2"⑥等修复为"@",把"@yahu""@yahuo""@yahuoo""@yahooo"等错误的雅虎邮箱修复"@yahoo",把"@21cn.not""@21cnnet""@21cn.ne""@21.cn.net""@21cn.et""@21.cnt""@21.cn.nel"等错误的21CN邮箱修复为"@21cn.net",把"hbbp://""hhttp:\\\\""hhttp//""httt://""rttp:11""http:lll"等错误的协议修复为"http://",把".nte"".ten"".ent"等错误的顶级域名修复为".net",把".cn.alibaba.c"",cn,alibaba.""cn.al.baba.com""cn.alibuba.com"等错误的阿里巴巴旺铺修复为".cn.alibaba.com",等等。 (2) 比如,把"次年"修复为"cn",把"bjcn"(北京)"tjcn"(天津)"hecn"(河北)"sxcn"(山西)"nmcn"(内蒙古)等错误的中国省级域名修复为"cn"前带符号"."的形式,等等

---

① 新组织机构代码为"757462282"。
② 新组织机构代码为"L09140061"。
③ 本书猜测"y"可能表示原来、原先等意思。
④ 判断依据:莱州县级市属于烟台地级市代管,而山东省烟台市的区划代码为"3706"。
⑤ 注意,由于中山市是不设市辖区的特殊地级市,所以"石岐区"和"东区"都属于乡级行政单位,而非县级行政单位。
⑥ 因为Shift键加数字键"2"为"@"。

续表

修复归类	说明	示例
利用跨年数据或其他指标数据协助修复web和mail的漏报漏录	（1）可利用跨年数据进行修复的情况。 （2）可利用其他指标数据协同修复的情况	（1）比如，内蒙古塞飞亚集团有限责任公司在2004～2006年的web分别为"http：//www.saifeiya.com"、空值、"www.saifeiya.com"，所以应该将2005年漏报漏录的web填充为"http：//www.saifeiya.com"（此处自动修复为带协议的URL形式）。 比如，福建省武夷酒业有限公司在2007～2009年的mail分别为"wyjy199@vip.163.com"、"null"、"wyjy199@vip.163.com"，所以可以将2008年的空值标记"null"替换为"wyjy199@vip.163.com"。 （2）比如，沈阳石蜡化工有限公司在2002年的web为空值，但该年的mail却被错误地录入为"www.sypc.c"，所以可以从mail中提取出关键域名"sypc"，然后利用正则法则、逻辑判断等组合，将其修复为"www.sypc.com.cn"并填充原web的空值。 比如，嘉兴锦林木业有限公司在2003年的web为空值，但该年的mail却被错误地录入为"jinlumber@sina.comwww.jinlinlumber.com"，所以可以从mail中分离出"www.jinlinlumber.com"并填充原web的空值
利用中国工业企业数据库中多个指标协助修复web和mail的混报混录	（1）"张冠李戴型"混报混录的情况。 （2）"一拆多型"混报混录的情况。 （3）"多合一型"混报混录的情况。 （4）"复杂错误型"混报混录的情况	（1）比如，天津市大港区靖元机械制造有限公司在2008年的web、mail被混报混录为"jy@tjjingyuan.com"、"http//www.tjjingyuan"，所以应该先将web、mail值调换，再分别将其修复为"http://www.tjjingyuan.com"（此处利用正则法则、逻辑判断等组合自动修复协议遗漏的"："及后缀遗漏的".com"）、"jy@tjjingyuan.com"。 （2）比如，达州市新建水泥有限公司在2008年的web、mail被混报混录为"com"、"sinjianshuini2163"，所以应该先将mail、web值合并（此处综合利用正则法则、逻辑判断等确定mail、web的合并顺序），再将web和mail分别修复为空值、"sinjianshuini@163.com"（此处综合利用正则法则、逻辑判断等自动将"2"修复为"@"）。 （3）比如，南昌汽缸垫厂在2003年的web、mail被混报混录为空值、"www.cm-gasket.comncqgdswy@nc.jx.cn"，所以需要先将mail值分拆为"www.cm-gasket.com"、"ncqgdswy@nc.jx.cn"，再根据不同的正则法则分别将web、mail修复为"www.cm-gasket.com"、"ncqgdswy@nc.jx.cn"。 （4）比如，开平嘉达摩托车配件制品有限公司在2007年的web被错误地记录为三位乡级代码"109"[1]，所以需要先将web替换为空，再结合正则法则、逻辑判断以及其他多个指标，将其修复为"http://www.kpgada.com"

---

[1] 判断依据：在补上开平县级市的六位县级代码之后，可得完整的区划代码"440783109"，恰好为企业的所在地——开平市赤坎镇。

一是小写化、半角化所有的 web 和 mail。（1）小写化。这是因为 URL[①]（uniform resource locator）中的协议（protocol）、主机名（hostname）、端口（port）等，以及绝大多数邮箱的用户名，通常都不区分大小写，而大小写字符有时会被识别为不同字符。（2）半角化。这是因为全角字符的 Unicode 比半角字符的 Unicode 大 65248，通常会被识别为不同字符。

二是将无效的 web 和 mail 替换为空值。（1）如果原数据以某些显性标记将 web、mail 标注为空值，那么本书将这些标记批量替换为空值。（2）如果原数据中的 web、mail 被错填为非企业网址、非企业邮箱数据[②]，那么本书将这些错误数据替换为空值。

三是利用正则法则及逻辑判断去批量修复或人工修复 web 和 mail 中的 typo 错误。（1）可利用多套正则法则、逻辑判断组合去批量修复的情况。（2）需要人工修复的情况。

四是利用跨年数据或其他指标数据协助修复 web 和 mail 的漏报漏录。（1）可利用跨年数据进行修复的情况。（2）可利用其他指标数据协同修复的情况。

五是利用中国工业企业数据库中多个指标协助修复 web 和 mail 的混报混录。（1）"张冠李戴型"混报混录的情况。（2）"一拆多型"混报混录的情况。（3）"多合一型"混报混录的情况。（4）"复杂错误型"混报混录的情况。

3. 互联网变量生成

第一步，基于 web 生成 internet 变量（详见表 I-2）。如果 web 满足下述条件，那么本书判定 internet 取值为 1。（1）web 中的主机名含有"com""net""edu""gov""org""biz""cn""中国""hk""tw""mo""jp""kr""uk""de""fr""it""es""pt""nl""ru""us""ca""cc"等顶

---

① URL 的一般语法格式为：protocol：//hostname［：port］/path/［；parameters］［？query］# fragment。

② 需要强调的是，当 web 值是以 IP 地址的格式报录时，由于 IP 地址为四段数字，所以当这四段数字漏掉分隔符"."时，非常容易与组织机构代码、电话、手机、传真、区划代码等混淆。

级域名。(2) web 中的主机名含有"www"关键词。(3) web 中的协议含有"http""https""ftp"等关键词。(4) web 中含有 IP 地址（四段数字）。(5) web 中含有中文"网"字且不能是经典门户网站①。(6) web 直接为中文"有"字。

表 I-2　　　　　　　基于 web 生成 internet 变量及示例

归类	示例
web 中的主机名含有"com""net""edu""gov""org""biz""cn""中国""hk""tw""mo""jp""kr""uk""de""fr""it""es""pt""nl""ru""us""ca""cc"等顶级域名	比如，昭和沥青工业（上海）有限公司的网址"shoreki. co. jp"含有日本顶级域名"jp"，所以可判定其 internet 取值为 1
web 中的主机名含有"www"关键词	比如，云南省玉溪印刷有限责任公司的网址被错填为"w. w. w. yuxiprinting. con"，本书将其修复为"http：//www. yuxiprinting. com"，由于含有"www"，所以可判定其 internet 取值为 1
web 中的协议含有"http""https""ftp"等关键词	比如，温岭市新吉祥铝塑板有限公司在 2008 年的 web 被错填为"heep：//xjxacp. alu. cn"，本书将其修复为"http：//xjxacp. alu. cn"，由于含有"http"，所以可判定其 internet 取值为 1
web 中含有 IP 地址（四段数字）	比如，乌海市电业局在 2005 年的 web 被错填为三段数字"10. 127. 71"，本书将其修复为四段数字"http：//10. 127. 71. 14"，进而可判定其 internet 取值为 1
web 中含有中文"网"字且不能是经典门户网站	比如，南昌市永胜金属新型门业有限公司的 web 被填为"中国金属门供应网"，本书可判定其 internet 取值为 1。 但是，江西汇联实业有限公司的 web 被填为"新浪网"，本书暂不判定其 internet 取值为 1
web 直接为中文"有"字	

第二步，基于 mail 生成 internet 变量。如果 mail 中含有"@"，那么本书判定 internet 取值为 1。比如，保定联华制衣有限公司在 2008 年的 mail 被

---

① 比如，南昌市永胜金属新型门业有限公司的 web 被填为"中国金属门供应网"，本书可判定其 internet 取值为 1。但是，江西汇联实业有限公司的 web 被填为"新浪网"，本书暂不判定其 internet 取值为 1。

错填为"rclibaotian·sina。c",本书将其修复为"rclibaotian@sina.com",由于修复后含有"@",所以可判定其 internet 取值为1。

第三步,如果基于 web 无法判定 internet 取值为1,基于 mail 也无法判定 internet 取值为1,那么本书将判定 internet 取值为0。

本书对 internet 的判定非常精准,是目前国内最精准的文献。表 I-3 为本书与已发表在国内权威期刊的文献比较。不难发现,我们在根基上彻底改进了李兵和李柔(2017)关于 internet 的判定方法,尤其是在预判定时综合利用正则法则、逻辑判断、多指标协助等手段针对 web 和 mail 进行了系统性批量修复和针对性人工修复。

表 I-3　　　　　　　与经典文献、权威文献的对比优势

文献	文献对比
经典文献:李兵和李柔(2017)	(1)基于 web 生成 internet 时,李兵和李柔(2017)主要考察 web 中是否包含 "www""com""cn""http",而本书在此基础上将判定条件扩展为更广的通用顶级域名(比如,"net""edu""gov""org""biz"等)、更广的国家地区顶级域名(比如,"中国""hk""tw""mo""jp""kr""uk""de""fr""it""es""pt""nl""ru""us""ca"等)、IP地址、中文网名等,同时本书还涉及 web 变量在 typo 错误、混报混录、漏报漏录等方面的精准修复。 (2)基于 mail 生成 internet 时,李兵和李柔(2017)主要考察 mail 中是否包括"@",并未涉及到"@"字符的修复以及 mail 的混报混录,而本书在此基础上把"@""◎""·""#""a""α""2"等修复为"@",同时本书还把其他变量(比如,web 变量)中混报混录的企业邮箱调换到 mail 变量中
经济学权威文献:沈国兵和袁征宇(2020)	沈国兵和袁征宇(2020)基于企业是否拥有新浪微博(weibo)、web 和 mail 来生成 internet 变量,虽然多了一个维度的判定,但是只利用了 web 和 mail 一个年度的截面数据,并且基于 web 和 mail 的判定方法并未实质性改进。 另外,由于沈国兵和袁征宇(2020)的互联网数据较晚,web 和 mail 为2010年数据,weibo 为爬取的 2000~2013 年数据(准确性欠佳),而在21世纪第二个十年,中国互联网快速发展,企业已经很少"亲自涉水"互联网,更多是基于第三方互联网平台(比如,阿里云、腾讯云、华为云、专业互联网平台、电商平台等)。相比早期的 web 和 mail,后期的企业 web 更偏象征意义,后期的企业 mail 基本已成为一种企业办公的必需品,而后期才出现的企业 weibo 更多是充当企业自媒体的发声工具。即后期的这些变量含有较少的互联网信息
管理学权威文献:施炳展和李建桐(2020)	施炳展和李建桐(2020)主要利用现有的 mail、web 微观数据汇总生成多套 internet 宏观数据(省级、地级、县级),虽然 internet 的变量种类有所增加,但是基于 web 和 mail 的判定方法同样没有发生实质性改进

附录 J　互联网工具变量构造

研究互联网（internet）与全要素生产率（tfp）之间的关系，首先需要解决的是内生性问题。即 internet 与随机扰动项（ε）之间可能存在相关性。以下为两个最为典型的内生性问题：第一，反向因果关系。对于 tfp 是否会反过来影响 internet，似乎总有理由去支持这种怀疑。比如，生产效率更高或创新能力更强（即 tfp 较高）的企业可能更愿意去"试错"，去尝试互联网等新鲜事物。第二，遗漏重要解释变量。如果遗漏了可以共同影响 tfp 和 internet 的解释变量，那么 tfp 的随机扰动项（ε）和 internet 将会大概率受该变量影响而发生联动。（1）对于反向因果关系，学者们多采用滞后的内生解释变量给予解决。但是，中国工业企业数据库的有效时间序列相对较短，选取的滞后期越长，意味着有效样本的损失越大。假如有效时间序列为 2001~2009 年，最优滞后期为 5 年，那么选取最优滞后期将会损失一半以上的有效样本。更有甚者，埃德奎斯特和亨里克森（Edquist & Henrekson, 2017）在研究瑞典生产率悖论时，一度认为瑞典数据需要滞后 7~8 期才能发现信息通信技术与全要素生产率之间的正相关。为此，本书不推荐直接采用滞后方法解决反向因果关系。本书主要采用最通用的工具变量法解决内生性问题。（2）对于遗漏重要解释变量，最有效的方法就是"对症下药"。在保证解释变量可获得、样本量损失较少等前提下，尽可能地将共同影响最大的若干个解释变量列入控制变量组。由于多数情况下较难区分这些解释变量共同影响的大小，所以学者们通常采用"盲选"方式。即不关心解释变量共同影响内生变量、被解释变量的具体大小，只要在理论上存在较大共同影响统统列入控制变量组①。为此，本书尽量加入更多的控制变量去"覆盖"易被遗漏的重要解释变量。

接下来，本书将深度讨论工具变量的选取。工具变量需要满足两个必要条件：相关性、外生性。在研究 internet 对 tfp 的影响时，郭家堂和骆品亮（2016）直接采用 internet 滞后 1 期作 internet 的工具变量；黄群慧等（2019）采用 1984 年每百人固定电话数量和每百万人邮局数量作 internet 的工具变量。此外，在研究 internet 对其他社会元素的影响时，李兵和李柔（2017）采用倾向得分匹配（propensity score matching，PSM）方法解决由 internet 选择性偏差所造成的内生性问题；沈国兵和袁征宇（2020）分别采用微观 internet 滞后 1 期、宏观互联网行业指标、以 2004 年为基期的加权宏观互联网地区指标三个工具变量作微观 internet 的工具变量②；施炳展和李建桐（2020）采用"基于 web、mail 两个指标生成的 internet"替换"只基于 web 一个指标生成的 internet"的方法解决测量误差所造成的内生性问题，通过新增年份因子变量（i. year）、行业因子变量（i. industry）来解决遗漏重要变量所造成的内生性问题，还利用新中国成立初期各省份人均函件数量作 internet 的工具变量。本书将综合借鉴不同学者的处理方法，力争在此基础上寻找 internet 的有效工具变量。通过结合 internet 相关经典文献以及工具变量相关经典文献，本书进行了大量的、反复的试错操作，最终找到相对有效的 internet 工具变量。希望本书的处理方案可以为带有社会属性的内生变量选取工具变量提供一些创造性思维。以下为本书 internet 工具变量的处理思路。

通过深入梳理中国的各类统计数据，本书在人口普查长表数据资料中

---

① 对于如何判断控制变量组中的哪些变量共同影响了内生变量和被解释变量。本书推荐一种最直接的判断方法：先剔除某个控制变量进行回归；再加入这个控制变量进行回归；最后，对比两次回归结果。如果该控制变量的估计系数显著不为 0，且内生变量的估计系数发生了显著改变，那么该控制变量大概率可以共同影响内生变量和被解释变量。

② 需要说明的是，沈国兵和袁征宇（2020）分别采用了三个工具变量作计量回归，而并没有将三个工具变量作为一个工具变量组作计量回归。当然，工具变量组将会面临更为严苛的过度识别检验。如果工具变量组不能通过过度识别检验，则意味着至少有一个工具变量不满足外生性，即存在无效工具变量。

发现一个几乎没有引起学术界重视的指标——"全国按现住地和五年前常住地分的人口"。该指标记录了中国人口在五年中的跨省流动，这种跨省流动的驱动因素可以是务工经商、工作调动、学习培训、家属随迁、投亲靠友、拆迁搬家、寄挂户口、婚姻嫁娶等。相比于不随时间变化的二值虚拟变量——"两省是否相邻"，该指标衡量两省之间密切程度更为科学。不妨以 2005~2010 年为例，该期间人口迁入辽宁省和人口迁出辽宁省最多的省份分别是黑龙江省、北京市，而黑龙江省和北京市都不是辽宁省的相邻省份。于是，本书构想了一种新的思路：在 A 省份 I 行业的企业，其 internet 的工具变量可用人口迁入 A 省最多的若干省份以及人口迁出 A 省最多的若干省份的"省级+行业级" internet 加权平均值（internet_super_neighbor）表示。值得一提的是，internet_super_neighbor 综合了大多数学者的研究成果：(1) 以宏观指标作微观指标的工具变量，这类文献可参考沈国兵和袁征宇（2020）。(2) 构造"相邻"省份指标，这类文献可参考施炳展和李建桐（2020）。(3) 基于 web、mail 等多指标构造 internet 关键变量解决测量误差，这类文献可参考李兵和李柔（2017）、施炳展和李建桐（2020）、沈国兵和袁征宇（2020）。(4) 考虑到郭家堂和骆品亮（2016）、沈国兵和袁征宇（2020）等学者还采用 internet 滞后 1 期作工具变量，所以本书也加入了滞后变量 L1. internet[①]，与 internet_super_neighbor 共同组成工具变量组。此外，考虑到历史久远的单个年度数据应用到面板数据会有一定的功效损失，以及可能存在弱工具变量问题，所以本书并未采用新中国成立初期或 1984 年等历史数据作工具变量。

对于工具变量组的构造，具体到操作层面：第一步，创造性使用人口迁徙数据，在中国 2005 年 1% 人口调查资料和中国 2010 年人口普查资料中分别找到 2001~2005 年、2006~2010 年的人口跨省流动数据。第二步，针对 A 省份 I 行业（四分位）的企业，分别找出迁入 A 省份人口最多的 B 省份、C 省份，以及迁出 A 省份最多的 D 省份、E 省份。第三步，分别以 B 省份、C 省份迁入 A 省份，以及 A 省份迁入 D 省份、

---

① L 表示滞后，1 表示滞后期数。

E 省份的迁移人口作权重，并以 B 省份、C 省份、D 省份、E 省份的 I 行业 internet 为数值，计算加权平均值 internet_super_neighbor。第四步，加入滞后项 L1. internet，以之与 internet_super_neighbor 组成工具变量组，作基准计量回归。

附录 K 国家级园区

表 K-1 　　　　　　　　国务院批准设立的经济技术开发区

所在省份	开发区名称
北京	北京经济技术开发区
天津	东丽经济技术开发区、天津经济技术开发区、西青经济技术开发区、北辰经济技术开发区、武清经济技术开发区、天津子牙经济技术开发区
河北	石家庄经济技术开发区、唐山曹妃甸经济技术开发区、秦皇岛经济技术开发区、邯郸经济技术开发区、沧州临港经济技术开发区、廊坊经济技术开发区
山西	太原经济技术开发区、大同经济技术开发区、晋城经济技术开发区、晋中经济技术开发区
内蒙古	呼和浩特经济技术开发区、呼伦贝尔经济技术开发区、巴彦淖尔经济技术开发区
辽宁	沈阳经济技术开发区、沈阳辉山经济技术开发区、旅顺经济技术开发区、大连经济技术开发区、大连长兴岛经济技术开发区、锦州经济技术开发区、营口经济技术开发区、盘锦辽滨沿海经济技术开发区、铁岭经济技术开发区
吉林	长春经济技术开发区、长春汽车经济技术开发区、吉林经济技术开发区、四平红嘴经济技术开发区、松原经济技术开发区
黑龙江	哈尔滨经济技术开发区、哈尔滨利民经济技术开发区、宾西经济技术开发区、双鸭山经济技术开发区、大庆经济技术开发区、牡丹江经济技术开发区、海林经济技术开发区、绥化经济技术开发区
上海	漕河泾新兴技术开发区、虹桥经济技术开发区、闵行经济技术开发区、上海金桥经济技术开发区、上海化学工业经济技术开发区、松江经济技术开发区
江苏	南京经济技术开发区、江宁经济技术开发区、锡山经济技术开发区、宜兴经济技术开发区、徐州经济技术开发区、苏州浒墅关经济技术开发区、苏州工业园区、吴中经济技术开发区、相城经济技术开发区、吴江经济技术开发区、常熟经济技术开发区、张家港经济技术开发区、昆山经济技术开发区、太仓港经济技术开发区、南通经济技术开发区、海安经济技术开发区、如皋经济技术开发区、海门经济技术开发区、连云港经济技术开发区、淮安经济技术开发区、盐城经济技术开发区、扬州经济技术开发区、镇江经济技术开发区、靖江经济技术开发区、宿迁经济技术开发区、沭阳经济技术开发区

续表

所在省份	开发区名称
浙江	杭州经济技术开发区、萧山经济技术开发区、杭州余杭经济技术开发区、富阳经济技术开发区、宁波经济技术开发区、宁波大榭开发区、宁波石化经济技术开发区、宁波杭州湾经济技术开发区、温州经济技术开发区、嘉兴经济技术开发区、嘉善经济技术开发区、平湖经济技术开发区、湖州经济技术开发区、长兴经济技术开发区、绍兴袍江经济技术开发区、绍兴柯桥经济技术开发区、杭州湾上虞经济技术开发区、金华经济技术开发区、义乌经济技术开发区、衢州经济技术开发区、丽水经济技术开发区
安徽	合肥经济技术开发区、芜湖经济技术开发区、淮南经济技术开发区、马鞍山经济技术开发区、铜陵经济技术开发区、安庆经济技术开发区、桐城经济技术开发区、滁州经济技术开发区、六安经济技术开发区、池州经济技术开发区、宣城经济技术开发区、宁国经济技术开发区
福建	福州经济技术开发区、福清融侨经济技术开发区、厦门海沧台商投资区、泉州经济技术开发区、泉州台商投资区、东山经济技术开发区、漳州招商局经济技术开发区、漳州台商投资区、龙岩经济技术开发区、东侨经济技术开发区
江西	南昌经济技术开发区、南昌小蓝经济技术开发区、萍乡经济技术开发区、九江经济技术开发区、赣州经济技术开发区、龙南经济技术开发区、瑞金经济技术开发区、井冈山经济技术开发区、宜春经济技术开发区、上饶经济技术开发区
山东	明水经济技术开发区、青岛经济技术开发区、胶州经济技术开发区、东营经济技术开发区、烟台经济技术开发区、招远经济技术开发区、潍坊滨海经济技术开发区、威海经济技术开发区、威海临港经济技术开发区、日照经济技术开发区、临沂经济技术开发区、德州经济技术开发区、聊城经济技术开发区、滨州经济技术开发区、邹平经济技术开发区
河南	郑州经济技术开发区、开封经济技术开发区、洛阳经济技术开发区、红旗渠经济技术开发区、鹤壁经济技术开发区、新乡经济技术开发区、濮阳经济技术开发区、许昌经济技术开发区、漯河经济技术开发区
湖北	武汉临空港经济技术开发区、武汉经济技术开发区、黄石经济技术开发区、十堰经济技术开发区、襄阳经济技术开发区、鄂州葛店经济技术开发区、荆州经济技术开发区
湖南	望城经济技术开发区、长沙经济技术开发区、宁乡经济技术开发区、浏阳经济技术开发区、湘潭经济技术开发区、岳阳经济技术开发区、常德经济技术开发区、娄底经济技术开发区
广东	广州经济技术开发区、广州南沙经济技术开发区、增城经济技术开发区、珠海经济技术开发区、湛江经济技术开发区、惠州大亚湾经济技术开发区
广西	南宁经济技术开发区、广西-东盟经济技术开发区、钦州港经济技术开发区、中国—马来西亚钦州产业园区

续表

所在省份	开发区名称
海南	海南洋浦经济开发区
重庆	万州经济技术开发区、重庆经济技术开发区、长寿经济技术开发区
四川	成都经济技术开发区、德阳经济技术开发区、绵阳经济技术开发区、广元经济技术开发区、遂宁经济技术开发区、内江经济技术开发区、宜宾临港经济技术开发区、广安经济技术开发区
贵州	贵阳经济技术开发区、遵义经济技术开发区
云南	昆明经济技术开发区、嵩明杨林经济技术开发区、曲靖经济技术开发区、蒙自经济技术开发区、大理经济技术开发区
西藏	拉萨经济技术开发区
陕西	西安经济技术开发区、陕西航空经济技术开发区、陕西航天经济技术开发区、汉中经济技术开发区、榆林经济技术开发区
甘肃	兰州经济技术开发区、金昌经济技术开发区、天水经济技术开发区、张掖经济技术开发区、酒泉经济技术开发区
青海	西宁经济技术开发区、格尔木昆仑经济技术开发区
宁夏	银川经济技术开发区、石嘴山经济技术开发区
新疆	乌鲁木齐经济技术开发区、乌鲁木齐甘泉堡经济技术开发区、新疆准东经济技术开发区、库尔勒经济技术开发区、库车经济技术开发区、新疆奎屯—独山子经济技术开发区、阿拉尔经济技术开发区、新疆五家渠经济技术开发区、石河子经济技术开发区

资料来源：中国开发区审核公告目录（2018年版）。

表 K–2　　国务院批准设立的高新技术产业开发区

所在省份	开发区名称
北京	中关村科技园区
天津	天津滨海高新技术产业开发区
河北	石家庄高新技术产业开发区、唐山高新技术产业开发区、保定高新技术产业开发区、承德高新技术产业开发区、燕郊高新技术产业开发区
山西	太原高新技术产业开发区、长治高新技术产业开发区
内蒙古	呼和浩特金山高新技术产业开发区、包头稀土高新技术产业开发区、鄂尔多斯高新技术产业开发区
辽宁	沈阳高新技术产业开发区、大连高新技术产业园区、鞍山高新技术产业开发区、本溪高新技术产业开发区、锦州高新技术产业开发区、营口高新技术产业开发区、阜新高新技术产业开发区、辽阳高新技术产业开发区

续表

所在省份	开发区名称
吉林	长春净月高新技术产业开发区、长春高新技术产业开发区、吉林高新技术产业开发区、通化医药高新技术产业开发区、延吉高新技术产业开发区
黑龙江	哈尔滨高新技术产业开发区、齐齐哈尔高新技术产业开发区、大庆高新技术产业开发区
上海	上海张江高新技术产业开发区、上海紫竹高新技术产业开发区
江苏	南京高新技术产业开发区、无锡高新技术产业开发区、江阴高新技术产业开发区、徐州高新技术产业开发区、常州高新技术产业开发区、武进高新技术产业开发区、苏州高新技术产业开发区、常熟高新技术产业开发区、昆山高新技术产业开发区、南通高新技术产业开发区、连云港高新技术产业开发区、淮安高新技术产业开发区、盐城高新技术产业开发区、扬州高新技术产业开发区、镇江高新技术产业开发区、泰州医药高新技术产业开发区、宿迁高新技术产业开发区
浙江	杭州高新技术产业开发区、萧山临江高新技术产业开发区、宁波高新技术产业开发区、温州高新技术产业开发区、嘉兴秀洲高新技术产业开发区、湖州莫干山高新技术产业开发区、绍兴高新技术产业开发区、衢州高新技术产业开发区
安徽	合肥高新技术产业开发区、芜湖高新技术产业开发区、蚌埠高新技术产业开发区、马鞍山慈湖高新技术产业开发区、铜陵狮子山高新技术产业开发区
福建	福州高新技术产业开发区、厦门火炬高技术产业开发区、莆田高新技术产业开发区、三明高新技术产业开发区、泉州高新技术产业开发区、漳州高新技术产业开发区、龙岩高新技术产业开发区
江西	南昌高新技术产业开发区、景德镇高新技术产业开发区、新余高新技术产业开发区、鹰潭高新技术产业开发区、赣州高新技术产业开发区、吉安高新技术产业开发区、抚州高新技术产业开发区
山东	济南高新技术产业开发区、青岛高新技术产业开发区、淄博高新技术产业开发区、枣庄高新技术产业开发区、黄河三角洲农业高新技术产业示范区、烟台高新技术产业开发区、潍坊高新技术产业开发区、济宁高新技术产业开发区、泰安高新技术产业开发区、威海火炬高技术产业开发区、莱芜高新技术产业开发区、临沂高新技术产业开发区、德州高新技术产业开发区
河南	郑州高新技术产业开发区、洛阳高新技术产业开发区、平顶山高新技术产业开发区、安阳高新技术产业开发区、新乡高新技术产业开发区、焦作高新技术产业开发区、南阳高新技术产业开发区
湖北	武汉东湖新技术开发区、襄阳高新技术产业开发区、宜昌高新技术产业开发区、荆门高新技术产业开发区、孝感高新技术产业开发区、黄冈高新技术产业开发区、咸宁高新技术产业开发区、随州高新技术产业开发区、仙桃高新技术产业开发区

续表

所在省份	开发区名称
湖南	长沙高新技术产业开发区、株洲高新技术产业开发区、湘潭高新技术产业开发区、衡阳高新技术产业开发区、常德高新技术产业开发区、益阳高新技术产业开发区、郴州高新技术产业开发区
广东	广州高新技术产业开发区、深圳市高新技术产业园区、珠海高新技术产业开发区、汕头高新技术产业开发区、佛山高新技术产业开发区、江门高新技术产业开发区、肇庆高新技术产业开发区、惠州仲恺高新技术产业开发区、源城高新技术产业开发区、清远高新技术产业开发区、东莞松山湖高新技术产业开发区、中山火炬高技术产业开发区
广西	南宁高新技术产业开发区、柳州高新技术产业开发区、桂林高新技术产业开发区、北海高新技术产业开发区
海南	海口高新技术产业开发区
重庆	重庆高新技术产业开发区、璧山高新技术产业开发区
四川	成都高新技术产业开发区、自贡高新技术产业开发区、攀枝花钒钛高新技术产业开发区、泸州高新技术产业开发区、德阳高新技术产业开发区、绵阳高新技术产业开发区、内江高新技术产业开发区、乐山高新技术产业开发区
贵州	贵阳高新技术产业开发区、安顺高新技术产业开发区
云南	昆明高新技术产业开发区、玉溪高新技术产业开发区
陕西	西安高新技术产业开发区、宝鸡高新技术产业开发区、咸阳高新技术产业开发区、杨凌农业高新技术产业示范区、渭南高新技术产业开发区、榆林高新技术产业开发区、安康高新技术产业开发区
甘肃	兰州高新技术产业开发区、白银高新技术产业开发区
青海	青海高新技术产业开发区
宁夏	银川高新技术产业开发区、石嘴山高新技术产业开发区
新疆	乌鲁木齐高新技术产业开发区、昌吉高新技术产业开发区、新疆生产建设兵团石河子高新技术产业开发区

资料来源：中国开发区审核公告目录（2018年版）。